"十四五"时期国家重点出版物出版专项规划项目

新基建核心技术与融合应用丛书

电力电子新技术系列图书

新能源汽车与电力电子技术

第 2 版

康龙云　令狐金卿　编著

机械工业出版社

新能源汽车具有良好的环保性能和可以多种能源为动力的特点，既可以保护环境，又可以缓解能源短缺和调整能源结构，保障能源供应安全。本书介绍了电力电子技术在新能源汽车中的应用，详细讨论了新能源汽车的结构特点与工作原理，对新能源汽车使用的蓄电池、太阳电池、燃料电池、电机及其驱动系统、能源管理系统、电池均衡系统、电源变换装置、能量回馈系统及充放电系统进行了深入的分析，以易懂、易读、易用为目标，对新能源汽车的最新技术和未来的发展趋势进行详细、全面的介绍。

　　本书可供从事新能源汽车研究与设计的工程技术人员高校相关专业师生和对节能环保技术感兴趣的人士阅读参考。

图书在版编目（CIP）数据

新能源汽车与电力电子技术/康龙云，令狐金卿编著. —2 版. —北京：机械工业出版社，2021.11（2023.3 重印）

（新基建核心技术与融合应用丛书. 电力电子新技术系列图书）

"十四五"时期国家重点出版物出版专项规划项目

ISBN 978-7-111-69625-4

Ⅰ.①新… Ⅱ.①康… ②令… Ⅲ.①新能源-汽车-电力电子技术 Ⅳ.①U469.7

中国版本图书馆 CIP 数据核字（2021）第 238776 号

机械工业出版社（北京市百万庄大街 22 号　邮政编码 100037）

策划编辑：罗　莉　　　　　　　责任编辑：罗　莉
责任校对：郑　婕　王明欣　　　封面设计：马精明
责任印制：单爱军

北京虎彩文化传播有限公司印刷

2023 年 3 月第 2 版第 2 次印刷

169mm×239mm · 14.25 印张 · 292 千字

标准书号：ISBN 978-7-111-69625-4

定价：89.00 元

电话服务　　　　　　　　　　网络服务

客服电话：010-88361066　　　机 工 官 网：www.cmpbook.com

　　　　　010-88379833　　　机 工 官 博：weibo.com/cmp1952

　　　　　010-68326294　　　金 书 网：www.golden-book.com

封底无防伪标均为盗版　　机工教育服务网：www.cmpedu.com

电力电子新技术系列图书
序言

1974 年美国学者 W. Newell 提出了电力电子技术学科的定义，电力电子技术是由电气工程、电子科学与技术和控制理论三个学科交叉而形成的。电力电子技术是依靠电力半导体器件实现电能的高效率利用，以及对电机运动进行控制的一门学科。电力电子技术是现代社会的支撑科学技术，几乎应用于科技、生产、生活各个领域：电气化、汽车、飞机、自来水供水系统、电子技术、无线电与电视、农业机械化、计算机、电话、空调与制冷、高速公路、航天、互联网、成像技术、家电、保健科技、石化、激光与光纤、核能利用、新材料制造等。电力电子技术在推动科学技术和经济的发展中发挥着越来越重要的作用。进入 21 世纪，电力电子技术在节能减排方面发挥着重要的作用，它在新能源和智能电网、直流输电、电动汽车、高速铁路中发挥核心的作用。电力电子技术的应用从用电，已扩展至发电、输电、配电等领域。电力电子技术诞生近半个世纪以来，也给人们的生活带来了巨大的影响。

目前，电力电子技术仍以迅猛的速度发展着，电力半导体器件性能不断提高，并出现了碳化硅、氮化镓等宽禁带电力半导体器件，新的技术和应用不断涌现，其应用范围也在不断扩展。不论在全世界还是在我国，电力电子技术都已造就了一个很大的产业群。与之相应，从事电力电子技术领域的工程技术和科研人员的数量与日俱增。因此，组织出版有关电力电子新技术及其应用的系列图书，以供广大从事电力电子技术的工程师和高等学校教师和研究生在工程实践中使用和参考，促进电力电子技术及应用知识的普及。

在 20 世纪 80 年代，电力电子学会曾和机械工业出版社合作，出版过一套"电力电子技术丛书"，那套丛书对推动电力电子技术的发展起过积极的作用。最近，电力电子学会经过认真考虑，认为有必要以"电力电子新技术系列图书"的名义出版一系列著作。为此，成立了专门的编辑委员会，负责确定书目、组稿和审稿，向机械工业出版社推荐，仍由机械工业出版社出版。

本系列图书有如下特色：

本系列图书属专题论著性质，选题新颖，力求反映电力电子技术的新成就和新经验，以适应我国经济迅速发展的需要。

理论联系实际，以应用技术为主。

本系列图书组稿和评审过程严格，作者都是在电力电子技术第一线工作的专家，且有丰富的写作经验。内容力求深入浅出，条理清晰，语言通俗，文笔流畅，便于阅读学习。

本系列图书编委会中，既有一大批国内资深的电力电子专家，也有不少已崭露头角的青年学者，其组成人员在国内具有较强的代表性。

希望广大读者对本系列图书的编辑、出版和发行给予支持和帮助，并欢迎对其中的问题和错误给予批评指正。

电力电子新技术系列图书
编辑委员会

前　言

人类社会进入到 21 世纪以来，科学技术继续呈现高速发展态势，世界科技正处于革命性变革的前夜。科技对人类社会的文明进程产生了巨大的推动作用，能源危机和环境污染却制约着人类社会的发展。随着能源、环境和气候问题的加剧，节能减排、保护环境已成为全世界持续努力的目标和方向，能源结构正稳步向清洁低碳的方向转型。交通作为液体能源消费的主要领域，目前正加速朝着低碳、绿色、零排放的方向发展。自 2012 年中华人民共和国国务院发布《节能与新能源汽车产业发展规划（2012—2020 年）》以来，我国坚持纯电驱动战略方向，新能源汽车产业发展取得了巨大成就，成为世界汽车产业发展转型的重要力量之一。本书作者着力于探索新型环保能源在汽车上的应用，全面介绍了当今世界新能源汽车的发展动态，深入阐述了电力电子技术在新能源汽车上的应用成果，为相关从业人员提供了一个了解和掌握新能源汽车发展的良好契机。

2020 年 10 月，国务院办公厅正式发布《新能源汽车产业发展规划（2021—2035 年）》，明确提出到 2025 年，纯电动乘用车新车百公里平均电耗将降至 12.0kW·h，新能源汽车销售量达汽车新车销售总量的 20% 左右；到 2035 年，纯电动汽车成为新销售车辆的主流，公共领域用车全面电动化，燃料电池汽车实现商业化应用。该规划指出：在技术创新能力提升方面，要以动力电池与管理系统、驱动电机与电力电子、网联化与智能化技术为"三横"，构建关键零部件技术供给体系；在产业融合方面，要加强新能源汽车与电网的能量互动（V2G），促进新能源汽车与可再生能源高效协同。这一切都预示着新能源汽车的美好前景，本书正是基于此，深入介绍新能源汽车的发展成果，使广大读者更深入地了解新能源汽车。

本书以电力电子技术在新能源汽车上的应用为切入点，以 7 个章节的内容详细介绍新能源汽车的相关技术。其中，第 1 章主要介绍新能源汽车的发展背景和历史；第 2 章将新能源汽车划分为 4 种类型并分别进行基本知识的介绍；第 3～5 章分别介绍新能源汽车的电机驱动系统、储能系统和能源管理；第 6 章介绍电池包能量均衡管理技术，包括电池荷电状态估计与热管理技术等内容；第 7 章介绍新能源汽车充放电系统及当前备受关注的 V2G 和无线充电技术。本书着眼于电力电子技术在新能源汽车上的应用，因此用了大量的篇幅介绍电力电子技术的发展和主要成果，同时结合其应用，着力于各系统的控制技术，为新能源汽车的未来发展提出了展望，希望能使广大读者从实际的设计案例中深入了解新能源汽车在设计制造方面的主要知识。

电力电子技术的应用为新能源汽车的发展提供了广阔的发展空间。先进的电力电子器件的应用和控制技术的不断完善有利于提高新能源汽车的能源利用率，有利于不断挖掘新能源汽车在动力性能和经济性能上的潜力，有利于提高新能源汽车的科技含量，降低新能源汽车的设计和制造成本，是未来新能源汽车发展的主要方向。本书在介绍先进的电力电子技术时，运用大量实例和图表，使问题的阐述和论证更加严谨和形象，其实验论据充分，数学推导严谨，逻辑分析缜密，结论层次分明，论述通俗易懂，有较强的可读性。

当今我国的新能源汽车的研究方兴未艾，国内各大高校和研究机构，以及各大生产厂商都积极致力于电动汽车的基础性研究和主要方案的设计与开发。本书作者曾留学日本多年，多年来致力于新能源汽车的研究和电力电子技术在新能源汽车上的应用开发，对于新能源汽车的发展有着深刻的理解。本书的第1~5章由康龙云编写，第6、7章由令狐金卿编写，岳睿、林鸿业参与修改。本书的出版是机械工业出版社多方联系和努力的结果，并得到了西安交通大学博士周世琼、徐剑鸣等的大力支持和协助，在此一并表示诚挚的感谢。由于作者水平有限，如有不妥之处，诚请读者批评指正。

康龙云　令狐金卿

于华南理工大学新能源研究中心

2021 年 6 月

目　录

第1章 绪　　论

新能源汽车是指采用非常规的车用燃料作为动力来源（或使用常规的车用燃料但采用新型车载动力装置），综合车辆的动力控制和驱动等方面的先进技术，具有新技术、新结构的汽车。新能源汽车包括纯电动汽车、太阳能汽车、燃料电池电动汽车（FCEV）、混合动力汽车等。本书主要讨论混合动力汽车的电气驱动部分和电动汽车、燃料电池电动汽车等电气与电力电子有关的技术。

1.1　常规汽车面临的挑战及能源环境

汽车的发展主要以地球上有限的矿物燃料资源为基本前提。随着人口的增长，资源消费量也在不断增加，矿物燃料枯竭之日的到来并不难想象，那时人类筑造起来的悠久文明将因为矿物燃料污染而被毁坏。为了避免种种恶性情况的发生，我们应该早日开始防范对于石油的过度依赖，研究出替代能源和节省汽油燃料的方法和策略。

1.1.1　石油资源问题

20 世纪 20 年代就有人预测全世界石油还能利用 100 年，随着社会经济的发展对石油的需求量也不断增加，蕴藏量的发现相对采掘量呈减少趋势，到 1970 可开采年数约减少到 40 年。1973 年第四次中东战争爆发，这次由于政治问题引发的战争波及到产油国阿拉伯，因此引起第一次石油危机，石油价格从每桶（159L）3 美元上升到 11.6 美元，约上涨了 4 倍。从 1978～1982 年间，由于伊朗政局发生剧烈变化，中东的石油无法输出，引发第二次石油危机，油价从每桶 12.8 美元猛涨到 42.8 美元，上涨了 3.3 倍。美国发动伊拉克战争以后，石油价格飙升。到 2004 年为止石油价格从每桶约 40 美元上升到 60 美元左右。受伊朗核开发问题、中亚政局动荡、投资商的价格炒作行为和美元贬值等因素的影响，2008 年石油价格曾经达到 140 美元以上，到 2021 年 8 月底维持在 69 美元左右。

今后，发达国家将带动发展中国家不断进步，最终在汽车保有量和石油消耗方面接近发达国家水平时，世界石油紧张趋势将更加明显。每隔 3 年召开一次的世界能源会议（World Energy Council，WEC）的第 17 次休斯敦会议（1998 年），当时美国能源部（Department of Energy，DOE）的长官在讲演中提到"全世界能源需求量到 2030 年将达到 2000 年的 2 倍"。

我国据 2020 年的统计，已拥有近 3.8 亿辆的机动车辆，公共充电桩保有量80.7 万台。我国汽车普及率也在迅速增大。同样的情况也在其他发展中的国家，如印度、巴西等国家发生，因此世界石油供给将比目前的预测更早接近枯竭，并已经引起因争夺石油而把价格抬得很高的情况，怎样解决这个问题是全世界都应该重视的问题。

无论如何，有必要增加燃料消耗少的节能车数量，减少对石油的依赖，并急切需要开发出可以代替石油且能满足人类需要的能源，或者是可以部分代替石油的其他能源。

1.1.2　气候变暖问题

19 世纪 80 年代后期，由于大气中存在大量以 CO_2 为主的温室效应气体，导致地球暖化，一时上升为世界性问题。其解决对策就是尽量抑制 CO_2 的排放，主要针对使用煤、石油、天然气产业及运输部门等所排放的 CO_2 进行限制。

最先指出因气体温室效应致使地球暖化的是获得诺贝尔物理学奖的阿伦尼乌斯（1859—1927），到 20 世纪 60 年代中期，联合国开始重视这个问题，且寻求解决对策。影响最大的是因地球暖化所带来的各种明显的气候异常现象，甚至 1980 年后出现了因极地和高山的冰雪融化而导致海平面上升的现象。

由于温室效应，照射到地球的太阳光因大气层的反射，能量几乎全部被地表吸收，地表又将吸收的红外线散射到大气层，其中红外线被具有温室效应的 CO_2 等气体吸收，抑制了地球的散热，致使大气温度上升现象的发生。CO_2 具有温室玻璃一样的作用，因此得名为气体温室效应。

据统计，因矿物燃料燃烧排放 CO_2 最多的是中国，占世界的 27.9%（2019年），其次是美国 14.5%、印度 7.2%、俄罗斯 4.6%、日本 3.0%、伊朗 2.1%、德国 1.9%、印度尼西亚 1.7%、韩国 1.7%、沙特阿拉伯 1.6%、加拿大 1.6%、南非1.3%。法国在发达国家中其排放量相对较少，这是因为在产业、民生部门更多使用和依靠原子能、水能发电的电能，而几乎不使用排放 CO_2 的煤和石油。

目前，城市范围内的大气污染问题以及全球范围内的二氧化碳排放等环境问题已经引起人们的广泛关注。导致这些问题的主要原因是汽车的尾气排放，而且在目前汽车技术还无法改变这些现状，要想取代传统汽车只能依赖于新能源汽车。

1.2　新能源汽车及其发展历史

电动汽车基础技术的发展：电动汽车（Electric Vehicle，EV）利用蓄电池存储的能量使电动机（以下简称电机）转动，并将转动力传递给车轮使车辆行驶。在2000年以前电池已经出现，而电动汽车主要使用的是法国普兰特（G. Plante）于1859年发明的铅酸蓄电池。这种可以反复充电使用的电池被称为二次电池（Secondary Cell，Secondary Battery）。电压的单位伏特以意大利伏特（A. Volta）的名字命名，1800年他还发明了只能使用一次的一次电池（纽扣电池），G. Leclanche于1877年发明的干电池已被广泛应用。现今，所有电动汽车使用的电池已不同于这两种电池的二次电池。

电动汽车不仅作为乘用车使用，也作为用于运输货物的卡车使用，美国通用汽车（GM）公司从1912～1916年共生产了682辆电动汽车（见图1-1）。当时，电动汽车生产厂商多数转入电动叉车生产厂商行列，也有一部分转为汽油发动机汽车生产厂商的行列。

在德国，天才汽车设计师保时捷汽车公司创始人保时捷（F. Porsche）曾设计了德国甲壳虫系列等民用大众汽车，在他事业生涯的初期，亲手研制了电动汽车（见图1-1）以及发动机与电机混合使用的混合动力汽车。

轮毂电机如图1-2所示，该方式目前仍然被很多电动汽车所采用。因为可以把车轮附近的车架变得低平，这对需要上下车容易的公共汽车来说很有利，所以上下车频繁的都市公共汽车上常被采用。由于车轮侧的横梁下部分很重，如果要在平滑度不高的路面上高速行驶并能轻松操纵控制，轮毂电机方式就不如常规方式有利，而且安全性也降低，另外，电机以大负载在长爬坡路面低速行驶时，因为冷却风不足，而容易引起电机过热烧损，车体多数利用空气或液体强制冷却，构造上没有特殊设计，所以在高负载、高性能车上不宜使用这种方式，在城市内质量好的路面上中速行驶的汽车特别适合采用这种车架公共汽车模式，戴姆勒·克莱斯勒和福特等汽车公司的低车架公共汽车和电动公共汽车多采用这种方式，小型区域内运输车和近距离行驶的车辆，也可以从空间的有效利用以及轻量化方面考虑采用这种方式。日本三菱和本田公司生产的轮毂电机如图1-3所示。

图1-1 保时捷公司的电动汽车

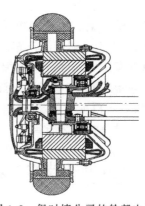

图1-2 保时捷公司的轮毂电机

　　a) 三菱公司的试验公共汽车用　　　　b) 本田公司超小型车用

图 1-3　轮毂电机

在日本，1900 年前后引入电动汽车，并进行了少量生产。第二次世界大战后的物资极度匮乏时期，由于被美国禁止制造飞机，因此立川飞机的后身变成 Tama 电动汽车，从 1947 年开始制造 Tama 号电动汽车。其最高速度为 35km/h，一次续驶里程为 65km，在汽油不足的特殊时期，这种车博得了相当的人气。后来，蓄电池用的铅价格大幅上涨，同时汽油限制被解除时，于 1951 年停止电动汽车的生产，把原公司名改为 Tama 汽车公司，开始转入生产汽油发动机汽车，后来又更名为普利斯汽车，最后和日产汽车公司合并了。

进入 20 世纪 60 年代，汽车尾气排放问题越来越严重，同时随着半导体技术的迅速发展，电机控制产生了新方法，社会开始提高对清洁电动汽车的关注。在日本，对电动汽车热心的关西电力和大发公司联合开始了电动汽车的开发生产，且有275 辆电动汽车在 1970 年的大阪万博会上被采用。大发公司经过几年努力后，每年生产销售数十辆电动汽车，据统计，到 1996 年已达到 1500 辆，占电动汽车市场份额的 7 成。但是，由于日本电动汽车销售持续低迷，大发公司不得不时而中止生产。

但是，从尾气排放方面以及石油资源方面考虑，电动汽车的开发、普及是势在必行。以日本、美国、法国为首的多国政府为了促进电动汽车的研究开发，相继采取了提供辅助金、降低充电费用、免除一部分税金等措施。我国国务院办公厅于2020 年印发了《新能源汽车产业发展规划（2021—2035 年）》，要求深入实施发展新能源汽车国家战略，推动中国新能源汽车产业高质量可持续发展，加快建设汽车强国。同年颁布了《节能与新能源汽车技术路线图 2.0》《智能汽车创新发展战略》，从不同角度力促新能源汽车、智能交通和智慧城市协同发展，为我国新能源汽车产业发展指明了方向。

1.3　电力电子技术在新能源汽车中的应用

新能源汽车是以电机驱动为主流的，而电动汽车是以电力电子技术为主要核心而发展的，电机的驱动、新能源汽车的能源管理离不开电力电子技术。

1.3.1 新能源汽车的组成

电动汽车系统一般由车体、电机驱动、电池和控制管理四个子系统组成。控制管理系统是整个系统的智能核心，其作用是根据各种传感器信息，合理控制其余子系统的工作，以获得良好的运行特性和能量利用效率。电机驱动系统是电动汽车的心脏，直接影响整车系统的效率。它的任务是在驾驶员的控制下，高效率地将蓄电池的能量转化为车轮的动能，以及在制动时将车辆的动能回馈到蓄电池中。电池作为电动汽车的能源部件，其比能量、比功率和使用寿命等性能，往往是电动汽车起动、加速，行驶里程、整车成本和使用寿命的决定因素。车体作为整车的框架实体和其余子系统的载体，其重量和行驶阻力对行驶性能有较大的影响。电动汽车驱动系统的特性要求取决于以下三个方面：驾驶员对电动汽车的驾驶性能要求、车辆的性能约束以及车载能源系统的性能。图1-4给出了电动汽车功能结构框图。其功能结构由电力驱动子系统、能源子系统和辅助子系统组成。

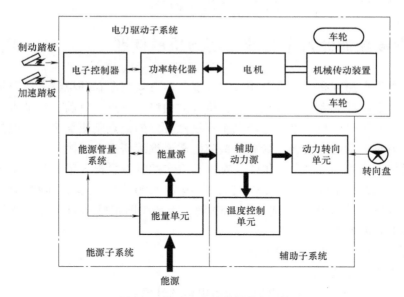

图 1-4 电动汽车功能结构框图

1.3.2 电力电子技术需要解决的问题

电动汽车运行工况是比较复杂的，如起动和上坡时需要电池放出能量，制动或下坡时可进行能量回收。而这一放电和充电过程需要由电力电子变流器的控制来完成，如图1-5所示。

由于可以有效利用的电池能量是有限的，因此高性能电动汽车用电力电子器件

驱动过程 制动过程

图 1-5 电动汽车电池充放电过程

及由它构成的电力电子装置等就成为电机驱动用变换器的核心，这也是现在和未来发展的方向。

在电动汽车的系统中，电机驱动系统是最大的一个部分。因此，为了使电动汽车的性能得到加强，同时确保同燃油汽车的竞争力，用于电机驱动的电力变换装置必须满足低成本、高效率、小型轻量化、高可靠性、高质量、一定寿命、低噪声以及低电波杂音等诸多条件。电动汽车在室外使用时，由于行驶道路的原因，要经得起不同的使用温度范围、振动冲击、水淋、尘埃等恶劣环境的考验。此外，在减少噪声的同时，还必须降低电波杂音（无线电噪声）。

1.4 发展新能源汽车目前需要解决的问题

新能源汽车拥有和燃油汽车相反的性能，即电动汽车在环境性、效率等方面略胜一筹，但是在舒适性、功率大小和价格等方面略逊一点。目前，燃油汽车的主要缺点是环境问题等。相对地，电动汽车环境性良好的优点则更加突出。但是，在电动汽车迎来黄金发展的今天，尚有一些问题需要继续研究和解决。

在国外，进入 20 世纪 90 年代，对电动汽车的制造也投入了大量的精力。1996年，日本的电动汽车保有量为 2500 辆，美国为 2300 辆，法国为 3000 辆，德国为4500 辆，意大利为 800 辆，瑞士为 2050 辆，于是在国家雄厚的经济支持的基础之上，各国都对电动汽车进行积极的开发。

目前比较重要的汽车开发项目如下：

（1）对于纯电动汽车

1）高性能锂离子、固态电池等新型电池的开发；

2）高效率电机、电力变换器、驱动系统的开发；

3）小型市郊客车、充电器基础设施的维护保养。

（2）对于混合动力电动汽车

1）高效率的发动机和蓄电池并用系统的开发；

2）燃料电池和小型能量储藏系统的使用。

（3）对于低公害且高效率的燃油汽车

1）通过对发动机催化剂的开发而实现低公害化；

2）由发动机的高效率化和汽车车体的轻量化带来的燃费的改善；

3）使用天然气、氢气等的低公害、低燃费的汽车。

以下这些也是今后在汽车发展中要面临的课题：

1）开发续航里程更大、安全性更高的各类电动汽车；

2）开发以大型、高速输送为目的的输送系统；

3）被认为是适合于它们中间的系统。

综合考虑这些，有必要根据实际情况构筑各自不同的输送系统。

参 考 文 献

[1] （日）松本廉平. 汽车环保新技术 [M]. 曹秉刚，康龙云，贾要勤，等译. 西安：西安交通大学出版社，2005.

[2] （日）电气学会，电动汽车驱动系统调查专门委员会. 电动汽车最新技术 [M]. 康龙云，译. 北京：机械工业出版社，2008.

[3] 陈清泉，孙逢春，祝嘉光. 现代电动汽车技术 [M]. 北京：北京理工大学出版社，2002.

[4] 中国政府网. 国务院办公厅关于印发新能源汽车产业发展规划（2021—2035 年）的通知 [A/OL]. [2020-11-02] http://www.gov.cn/zhengce/content/2020-11-02/content_5556716.htm.

[5] 欧阳明高. 坚持"纯电驱动"技术转型战略不动摇 [J]. 新能源经贸观察，2019（5）：48-50.

[6] 冯海兰，陈彦彬，刘亚飞，等. 高能量密度锂离子电池正极材料镍钴铝酸锂（NCA）技术及产业发展现状 [J]. 新材料产业，2015（9）：23-27.

[7] 郭向伟. 电动汽车电池荷电状态估计及均衡技术研究 [D]. 广州：华南理工大学，2016.

[8] 令狐金卿. 基于滤波算法和增量容量分析的动力电池状态估计研究 [D]. 广州：华南理工大学，2019.

第2章　新能源汽车

本章主要对新能源汽车中的纯电动汽车、太阳能电动汽车、混合动力电动汽车、燃料电池电动汽车的车体结构、驱动及储能等方面进行简单介绍。在接下来的章节里将会对新能源车的驱动、储能进行详细的阐述。

2.1　纯电动汽车

纯电动汽车由二次电池（如铅酸蓄电池、镍镉蓄电池、镍氢蓄电池或锂离子蓄电池）提供动力，具有无污染、零排放等优点。但是由于动力电池的性能低、价格贵、寿命短、一次充电行驶里程短的原因，纯电动汽车目前尚不能满足人们对其机动性的要求。

2.1.1　纯电动汽车基本构造

纯电动汽车与现有燃油汽车在结构上无很大区别，底盘及车身仍然是必然需要的基本构成。蓄电池、电机、逆变器、动力转向器、悬架、电流表、电压表、蓄电池容量计及耐高电压继电器构成纯电动汽车基本结构。图 2-1 所示为纯电动汽车底盘基本结构示意图。

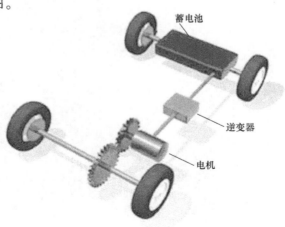

图 2-1　纯电动汽车底盘基本结构示意图

1. 车身

关于车身，纯电动汽车车身造型与传统燃油汽车的造型既有相似部分，又有很大区别。对于早期的纯电动汽车，其车身主要以传统燃油汽车进行改造，所以在造型上并没有太多区分。近年来，由于电动汽车法规和使用要求等原因，纯电动汽车的造型与传统汽车有着越来越大的区别，不同地区、不同公司也有着不同的发展模式，电动汽车车身造型带有更明显的区域特征，如日本的电动汽车车体外形设计上偏向于小巧、节能，造型靓丽明快，具有活力，如图2-2a所示；美国在电动汽车外形上还是保留其原有传统风格——充满力量感和运动感，如图2-2b所示；欧洲的电动汽车车身造型则以高档、豪华、精细为特点，如图2-2c所示。此外，纯电动汽车使用蓄电池作为其动力源，蓄电池本身的重量形成了纯电动汽车在重量上的缺陷，所以纯电动汽车车身的轻量化设计已经成为纯电动汽车车身设计的重要部分。

2. 动力源

纯电动汽车的动力是代替了汽油、柴油发动机的电机以及代替了汽油、柴油等石化燃料的蓄电池。纯电动汽车使用的电机和蓄电池作为其动力来源将空气污染减低至接近零的程度，而且对噪声的降低也相当可观。替代发动机的电机有直流电机和交流电机之分。直流电机有绕线式和永磁式两种，其中绕线式又可分为串励式、并励式及复励式；交流电机则可分为感应式以及同步式两种。替代汽油、柴油等石化燃料的蓄电池，除了需要向纯电动汽车安全行驶装备和舒适行驶装备提供所需电力外，还需要向替代发动机的电机提供电力。所以其容量要大，在瞬间也要能产生大电流，以便使电机产生大扭矩而驱动电动汽车。蓄电池一般使用96~288V的高压电。

3. 底盘

纯电动汽车跟传统汽车一样，同样是行驶在公路上，对动力性、舒适性、安全性、操纵稳定性、转向性能的要求均相同。所以，除了驱动方式不同，制动系统另外设置制动能量回收装置以及动力转向机构有特殊要求外，纯电动汽车的底盘基本上与传统汽车有相同的构造。对于驱动方式，纯电动汽车因为使用电机替代了发动机，所以原来发动机的位置可以装置蓄电池和电机，这样就可以利用原来传统车辆的驱动方式。对于纯电动汽车的动力源（蓄电池和电机），它们在底盘上的布置有多种配置方式，所以其驱动方式的选择上比较灵活。对于制动系统，纯电动汽车不像汽油、柴油汽车利用进气歧管的真空产生负压进行制动，而是利用真空泵电机产生负压或者使用电动油压泵产生油压提供制动力；另外，纯电动汽车的制动系统还可装置"制动能量回收装置"，当车辆制动或减速时，电机转换为发电机进行发电，电流逆向流向蓄电池加以充电。此外，纯电动汽车可以利用电机旋转力来直接转动转向机构，能量效率比较高，比较适合使用电动式动力转向器。

a) 日本纯电动汽车

b) 美国纯电动汽车

c) 欧洲纯电动汽车

图 2-2　几种电动汽车外形

2.1.2　纯电动汽车的驱动

我们知道，对于传统燃油汽车，内燃机是将能量从热能转化为旋转机械能，然后通过传动装置、差速器、离合器等动力传动装置传递到车轮而驱动汽车行驶的，由于内燃发动机的最大输出转矩随转速而变化，车辆速度应对应着减速器的切换，使内燃机保持在最大功率工作状态；而对于纯电动汽车，如图2-3所示的电机动力特性所示，纯电动汽车的电机在定转矩和定输出功率范围内，不必切换减速齿轮，也可以在低速区域产生转矩。另外，在高速区域内采用弱磁控制法可以在小转矩的情况下以恒定功率的方式运行。因此，纯电动汽车可在各种驱动源中灵活运用它的这些特性，例如为了追求电机的小型轻量化，适宜将高速运转的电机与减速器结合起来；如果电机的小型化、低转速高转矩可以实现的话，则可以直接安装在轮毂来驱动车轮，以减少机械损耗。

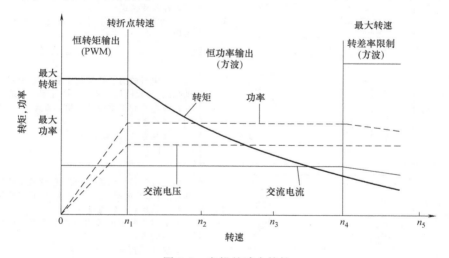

图 2-3　电机的动力特性

表2-1为纯电动汽车常见的几种驱动方式。根据驱动电机数目，可以把纯电动汽车的驱动方式归结为下列两类：单电机方式和多电机方式。现结合表2-1对以上这两类驱动方式进行介绍。

1. 单电机方式

（1）有传动系统　最简单的情况是在一般车辆上采用电机替换发动机，见表2-1第1项。

（2）无传动系统　具有差速器和定比减速器，不采用离合器和传动装置，由1台电机驱动两轮回转，见表2-1第2项。

（3）无差速器系统　去除了差速器，但是为了实现用1台电机驱动两个车轮而采用了相反电机的方式，见表2-1第3项。

2. 多电机方式

（1）前后驱动 使用两个电机，在前后轮分别驱动的方式。可自由选择两轮或者4轮驱动，以符合平顺性、安全性、经济性等目的的行驶。两台电机连接在同一个轴上，由离合器连接，提出了轻负荷时单电机驱动、重负荷时双电机驱动的能有效改善效率的方法。

（2）双轮毂电机驱动 由于轮毂式电机和逆变器造价较高，见表2-1第4项所示，只使用两个轮毂电机。

表2-1 纯电动汽车常见的几种驱动方式

驱动方式	驱动模型结构示意图	结 构 特 征
1. 单电机有传动系统		1) 电机代替发动机 2) 仍采用燃油汽车传动系统 3) 有电机前置前桥驱动、电机前置后桥驱动等各种驱动模式 4) 结构复杂、效率低，不能充分发挥电机作用
2. 单电机无传动系统		1) 在电机的前盖处装置变速器、差速器等驱动总成，形成电机—驱动桥组合驱动系统 2) 有电机前置前桥驱动和电机后置后桥驱动等驱动模式 3) 结构紧凑、效率高
3. 单电机无差速器系统		1) 电机为相反电机，在电机的前盖处装置变速器、但无差速器，电机有一空心轴，驱动桥的一个半轴从空心轴通过 2) 有电机前置前桥驱动和电机后置后桥驱动等驱动模式 3) 结构更紧凑、效率更好
4. 多电机方式		1) 电机装在车轮轮毂中，有4×2及4×4两种布置，车载计算机系统控制各个轮子的同步转动或者差速转动 2) 4×2布置有双前轮驱动或者双后轮驱动；4×4布置可实现四轮驱动 3) 可腾出大量空间，方便布置

注：1—电机；2—离合器；3—变速器；4—传动轴；5—驱动桥；6—电机驱动桥组合驱动系统；7—电机驱动桥整体式驱动系统；8—轮毂电机分散式驱动系统；9—转向器。

（3）四轮毂式电机驱动 四轮毂式电机驱动是安装4轮独立控制的电机和逆变器的方法。这种驱动方式把电机组装在车轮轮毂中，使结构更加紧凑。依靠这种结构可以实现横向行驶和回转行驶。

2.1.3 纯电动汽车储能装置——蓄电池

电池是人类历史上最伟大的发明之一，能够随时提供大量的电能。电池有两种：一次电池（也称为原电池）和二次电池（也称为蓄电池）。一次电池将化学能转化为电能的过程是不可逆的，当完全放电后，电池即被废弃。因此，它用于高能量密度且一次性使用的场合，像计算器使用的纽扣电池便属于一次电池。相反，二次电池所储存电能的化学反应是可逆的，当电能释放后，可能通过外部电源注入直流电流进行充电，使其恢复到原始的状态。目前纯电动汽车使用的储能装置就属于二次电池。

1. 用于纯电动汽车的蓄电池种类

目前，用于纯电动汽车的蓄电池主要有铅酸蓄电池、镍镉（NiCd）蓄电池、镍氢（NiMH）蓄电池以及锂离子电池等。在后面第4章"新能源汽车的储能系统"中将对新能源汽车的储能装置做详细介绍，因此以下只对上述四类蓄电池作简单介绍。

（1）铅酸蓄电池 虽然相同重量和体积时，铅酸蓄电池的能量密度是最低的，但因为其成熟度和高性价比以及从综合角度考虑，还没有能完全替代它的电池，所以它是纯电动汽车可充电蓄电池中应用最广泛的类型。铅酸蓄电池有正极和负极之分，凭借两极间的电解质促使带电离子移动，电子在与两极用导线相连的外部电路中流动。铅酸蓄电池放电时生成水和硫酸铅。充电会逆转这种反应，在正负极板上分别形成铅和二氧化铅，蓄电池恢复到原初的已充电状态。

（2）镍镉蓄电池 镍镉蓄电池正极板由镉制成，负极板由氢氧化镍制成，两极板被尼龙隔板隔开，置于氢氧化钾电解质中，外面是不锈钢壳体，制成具有密封的电池单元。最初镍镉蓄电池大部分是应用在各种音响设备、通信设备、计算机等的小容量电池。用于纯电动汽车的大容量镍镉蓄电池后来才得以开发。1990年后，法国的SAFT公司最早开始量产镍镉蓄电池。与铅酸蓄电池相比，它的重量只有传统铅酸蓄电池的一半，具有更长的深循环寿命、低温性能优良，虽然价格比较贵，但在纯电动汽车中的应用还是慢慢增多，比如在法国的纯电动汽车上，镍镉蓄电池和铅酸蓄电池就被同时使用。然而，除了价格贵外，镍镉蓄电池还存在记忆效应，蓄电池在长时间不用时，容量会有所降低。

（3）镍氢蓄电池 镍氢（NiMH）蓄电池是镍镉蓄电池技术的延伸，在能量密度方面比镍镉蓄电池有所提高。其正极板由金属氢化物制成，避免了镉对环境的影响，还有性能方面的改善，也可以忽略记忆效应的影响。镍金属氢化物蓄电池不能输出高的峰值功率且自放电速率很高，过充时容易损坏。镍金属氢化物蓄电池应用于纯电动汽车上先是发生在美国，而后丰田公司和松下电池工业公司合作，共同成立了松下EV Energy公司，并将镍氢蓄电池投入生产和用于电动汽车，随后日本电池、Yuasa、古河、SAFT、Varta等电池公司也开始着手生产这类蓄电池。因镍氢电池不能满足电动汽车 150~200Wh/kg 的能量密度需求，且镍氢电池中镍占比较大成本较高，因此，镍氢电池并未作为一个可靠选择。

（4）锂离子电池 锂离子电池的正极主要采用 $LiMn_2O_4$、$LiNiO_2$ 等锂的化合物制造。锂离子电池的负极不再采用金属锂作为负极，而是采用天然石墨、人造石墨和层状石墨的锂碳化物 LiC_6 等碳材料制造，通过锂离子在碳中分离和结合进行充电和放电。锂离子电池在纯电动汽车中的应用显示出很多优点，其单体电压高达 3.6~4V，相当于 3 个镍镉蓄电池串联起来的电压。其比能量达到 100~120Wh/kg，是镍镉蓄电池的 1.5~3 倍，比功率高达 1500W/kg，循环寿命可达充电 1000 次。锂离子电池具有充放电效率高、功率输出密度大、没有记忆效应、环保性好等优点，成为各国在蓄电池开发中的重点。但是其快速充、放电的性能较差，需要进一步解决对其充放电过程的控制和配备专用的充电器。锂的制取较困难、管理和使用较复杂，要求有严格的安全措施，需要配备电子保护电路、电池管理系统和热管理系统等，这些都使其造价升高，价格高于同等容量的镍镉蓄电池或镍氢蓄电池。

2. 蓄电池的充电

对于燃油汽车中用于起动电机的蓄电池，因为汽车备有发动机，运转时可以随时为蓄电池充电，而纯电动汽车使用蓄电池替代原燃油汽车的动力源，其耗电量相当大，所以行驶之后需要再充电，否则无法驱动车辆。另外，蓄电池放电后，若长时间不给予充电，则蓄电池极板的活性物质会因硫化而失去活性，最后将不能充电。蓄电池充电方法可以按照充电快慢和供电连接情况进行分类。依充电快慢情况可分为低速充电法和快速充电法，而依供电连接情况则可分为电极接触传导充电法和非接触感应充电法。纯电动汽车常采用低速充电法、快速充电法和电极接触传导充电法，而一般又以使用低速充电法为佳，其他按照需要使用快速充电法等。在第4 章里将会对蓄电池的充电方法进行详细介绍，这里就不再赘述。

3. 蓄电池荷电状态指示器

蓄电池荷电状态指示器是纯电动汽车能源管理系统的一个重要组成部件。纯电动汽车蓄电池中存储有多少电能，还能行驶多少里程，是纯电动汽车行驶中必须知道的重要参数，所以蓄电池荷电状态指示器是纯电动汽车必须装备的仪表。目前实验室中的电量预测精度比较高，但是在纯电动汽车的行驶过程中，该指示器指示精度还难以满足要求。

2.2 太阳能电动汽车

太阳能电动汽车是通过贴在车身上的太阳电池吸收太阳能的，又通过光电的转化将电能储存在车内蓄电池里，以供电机使用而驱动车辆行驶的交通工具，被称为是当今最清洁、最有发展前景的绿色环保汽车。它具有零排放、低噪声、能源补充来源广等优点。在光照强度比较大的情况下，太阳电池吸收的太阳能通过光电转化而来的电流可以直接驱动电机，也可以与蓄电池同时供电；而储存在蓄电池中的能量则可以在不利的天气（例如多云、深夜、雨天）供太阳能电动汽车使用。当然，受目前技术发展的水平和客观因素的制约，太阳能主要还是作为一种辅助能源来使用，太阳能电动汽车还远远不能达到人们所期望的用以完全取代现代的燃油汽车而实现商用化，只能作为概念车或赛车（见图 2-4）来使用。对于太阳能电动概念汽车，主要以太阳电池为辅助能源；而太阳能竞赛汽车的动力则完全由太阳电池提供。

a) Quaranta 太阳能电动汽车

b) 标致 Shoo 太阳能电动汽车

c) AntroSolo 太阳能汽电混合动力汽车

d) 通用 Sunraycer 太阳能电动概念车

图 2-4　几种太阳能汽车车型

　　Quaranta 汽车是当前问世的外表最圆润同时也最富动感的太阳能电动汽车之一（见图 2-4a），其电源完全由太阳电池供给——通过安装在车顶和前端的太阳电池板收集太阳能。

　　标致 Shoo 太阳能电动汽车是最具未来派色彩的太阳能电动概念车之一（见图 2-4b），其最大特色就是三角形外形设计和为电机提供能量的太阳电池板车顶。

　　匈牙利人研制的 AntroSolo 太阳能汽电混合动力利用太阳能与汽电混合动力

（见图 2-4c），燃烧每加仑（约合 3.8L）汽油可行驶 150mile（约合 241km），可谓一个惊人数字。天气状况良好时，车顶上的太阳电池板提供的能量足以让 AntroSolo 太阳能汽电混合动力汽车行驶 15～25km。当碰到多云天气，会默认使用一个小型电机。

1987 年，通用汽车公司便为澳大利亚世界太阳能电动汽车大赛推出了引人注目的 Sunraycer 太阳能电动概念车（见图 2-4d），但这款汽车从未进行大规模生产。Sunraycer 太阳能电动装有 8800 块太阳电池，可产生大约 1500W 功率，使其最高时速达到 68mile/h（约合 109km/h）。

2.2.1　太阳能电动汽车基本构造

车身外罩、车架、车轮与轮胎、转向系、制动系统、悬架系统等要素组合构成太阳能车体的基本结构；太阳电池、电机为其动力源；蓄电池为其储能装置。对于概念型太阳能电动汽车，其车体构造、底盘布置与纯电动汽车没有什么太大区别，在构造组成上两者最大的区别就在于太阳能概念车最后在车身外面贴太阳电池板，以及多了对太阳电池充放电的控制和管理的电力电子控制系统。而对于现有的太阳能竞赛汽车，其大都是单人驾驶，无论是从外形或者内部结构及其总布置都与传统汽车或者纯电动汽车有很大不同，比如，为了驾驶员的视野，驾驶员座舱是突出的；也不强调乘坐和驾驶如同轿车一样的舒适性，而仅仅考虑驾驶员的生理需求和操纵方便性。目前太阳能电动汽车还是以竞赛用车占多数，以下将对竞赛用太阳能电动汽车的车身、车架及车轮布局进行介绍。

1. 车身

由于受太阳能利用技术的限制，同时为了确保太阳能电动汽车的性能，太阳能电动汽车要具有小的空气阻力和迎风面积，所以首先太阳能汽车的车身外形一般是宽而且是扁平状的；其次，太阳能车车身结构一般采用轻量化而且刚性强度高的单壳式车身结构，也称为罩式车身。所谓单壳式车身是没有骨架，只靠外壳支撑用所谓的"结构式外壁"构造而形成的车身；最后，因要在车身外表面贴太阳电池，而太阳电池又为脆硬性材料，不能承受太大的弯曲度，故太阳能汽车车身的曲度不能很大。车身外罩的制作一般采用 FRP（Fiber Reinforced Plastics）材料成型技术。车全长一般为 4～5m，宽一般 1500～1800mm。图 2-5 所示为竞赛用太阳能电动汽车的典型车身外形。

2. 车架结构

太阳能电动汽车多数是由底盘与罩式车身组合而成。虽然罩式车身无一例外地全部是由 FRP 制的单壳车身，但是底盘车架部分就有空间框架结构或者整体式车架两种形式。作为车身基本骨架的车架，要求要达到以下 3 个要求：拥有在行驶过程不被破坏的强度；轻量化以获得良好的行驶性能；足够的刚性以提高行驶稳定性。兹将空间车架和整体式车架介绍如下：

图 2-5　竞赛用太阳能电动汽车的典型车身外形

（1）空间车架（桁架结构）　很多太阳能车辆的车架（见图 2-6）都采用以铝（或者钢）制的薄壁管件，利用焊接工艺连接的方式。车架强度刚性最弱的部位处在车架材料不能通过的驾驶员周边的开口部分。这种车架必须考虑上侧管件由于支撑载荷的压缩变形，特别是对强度刚性要求比较高的太阳能电动汽车，上侧纵向的主管件最好比其他部位的管件大一个尺寸。部件不能受到极大的弯曲应力是空间车架设计的基本原则。

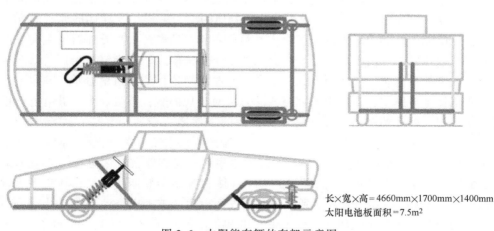

长×宽×高＝4660mm×1700mm×1400mm
太阳电池板面积＝7.5m²

图 2-6　太阳能车辆的车架示意图

（2）整体式车架　整体式车架形状的自由度高、重量轻且能够抵受冲击，制作材料一般选用环氧树脂系胶水加固的 CFRP，虽然材料费有点高，但是在制作上，因为用剪刀，钳子和胶水之类的就可以制作材料，与需要用到焊接器件和焊接技巧的金属管式空间车架相比，比较容易制作。

3. 车轮及其布局

汽车一般都是 4 轮车，但是对于太阳能电动汽车，3 轮车是其主流。把滚动阻力降到最低的最基本条件就是要使全部轮胎都必须朝正确的方向行走，因为太阳能电动汽车一般只有3轮，所以只要把左右前轮前束角设为零度即可。

（1）前两轮后一轮布局（3轮车）　前面两车轮作为转向轮，后面一个车轮作为驱动轮的布局，在弯道前减速时转弯的稳定性也容易得到保证，是最标准的布局。

（2）前一轮后两轮布局（3轮车）　与上述的布局相反，制动与转弯性能较差，特别是在减速加转弯的时候，因为其向前扑倒的形状，侧翻的危险性高，一般不被采用。但是，因为转向轮只有一个，所以全部轮胎的转弯中心都一致，能有效防止转弯阻力的恶化。

2.2.2　太阳电池光伏发电原理及特性

如前所述，我们知道太阳能电动汽车是通过贴在车身上的太阳电池吸收太阳能，又通过光电的转化将电能储存在车内蓄电池里以供电机使用而驱动车辆行驶的交通工具。就像传统内燃机车其发动机是其"心脏"，太阳电池也是太阳能汽车的"心脏"。因此这一节接将对太阳电池光伏发电原理及特性进行阐述。

1839年，法国科学家贝克雷尔就发现，光照能使半导体材料的不同部位之间产生电位差。这种现象后来被称为"光生伏打效应"，简称"太阳能效应"。1954年，美国科学家恰宾和皮尔松在美国贝尔实验室首次制成了实用的单晶硅太阳电池，诞生了将太阳光能转换为电能的实用太阳能发电技术。太阳电池工作原理的基础是半导体PN结的光生伏打效应。和任何物质的原子一样，半导体的原子同样是由带正电的原子核和带负电的电子组成，目前用于太阳电池的半导体材料主要是晶体硅，半导体硅原子的外层有4个带负电的电子，按固定轨道围绕原子核转动。当硅原子收到外界能量的作用时，这些电子就会脱离轨道而形成自由电子，并留下空穴。在本征半导体中，自由电子和空穴总是成对出现的，且数量极少，导电能力很弱。如果掺入微量的某种杂质，将使掺杂后的半导体（杂质半导体）的导电能力大大增强。如果掺入能够释放电子的磷、砷等元素，它就成为N型半导体（电子型半导体）；如果掺入硼、镓等元素，由于这些元素能够俘获自由电子，它就形成P型半导体（空穴半导体）。如果把P型半导体和N型半导体结合，在其交界面就会形成一个PN结。太阳光入射到太阳电池表面上后，被太阳电池吸收。此时，在太阳电池内部因吸收了光能而产生了带正电和负电的粒子（空穴和自由电子），这些粒子各自在太阳电池内部自由移动，而且它们绝大多数具有这样的性质，即电子（-）朝N型半导体汇集，空穴（+）则朝P型半导体汇集。如果这时分别在P型层和N型层焊上金属导线，接上负荷，就会产生电流。图2-7所示就是太阳电池的输出特性曲线。

目前常见的太阳电池主要是晶体硅太阳电池，分为单晶硅太阳电池和多晶硅太阳电池。单体太阳电池是光电转换的最小单元，一般无法单独使用，将单体太阳电池进行串并联封装后就成为太阳能电池组件，组件的性能和参数因生产厂家而异，

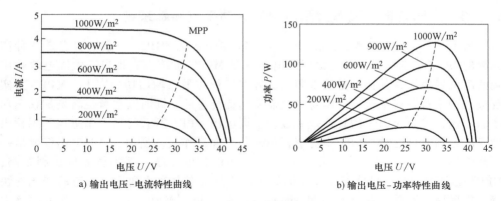

a) 输出电压-电流特性曲线　　　　　b) 输出电压-功率特性曲线

图 2-7　太阳电池输出特性曲线

太阳电池阵列是根据需要的电流和电压把太阳电池组件串并联组合而成的，其等效电路如图 2-8 所示。

当太阳光照射太阳电池时，将产生一个由 N 区到 P 区的光生电流 I_L。同时，由于存在正向二极管电流 I_d，此电流方向从 P 区到 N 区，与光生电流方向相反。

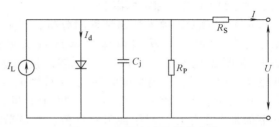

图 2-8　太阳电池的等效电路

太阳电池的 $I—U$ 特性曲线是和太阳辐射度和电池温度有关的。在辐射度相同、温度不同时，太阳电池的输出特性和温度相同、辐照度不同时，太阳电池的输出特性分别如图 2-9 和图 2-10 所示。

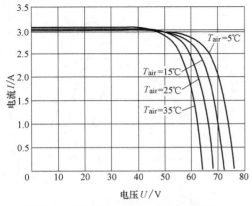

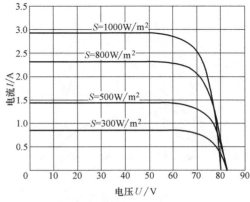

图 2-9　温度不同时太阳电池阵列 $I—U$
　　　输出特性（辐照度 $S=1000\text{W/m}^2$）

图 2-10　辐照度不同时太阳电池阵列 $I—U$
　　　输出特性（温度 $T=5℃$）

2.2.3　太阳能电动汽车太阳电池最大功率点跟踪系统

最大功率点跟踪（Maximum Power Point Tracking，MPPT）系统，它是一种高效率的 DC-DC 变换器，作为太阳能电动汽车 MPPT 系统，它相当于太阳电池输出端的阻抗变换器，其作用是使太阳电池阵列工作在最大输出功率点上。MPPT 要实现最大功率跟踪这个过程，本身也是需要消耗能量的，同时其重量也将增加整车功率的消耗，如果 MPPT 的转换效率过低，则应用 MPPT 所获得的太阳电池阵列输出功率的增加有可能被 MPPT 本身消耗掉，甚至起反作用。所以，MPPT 不仅要是一个高效率的 DC-DC 转换器，更要是一个智能的控制系统，根据智能的控制策略，MPPT 能随太阳能电动汽车工作环境的变化监测太阳电池阵列输出状态的变化并快速、精确地判断最大功率点（Maximum Power Point，MPP）的位置，及时调整太阳电池阵列工作电压跟踪 MPP 的电压。

1. 最大功率点跟踪技术概念

根据前面对太阳电池输出特性的分析，我们知道当辐射度和电池温度变化时，太阳电池输出电压和输出电流呈非线性关系变化，其输出功率也随之改变。图 2-11 和图 2-12 分别为 25℃、不同辐照度时的伏-瓦（电压-功率）特性曲线和辐照度 $1000W/m^2$、不同温度时的伏-瓦特性曲线。由图 2-11 和图 2-12 可以看出，每一个环境状态下，都有一个 MPP，此 MPP 即为太阳（光伏）电池阵列在该外界条件下的最佳工作点。对于纯阻性负荷，其负荷线和 $I—U$ 曲线的交叉点决定了太阳电池阵列的工作点，当负荷发生变化时，太阳电池阵列的工作点也会相应地变化，使得太阳电池阵列的输出功率降低，并不是时刻都处于 MPP。因此在不同的温度、不同的辐照度条件下，当最大功率点发生漂移时，可通过调节负荷使太阳电池阵列重新工作在 MPP 处。目前解决这一问题的有效办法是在太阳电池输出端和负荷之间加入开关变换电路，利用阻抗变换原理，使得负荷的等效阻抗跟踪电阻电池输出最大功率时的输出阻抗，从而使得太阳电池输出最大功率。这种技术就是

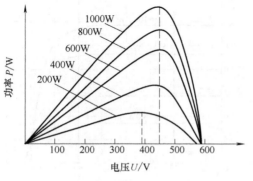

图 2-11　不同辐照度时的
伏-瓦特性曲线（25℃）

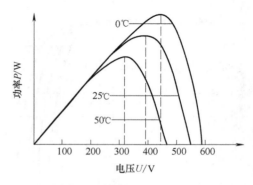

图 2-12　不同温度时的伏-瓦
特性曲线（$1000W/m^2$）

MPP 跟踪技术，即 MPPT 技术。

2. 最大功率点跟踪器的工作原理

如图 2-13 所示的简单线性电路，负荷上的功率为 $P_{R0} = I^2 R_0 = \left(\dfrac{U_i}{R_i+R_0}\right)^2 R_0$，对

此式求导，U_i 和 R_i 都是常数，可得 $\dfrac{\mathrm{d}P_{R0}}{\mathrm{d}R_0} = U_i^2\,\dfrac{R_i-R_0}{(R_i+R_0)^3}$。当 $R_i = R_0$ 时，功率具有

最大值。对于线性电路来说，当负荷电阻 R_i 等于电源内阻 R_0 时，电源有最大功率

输出。虽然太阳电池电路是强非线性的，然而在
极短的时间内，可以认为是线性电路。因此，只
要调节控制电路的等效电阻使它始终等于太阳电
池的内阻，就可以实现太阳电池的最大功率输
出，也就实现了太阳电池的 MPP。而在实际应用
中，是通过调节负荷两端的电压来实现太阳电池
的 MPP，其原理如图 2-14 所示。图 2-14 中，实
直线为负荷电阻线、虚曲线为等功率线、I_{sc} 为太

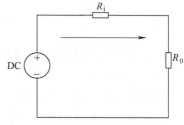

图 2-13　线性电路

阳电池的短路电流、U_{oc} 为太阳电池的开路电压、P_m 为太阳电池的 MPP。将太阳
电池与负荷直接相连，太阳电池的工作点由负荷限定，工作在 A 点，从图 2-14 可
以看出，太阳电池在 A 点的输出功率远远小于在 MPP 的输出功率。通过调节输出
电压的方法，将负荷电压调节到 U_R 处，使负荷上的功率从 A 点移到 B 点。由于 B
点与太阳电池的 MPP 在同一条等功率线上，因此太阳电池此时有最大功率输出。

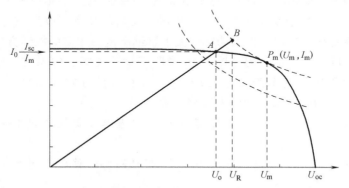

图 2-14　调节负荷两端电压实现太阳电池 MPPT 的原理图

3. 最大功率点跟踪器的结构

图 2-15 所示为太阳电池 MPPT 系统框图，太阳电池对蓄电池充电。系统通过
MPPT 控制器寻找太阳电池 MPPT，给出控制信号，通过 PWM 驱动电路调节系统
中 Boost 变换器的占空比，调节 Boost 变换器的 U_{in}，使其与太阳电池 MPPT 对应的
电压相匹配，从而使太阳电池输出功率最大，充分利用太阳电池。

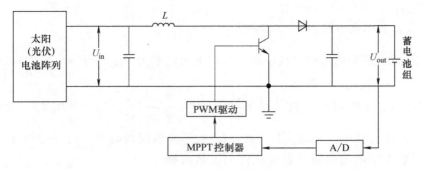

图 2-15　MPPT 系统框图

4. 几种常见的最大功率点跟踪算法分析及比较

根据寻优原理和实现方法，MPPT 算法大概可以归纳为七种方法，分别为恒定电压控制法、电流回授法、功率回授法、直线近似法、实际测量法、扰动观察法和增量电导法。其中又以恒定电压控制法、扰动观察法和增量电导法最为常见，以下将对这 3 种 MPPT 算法的工作原理分别进行说明并对其做简要的对比。

（1）恒定电压控制法　在太阳电池温度一定时，太阳电池的输出 $P—U$ 曲线上 MPPT 电压几乎分布在一个固定电压值的两侧。CVT 控制法思路即是将太阳电池输出电压控制在该电压处，此时太阳电池在整个工作过程中，将近似工作在 MPPT 处。

（2）扰动观察法　这种方法也被称为爬山法（Hill Climbing）。这种方法先是测量太阳电池阵列的输出功率，然后在原来的输出电压上增加一个小电压分量（即扰动量），使其输出功率发生改变，再对改变后的功率与改变前的功率做比较，即可知道功率变化的方向。如果功率增大了就继续使用原来的扰动方向，如果功率减小了就改变原来的扰动方向。图 2-16 说明了扰动观察法的 MPPT 过程，这样的过程可以分以下四种情况来讨论 ［$\Delta P(k)$、$\Delta U(k)$ 分别为功率与电压变化量，$\Delta P(k)=P(k+1)-P(k)$, $\Delta U(k)=U(k+1)-U(k)$］：

$\Delta P(k)>0$，$\Delta U(k)>0$ 时，工作点位于 MPP 左侧，移动方向 1→2，继续调整 $U=U+\Delta U$；

$\Delta P(k)>0$，$\Delta U(k)<0$ 时，工作点位于 MPP 右侧，移动方向 5→4，继续调整 $U=U-\Delta U$；

$\Delta P(k)<0$，$\Delta U(k)>0$ 时，工作点位于 MPP 右侧，移动方向 4→5，反向调整 $U=U-\Delta U$；

$\Delta P(k)<0$，$\Delta U(k)<0$ 时，工作点位于 MPP 左侧，移动方向 2→1，反向调整 $U=U+\Delta U$。

扰动观察法就是通过这样的过程最终控制工作点位于 MPP。图 2-17 所示为扰动观察法的简易流程图，描述了扰动观察法的简单控制过程。

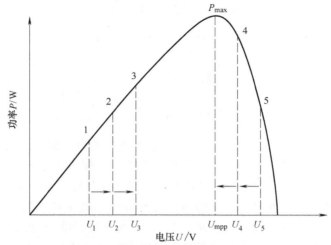

图 2-16 扰动观察法跟踪情况示意图

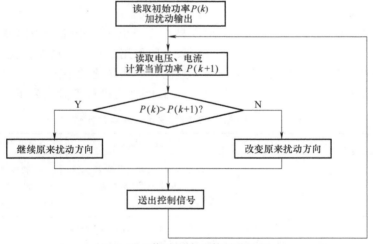

图 2-17 扰动观察法简易流程图

（3）增量电导法 增量电导法的出发点是 $\mathrm{d}P/\mathrm{d}U=0$ 这个逻辑判断式，由图 2-18 所示，太阳电池板电压在 $0\rightarrow U_{\mathrm{oc}}$ 间有且只有一个极点，系统连续可导，由图可知，$\mathrm{d}P/\mathrm{d}U=0$ 时，$U=U_{\mathrm{mpp}}$；$\mathrm{d}P/\mathrm{d}U>0$ 时，$U<U_{\mathrm{mpp}}$；$\mathrm{d}P/\mathrm{d}U<0$ 时，$U>U_{\mathrm{mpp}}$。

$$\frac{\mathrm{d}P}{\mathrm{d}U}=\frac{\mathrm{d}(IU)}{\mathrm{d}U}=I+U\frac{\mathrm{d}I}{\mathrm{d}U}=0 \quad (2\text{-}1)$$

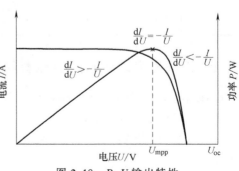

图 2-18 P-U 输出特性

结合边界条件，可得增量电导法控制策略如下：

1）
$$\frac{\mathrm{d}I}{\mathrm{d}U} = -\frac{I}{U}\text{时，} U = U_{\mathrm{mpp}},\ U = U$$

2）
$$\frac{\mathrm{d}I}{\mathrm{d}U} > -\frac{I}{U}\text{时，} U < U_{\mathrm{mpp}},\ U = U + \Delta U$$

3）
$$\frac{\mathrm{d}I}{\mathrm{d}U} < -\frac{I}{U}\text{时，} U > U_{\mathrm{mpp}},\ U = U - \Delta U$$

其中，$\mathrm{d}I$ 为增量前后测到的电流差；$\mathrm{d}U$ 为增量前后测到的电压差。

因此，借助测得的增量值 $\mathrm{d}I/\mathrm{d}U$ 与瞬间太阳电池阵列的电导值 I/U，可以决定下一次的改变方向，当增量电导值与瞬间电导值负数值相等时，表示已达到 MPP。

增量电导法仍然是通过改变太阳电池阵列输出的电压来达到最大功率 P_{m}。虽然这种方法借助修改逻辑判断式来减少在 MPP 附近的振荡现象，使其更能适应太阳能电动汽车行驶过程中多变的大气环境和负荷情况，理论上说这种方法是非常完美和准确的，但是由于传感器精度有限，其误差是不可避免的，因此在实际应用这种方法时，仍有很大的误差存在。

恒定电压控制法虽然控制简单，但容易产生过电压或电流冲击以及噪声污染，且该方法控制精度差、光电转化效率低，故一般仅用于小功率场合；扰动观察法和增量电导法是目前应用较多的两种方法，这两种方法转化效率高，但后者对传感器精度的要求非常高。表 2-2 对以上各种 MPP 跟踪算法进行了对比分析。

表 2-2　各种 MPP 跟踪算法优、缺点的比较

MPP 跟踪算法	恒定电压控制法（CVT）	扰动观察法（P&O）	增量电导法（IncCond）
优点	控制简单且易实现，系统工作电压具有良好的稳定性	控制思路简单，实现较为方便，可实现对 MPP 的跟踪，提高系统的利用效率	控制效果好，控制稳定度高，不受功率时间曲线的影响
缺点	MPPT 精度差，系统工作电压的设置对系统工作效率影响大；控制的适应性差，即当系统外界环境条件改变时，对 MPP 变化适应性差	稳态时，只能在 MPP 附近振荡运行；存在着因功率跟踪过程中非单调性造成的误差；存在着因 P&O 法自身算法的不严谨，而在日照强度变化时产生跟踪错误	控制算法较复杂，对控制系统要求较高

2.2.4　太阳能电动汽车的能源管理系统

太阳能电动汽车的能源管理系统主要是用来控制太阳电池工作在 MPP，管理光伏发电的能量在充电控制器和电机之间的分配，使得太阳能能量得以合理使用，并对太阳能电动汽车蓄电池的充放电进行管理和保护，控制蓄电池的充放电和管理电机的用电。

太阳电池受天气的不确定性和太阳能电动汽车电机运行不确定性的影响比较

大，所以太阳能电动汽车能源管理系统比较复杂，能源管理方案可以有多种，很难找到最优方案。但首要原则是，在满足太阳电池板 MPPT 控制的前提下，保证蓄电池充电功率与电机驱动功率的合理分配，以及对蓄电池充电电量与放电电量的合理管理。

对于 MPP 的追踪，能源管理系统通过 MPPT 控制器寻找到太阳电池 MPP，给出控制信号，通过 PWM 驱动电路调节系统中斩波器的占空比，调节斩波器的输入电压，使输入电压与太阳电池 MPP 对应的电压相匹配，从而使太阳电池输出功率最大。

蓄电池作为太阳电池发电能量的储能器件，其本身应该有较强的调节能力。蓄电池在太阳能电动汽车的每次行驶中都处于能量循环中，大部分时间处于充电量相对不满的状态，这时需要通过能源管理系统调节充电电流来平衡太阳电池发电和电机的用电负荷。蓄电池的放电管理则要保证蓄电池不至于过放电：能源管理系统要保证蓄电池放电电流尽量不超过蓄电池 10% 容量的 C_{10} 值。对于太阳能电动汽车，蓄电池的放电意味着电机的驱动运转，其放电管理依据三条原则进行控制：蓄电池的端电压；蓄电池的剩余电量；程序中设定的太阳能电动汽车每日行驶里程。

2.3　燃料电池电动汽车

燃料电池电动汽车是以电机为动力，用燃料电池（Fuel Cell）作为能源转换装置，利用氢气作为燃料的电动汽车。与传统内燃机汽车相比，燃料电池汽车不通过热机过程，不受卡诺循环的限制，具有能量转化效率高、环境友好等内燃机汽车不可比拟的优点，同时仍然可以保持传统内燃机汽车高速度、长距离行驶和安全、舒适等性能。早期的燃料电池汽车的燃料电池和它的附属设备的重量重、体积大，占据了车体的大部分的装载空间，在其总布置上有很大的困难。近年来燃料电池不断地向小型化方向发展，使得燃料电池成功地装置到各种类型的车辆上。对于燃料电池汽车类型，按主要燃料种类其可分为以纯氢气为燃料的燃料电池汽车和以甲醇改质后产生的氢气为燃料的燃料电池汽车；按"多电源"的配置不同，可分为纯燃料电池汽车、燃料电池与蓄电池混合电源的燃料电池汽车，以及燃料电池与蓄电池和超级电容器混合电源的燃料电池汽车，后两种多电源的配置方式是燃料电池汽车的主要配置方式。

2.3.1　燃料电池电动汽车基本结构

燃料电池汽车是以电力驱动为惟一的驱动模式，其电气化和自动化的程度大大高于内燃机汽车。在结构组成上，燃料电池汽车仍然保留了内燃机汽车的车身、行驶系统、悬架系统、转向系统和制动系统等，不同之处在于它的动力驱动系统。在整车布置上，除去与内燃机汽车相同部分外，燃料电池汽车还包括对氢气储存罐或甲醇改质系统、燃料电池发动机系统、电气控制系统和电机驱动系统等总成和装置的布置，以及高压电的安全隔离。这些核心部件的布置，不仅要考虑布置方案的优化及零部件性能实现的便利，还必须考虑氢泄漏等传统汽车所不具备的安全性问题。早期用内燃机汽车底盘改装的燃料电池汽车，在汽车底盘上对氢气储存罐或甲醇改质系统、燃料电池发动机系统、电气控制系统和电机驱动系统等总成和装置进行总布置时会受到一些局限。新近研发的燃料电池汽车则采用了滑板式底盘，可以将燃料电池汽车的氢气储存罐和供应系统、燃料电池发动机系统、电能转换系统、电机驱动系统、转向系统和制动系统等统统装在一个滑板式的底盘中，而在底盘上部可以布置不同用途的车身和个性化造型的车身。燃料电池发动机系统和电机驱动系统在底盘中的布置主要采取前置方式；氢气储存罐或甲醇改质系统在底盘中的布置更多考虑的是汽车碰撞安全性和车辆外形结构紧凑，所以多采用后置。

2.3.2　燃料电池工作原理

　　燃料电池是一种把氢进行氧化而将化学能直接转换为电能的发电装置，其能量的转换不受卡诺循环规律限制。在运行过程中，燃料电池不需要复杂的机械传动装置，也不需要润滑剂，当燃料电池向驱动电机提供电源来驱动燃料电池汽车行驶时，没有振动与噪声。

　　燃料电池是由负极（燃料极）、正极（氧化极）和正负极之间的电解质共同组成，不同种类的燃料电池采用了不同的电解质，有酸性、碱性、固体高分子型或质子膜型。其工作原理如图 2-19 所示。在燃料电池负极一侧输入氢气，在燃料电池正极一侧输入空气或氧气。在催化剂的作用下，氢在阳极分解成氢离子和电子，氧在阴极同电解液中的氢离子吸收抵达阴极的电子，最后在电化学反应过程中转化为电能并生成水。由于电解质中离子的运动，电极上有电荷的积累，外电路接通后有直流电通过，并可以持续。电解质具有选择通过性，只允许负极产生的质子通过，

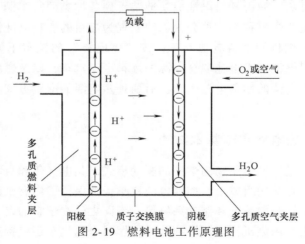

图 2-19　燃料电池工作原理图

到达正极，但不允许气体和电子通过。原则上只要反应物不断输入，反应产物不断排出，燃料电池就能连续发电。燃料电池在汽车上的利用，停车时温度将下降，使用时温度需要提升，这使得燃料电池汽车的起动需要一段时间。而保持高温状态下，能量损失又变大。因此限于这些条件，适合于汽车用的应为接近常温下使用的燃料电池类型。

目前，在燃料电池汽车的燃料电池使用上，美国广泛应用的是质子交换膜燃料电池组（Proton Exchange Membrane Fuel Cell，PEMFC），在日本一般使用固体高分子型燃料电池组（Proton Electrolyte Fuel Cell，PEFC）。质子交换膜燃料电池是用可传导质子的聚合膜作为电解质，具有选择透过 H^+ 的功能，其能量转换效率理论上可达到 80%，现在各国研发的 PEMFC 实际能量转换效率只达到 50%~60%，但具有比功率大、质量体积小、起动快、能耗少、寿命长、工作温度低等特点，有利于在燃料电池汽车上布置。固体高分子型燃料电池使用涂有塑料催化剂的固体高分子电解质膜作为电解质，其工作温度在 80℃ 左右，可进行常温起动而被认为是比较理想的车用燃料电池。

使用质子交换膜电池时，氢气通过管道或者导气板到达阳极，在阳极催化剂作用下，氢分子解离为带正电的氢离子并释放出带负电的电子，氢离子以水合物（H_3O^+）的形式穿过质子交换膜到达阴极，电子则通过外电路到达阴极，在阴极催化剂作用下，氧与氢离子及电子发生反应生成水。使用固体高分子型电池时，燃料极侧供给氢气，空气极供给氧气，两极之间是涂有塑料催化剂的固体高分子电解质膜和与外侧电极一体化的膜-电极结合体（Membrance Electrode Assembly，MEA），燃料极侧的氢离子通过这一膜到达空气极侧（$H_2 \rightarrow 2H^+ + 2e$）。从燃料极侧通过外部导线到达空气的负电子与氢离子结合生成氢气，氢和氧一起结合生成水发热（$O_2/2 + 2H^+ + 2e \rightarrow H_2O$）。

2.3.3 燃料电池能源管理系统

燃料电池汽车能源管理系统的主要任务就是控制燃料电池汽车动力系统的能量转换和传输过程，从而达到期望的车辆响应。它应该达到这样的目标：在不损害车辆性能和部件寿命的前提下，均衡各部件的工作负荷、降低能量损失、提高燃料经济性。其能源管理系统主要包括功率分配管理、速比控制管理和制动能量回馈管理这三个部分，核心管理部分为功率分配管理。功率分配管理的任务是在给定的功率需求情况下，协调好两个或者两个以上动力源的功率输出比例，使每个动力源的功率输出效率都处在最佳点上，从而增加能量的利用效率和整体的燃料经济性；而速比控制管理和制动回馈管理的任务就是降低驱动电机输入端的功率需求。其能源管理主要过程如下：系统根据燃料电池混合动力汽车的转矩需求和系统的限制条件来确定车轮转矩命令；然后根据转矩命令和燃料电池系统运行状态确定最大的燃料经济性；最后在特定的功率输出情况下，确定动力系统的驱动模式以及各模式之间的转换机制从而确定汽车传动系的速比。能源管理系统根据当前如车速、蓄电池的SOC 等状态以及驾驶员的转矩需求信号，决定当前汽车的最佳档位，即速比。在确定了车上所有负荷的功率需求后，根据功率分配管理策略计算出对燃料电池系统的需求功率，以保证在满足当前动力需求下获得较好的整车能量效率。而当燃料电池混合动力汽车处于制动状态时，转矩需求为负值，此时能源管理系统就根据预先制定的制动能量回馈管理策略确定电机的回馈转矩，最后达到较佳的能量回馈效率。

2.4 混合动力汽车

混合动力汽车是为了弥补纯电动汽车的不足而诞生，最早在奥地利和德国被称作混合装置（mixed）汽车，后来改成了混合动力汽车（Hybrid Vehicle）的称呼。它是介于内燃机汽车和纯电动汽车之间的一种独立车型。首先，混合动力汽车可以广泛地采用结构先进、排量较低的汽油机、柴油机、燃油轮机、转子发动机和斯特林发动机等发动机来组成不同类型的混合动力汽车。其次，它具有能够驱动车轮的驱动电机，驱动电机可以是，交流异步电机、永磁电机、开关磁阻电机和特种电机等。同时，混合动力汽车还装备各种不同的蓄电池和超级电容器等作为"辅助电源"以及 ISG 电动/发电机。此外，混合动力汽车装备的"动力混合器"让动力不仅可以在车轮处混合也可以在"动力混合器"（"动力混合器"主要有分动箱式动力混合器和行星齿轮式动力混合器等）中混合。

2.4.1 混合动力汽车的种类

世界各个汽车公司采用了各种各样的车辆改装为混合动力汽车，用多种多样的发动机、ISG、驱动电机和混合器组成了多种多样"混合"形式。根据所采用的不同动力组合装置和不同的组合方法，混合动力汽车可以分为：①串联式混合动力汽车；②并联式混合动力汽车；③混联式混合动力汽车。

（1）串联式 驱动力以发动机→发电机→（电池）→电机→车轮的顺序依次传递的动力系统所构成的混合动力汽车叫做串联式混合动力汽车（Series Hybrid Electric Vehicle, SHEV），其系统动力传递路线及基本构造如图 2-20 所示。它是混合动力电动汽车中结构形式最简单的一种，传动机构简单，但需要发动机、发电机和电机这三个驱动部件。与传统燃油汽车相比，它是为了增加续驶里程而以发动机为辅助型的一种电动汽车。行驶时，发动机输出的机械能通过发电机转化为电能，转化后的电能一部分经由电机和传动装置驱动车轮，一部分则存储在蓄电池中，供汽车加速或者在其他工况下使用。

（2）并联式 发动机的驱动力和蓄电池、压力储能装置等的驱动力一起并行向车轮传递的动力系统所构成的汽车叫并联式混合动力汽车（Parallel Hybrid Elec-

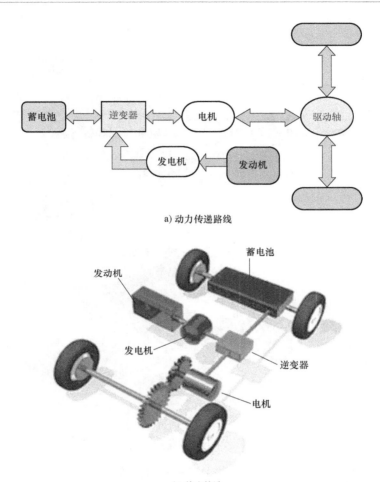

a) 动力传递路线

b) 基本构造

图 2-20　串联式混合动力汽车

tric Vehicle，PHEV），其系统动力传递路线及基本构造如图 2-21 所示。并联式混合动力汽车只需发动机和电机两个驱动部件，并以各自独立的驱动系统驱动车轮，而且发动机和电机通常会采用不同的离合器来驱动车轮，具有三种不同的工作模式：发动机单独驱动、电力单独驱动以及发动机和电力混合驱动。与传统燃油汽车相比，它是一种为了降低排放和燃油消耗而以电机电力为辅助型的燃油汽车。行驶时，当发动机提供的功率大于驱动汽车所需要的功率或者汽车处于再生制动的状态时，电机就工作于发电状态，将多余的电能充给蓄电池。

（3）混联式　混联式混合动力汽车是在结构上综合了串联式和并联式的特点的混合动力汽车（Parallel Series Hybrid Electric Vehicle，PSHEV），其系统动力传递路线及基本构造如图 2-22 所示。它兼有串联式和并联式的优点，与串联式相比，它增加了机械动力的传递路线；与并联式相比，它增加了电能的传输路线。但是，

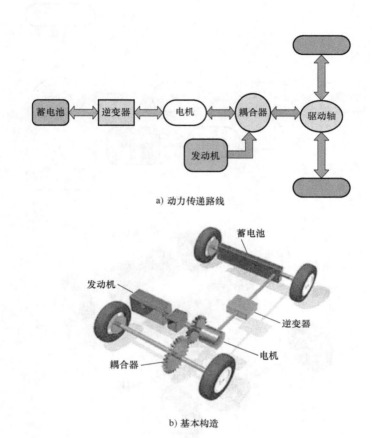

a) 动力传递路线

b) 基本构造

图 2-21　并联式混合动力汽车

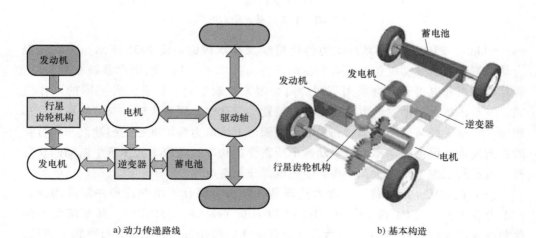

a)动力传递路线

b) 基本构造

图 2-22　混联式混合动力汽车

结构上综合了串联式和并联式特点也造成了其结构复杂、成本高的缺点。混联式动力汽车动力有两种动力驱动：一种是发动机（带 ISG）与驱动电机并联，两者动力在动力混合器中组合然后驱动车轮；另外一种是发动机（带 ISG）与驱动电机并联，两者动力分别带动前后轮或者后前轮，动力在驱动轮处混合。

这三种类型的混合动力汽车各有优缺点，表 2-3 为串联式、并联式、混联式混合动力汽车的优缺点比较。尽管各有优缺点，这三种类型的混合动力汽车与传统内燃机相比是比较节油的。首先，它们可以在汽车停车等候或者低速滑行等工况下关闭发动机来节约燃油；其次，它们的电力驱动部分中的电机能够作为发电机来工作，当汽车减速滑行或者紧急制动时，可以将部分制动能量通过发电机回收转化为电能存入蓄电池，从而进一步提高汽车的燃油经济性；最后，混合动力汽车蓄电池在汽车的一般行驶中能够吸收、储存电能，而在需要大功率的时候能提供电能，这种补偿作用平滑了内燃机的工况波动，使得混合动力驱动系统能够使用小型发动机，并使发动机的工作点处于高效率的最优工作区域内。

表 2-3　串联式、并联式、混联式混合动力汽车主要优缺点比较

	控制系统	电池	能量传递效率	内燃机工作效率	环境污染	其他方面
串联式	控制系统结构比较简单，控制方法简便；能够根据蓄电池充电状态决定其运行或者停止	对电池的要求比较高，电池容量增加了	动力传递过程中，存在能量转换的损失，降低了能量利用率	内燃机总在最佳工况下工作，具有较高燃油经济性	污染小	每一个动力装置的功率均等于汽车要求的总功率，设备规模较大，增加车辆成本及机构布置难度
并联式	动力控制系统及机械切换系统相对比较复杂	总容量上比串联式约少 1/3，对蓄电池的峰值功率要求也比较低	动力直接传递到车轮上，中间环节少，比串联式有更高的能量效率	动力主要来源是内燃机，但内燃机工作范围比较大，效率比较低	污染较大，噪声也较大	结构较为简单，省去了发电机
混联式	机械传动系统及控制系统最复杂	对电池的依赖程度最小，甚至可以不需要外置充电系统	能量传递效率比较高	发动机的工作不受汽车行驶工况的影响，总是在最高效率下运转而使汽车实现低排放和超低油耗	介于串、并联之间	发电机和电机均比较小，动力系统可以根据不同的工况

2.4.2　动力传动系统及控制

（1）动力传动系统组成　混合动力汽车动力系统由动力分配机构、减速装置、发电机、电机和连接轴等组合构成。发动机的动力通过机械与电气两条路径进行传递。发电机及电机的转速可以无级调速，具有电子控制变速器的作用。

（2）动力分配机构　混合动力汽车动力分配机构应用行星齿轮装置。行车时，

发动机动力被传递到直接连接的行星齿轮装置，再通过行星齿轮被分配到齿圈与中心齿轮；齿圈旋转轴与电机直接连接。

（3）发动机停转系统　当车辆停止或者低速减速时，发动机自动停止运转以节约燃料；当车速处于比较低的状态时，即发动机运转在低效率的运转车速范围内，发动机会自动切断燃油供应，停止驱动力输出而只利用电机来驱动车辆行驶。

（4）能量回收制动系统　能量回收制动系统可以使发动机制动或者制动器制动时，电机作为发电机进行工作，把车辆的动能转换为电能，除了减少了制动器的负荷，也比较适合混合动力汽车在城市道路上频繁进行加速、减速的行驶工况。

（5）混合动力系统的控制　混合动力系统能够有效利用发动机和电动机的各自特点并对其进行优化组合控制，通过对发动机、电机、发电机及蓄电池等构成部件的要求值或者实际值进行确认和计算来进行实时高速精确的控制。控制系统输入的参数主要有加速踏板的位置、车速、蓄电池、变速档位以及制动等信号，这些信号输入通过控制单元后输出的参数主要有电子节气门控制信号、发电机控制信号和电机控制等信号，然后通过这些输出信号以达到对发动机运转区域、行驶工况以及电机驱动的控制。

参 考 文 献

[1]　陈清泉，等. 现代电动汽车技术 [M]. 北京：北京理工大学出版社，2002.

[2]　（日）电气学会，电动汽车驱动系统调查专门委员会. 电动汽车最新技术 [M]. 康龙云，译. 北京：机械工业出版社，2008.

[3]　李兴虎. 电动汽车概论 [M]. 北京：北京理工大学出版社，2005.

[4]　胡骅，宋慧. 电动汽车 [M]. 北京：人民交通出版社，2006.

[5]　李添财. 电动机汽车 [M]. 台北：全华科技图书股份有限公司，2003.

[6]　沈辉，曾祖勤. 太阳能光伏发电技术 [M]. 北京：化学工业出版社，2005.

[7]　Stefan Krauter. 太阳能光伏发电——光伏能源系统 [M]. 王宾，董新洲，译. 北京：机械工业出版社，2008.

[8]　赵争鸣，刘建政，孙晓瑛，等. 太阳能光伏发电及其应用 [M]. 北京：科学出版社，2005.

[9]　陈全世，仇斌，谢起成，等. 燃料电池电动汽车 [M]. 北京：清华大学出版社，2005.

[10]　Antoni Szumanowski. 混合电动汽车辆基础 [M]. 陈清泉，孙逢春，译. 北京：北京理工大学出版社，2001.

[11]　余志生. 汽车理论 [M]. 北京：机械工业出版社，2007.

[12]　（日）松本廉平. 汽车环保新技术 [M]. 曹秉刚，康龙云，贾要勤，等译. 西安：西安交通大学出版社，2005.

第3章 新能源汽车的电机驱动系统

在上一章中我们知道，在新能源汽车中，一般情况下是电机取代发动机并在电机控制器的控制下，将电能转换为机械能来驱动汽车行驶。其中，在纯电动汽车、太阳能电动汽车和燃料电池电动汽车中，电机作为纯驱动装置；在串联式混合动力汽车中，电机作为主要动力装置；在并联式混合动力汽车中，电机作为辅助动力装置。新能源汽车与普通燃油汽车的最重要区别就在于电机驱动系统。

3.1 新能源汽车电机驱动系统概述

新能源汽车的电机驱动系统主要有电气系统和机械系统组成，其中，电气系统由电机、功率转换器和电子控制器等三个子系统构成，机械系统则由机械传动和车轮等构成。在电气系统和机械系统的连接过程中，机械系统是可选的，有些新能源车的电机是装在轮毂上直接驱动车轮运动的。

3.1.1 新能源汽车电机驱动系统的种类及特点

1. 纯电动汽车的电机驱动系统

传统内燃机汽车中依靠传动装置可以使速度和转矩按照期望的特性变化，纯电动汽车的电机驱动系统采用矢量控制，弱磁控制等技术也可以使电机得到几乎相似的特性，所以纯电动汽车可以省去传动装置，使其在结构上更加简单，同时产生的机械能量等损失也减少了。若有能量回收装置，还可以得到更高的效率。纯电动汽车没有传统内燃机车的怠速工况，在等待交通信号灯时可以不消耗能量，从而达到节省能量的目的，并且由于不存在发动机转动而更加安全。此外与传统内燃机车相比，其转矩控制响应速度大大提高了，具有较快的加速响应、较好的防滑控制，以及较佳的制动控制等相应平顺性和安全性优势。

对于纯电动汽车驱动方式，上一章已对其进行了介绍，在这里只对驱动电机的选择加以介绍。单电机驱动方式中使用的电机，不需要太大的变速范围，可有效使用较小容量的永磁电机；具有差速器和减速器，不采用离合器和传动装置的无传动系统。虽然没有离合器和传动装置的损失，但是还存在着差速器的损失。此外，从回收制动的角度出发，由于可以实现从车轮到电机的回收（驱动轮以外的动能通过制动转化为热能），所以有利于全轮驱动。因为没有传动装置，运转更加容易，但这样也需要低速大转矩、速度变化区域大的电机，同时电机和逆变器的容量也均变大了；去除了差速器的系统称为无差速器系统，这种电机是把传统电机的定子变成可动的结构，另一方面，当转子上电的时候可以相互反向回转。双电机驱动方式分为前后驱动（即2个电机对前后轮分别驱动）和双轮毂式电机两类，双轮毂电机及其逆变器的造价较高。四轮毂式电机把电机组装在车轮轮毂中，机构更加紧凑。轮毂式电机的大型化较难，但是总功率依靠4台电机分担，每台电机的容量可以变得小一些。此外，由于没有动力传动装置，效率可以稍微得到改善。

2. 混合动力电动汽车的驱动系统

混合动力汽车可分为依靠电机行驶的串联式混合动力汽车、发动机辅助行驶的并联式混合动力汽车，以及兼具两者性能的串并联混合动力汽车。

串联式混合动力汽车解决了续驶里程短这个电动汽车的难题，行驶中或者停车时由能量源可向电池充电，能量源与车轮在结构上没有机械连接，因此驱动系统的结构具有更高的自由度。图 3-1 与图 3-2 所示分别为以发动机作为能源的串联式混合动力汽车的能量流动和以燃料电池为能源时的串联式混合动力汽车的能量流动。

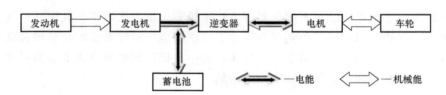

图 3-1　以发动机为能源的串联式混合动力汽车的能量流动

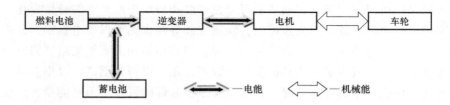

图 3-2　以燃料电池为能源的串联式混合动力汽车的能量流动

并联式混合动力汽车驱动系统中装载的电机/发电机，要进行制动、驱动，发动机还随着运转状况改变转速和输出功率。制动时电机/发电机处在发电机模式，电池回收电力，起动、加速时作为电机提供驱动转矩。其特点是发动机内的飞轮组合了电机/发电机，可以在现行车辆驱动系统中原封不动地使用，电气部分更加简单，电气系统出现故障的情况下，可单独采用发动机运转。以发动机作为能量源的串联式混合动力汽车，发动机虽然在最佳转速和最佳输出功率下运行时效率较高，但如需要驱动容量很大的电机时，还要有可供给电能的发电机。这些情况下就需要配备许多较重的电气设备，电池容量也要增大，因此重量也增加了。并联式混合动力汽车的电机与电池虽然满足容量较小的条件，但是大部分依靠发动机行驶，发动机就不能工作在最佳点，故效率较低。

串并联式混合驱动方式同时具有发电机和电机，与同样具有发电机和电机的串联式混和动力汽车不同，发动机与车轮通过机械结构连接到一起。尽管电机的设计容量较小，但是在小功率时可作为纯电动汽车运转，能实现多种驱动方式。对于发动机汽车来说，在路况恶劣需频繁起停的行驶条件下，可回收制动使之相对节省了燃费。除此之外车辆还具有混合动力汽车所带来的一些优点：如减少了较重的电池等大容量、短时间的能量存储量，不充电也能使汽车仅在有燃料（汽油）补给的情况下持续行驶。

3.1.2　新能源汽车对驱动电机的性能要求

新能源汽车用电机在需要充分满足作为汽车的运行功能的同时，还应满足行驶时的舒适性、适应环境的性能和一次充电的续驶里程等性能。新能源汽车用电机要求具有比普通工业用电机更为严格的技术规范。其电机驱动系统的主要性能要求如下：

（1）体积小、重量轻　减小有限的车载空间，特别是总重量的减少。电机采用铝合金外壳，以降低电机的重量。各种控制装置的重量和冷却系统的重量等也要求尽可能轻。

（2）在整个运行范围内的高效率　一次充电续驶里程长，特别是行驶方式的频繁改变时，低负荷运行也应该具有较高的效率。

（3）低速大转矩特性及宽范围内的恒功率特性　即使没有变速器，电机本身也应满足所需要的转矩特性。以获得所需要的起动、加速、行驶、减速、制动等所需的功率与转矩。电机具有自动调速功能，因此，可以减轻驾驶员的操纵强度，提高驾驶的舒适度，并且能够达到与内燃机汽车加速踏板同样的控制响应。

（4）高可靠性　在任何情况下都应确保具有高度的安全性。

（5）价格低　要想得到普及，价格降低是必经之路。

（6）高电压　在允许的范围内尽可能采用高电压，可以减小电机的尺寸和导线等装备的尺寸，特别是可以降低逆变器的成本。

（7）各种动力电池组和电机的工作电压可达到300V以上　对电气系统安全性和控制系统的安全性，都必须符合相关车辆电气控制的安全性能标准和规定。

（8）高转速　高转速电机的体积较小，重量较轻，有利于降低装车的装备重量。

同时，电机还要求耐温和耐潮性能强，运行时噪声低，能够在较恶劣的环境下长时期工作、结构简单，适合大批量生产，使用维修方便等特点。

3.1.3 驱动电机的分类

电机的种类很多，用途广泛，功率的覆盖面非常大。而新能源汽车所采用的电机种类较少，功率覆盖面也很窄，只根据上一节提到的新能源汽车对于驱动电机的性能特点，采用了一些符合要求的电机，其基本类型如图3-3所示。

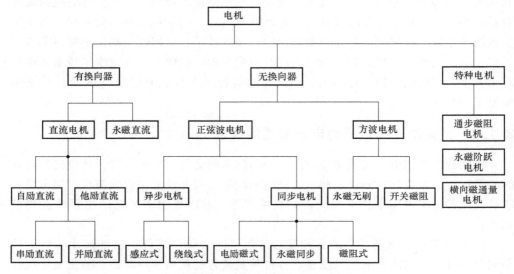

图 3-3　新能源汽车所采用电机的基本类型

从图中可以看出，新能源汽车经常采用的驱动电机包括直流电机、交流异步电机、永磁电机和开关磁阻电机。最早应用于电动汽车的是直流电机，这种电机的优点是控制性能好、成本低。随着电子技术、机械制造技术和自动控制技术的发展，交流异步电机、永磁电机和开关磁阻电机显示出比直流电机更加优越的性能，这些电机正在逐步取代直流电机。表3-1是四类电动汽车用电机的性能比较。

表 3-1　电动汽车用电机基本性能比较

	直流电机	交流异步电机	永磁电机	开关磁阻电机
功率密度	低	中	高	较高
过载能力（%）	200	300~500	300	300~500
峰值效率（%）	85~89	94~95	95~97	90
负荷效率（%）	80~87	90~92	85~97	78~86
功率因数（%）	—	82~85	90~93	60~65
恒功率区	—	1:5	1:2.25	1:3
转速范围/(r/min)	4000~6000	12000~20000	4000~10000	>15000

（续）

	直流电机	交流异步电机	永磁电机	开关磁阻电机
可靠性	一般	好	优	好
结构坚固性	差	好	一般	优
电机外形尺寸	大	中	小	小
电机重量	重	中	轻	轻
控制操作性能	最好	好	好	好
控制器成本	低	高	高	一般

3.2　直流电机驱动系统

直流电机由于控制性能好，最早在电动汽车中获得应用。20世纪80年代前，几乎所有的车辆牵引电机均为直流电机，如法国雪铁龙SAXO电动轿车和日本大发HIJET电动面包车均达到年产1万辆的规模。这是因为直流牵引电机具有起步加速牵引力大，控制系统较简单等优点。直流电机的缺点是有机械换向器，当在高速大负荷下运行时，换向器表面会产生火花，所以电机的运转不能太高。由于直流电机采用机械式电刷和换向器，其过载能力、转速范围、功率体积比、功率重量比、系统效率、使用维护性均受到限制。除小型车外，目前一般已不采用。

直流电机大致可分为永磁式电机和绕组式电机。前者没有励磁绕组且永磁体的磁场是不可控制的，后者有励磁绕组且磁场可由直流电流控制。在电动汽车所采用的电机中，小功率电动机采用的是永磁电机，而大功率的电机，大多采用的是像串励、并励以及复励电机等一样的有励磁绕组的电机。

3.2.1　直流电机的基本构造

如图3-4所示，直流电机主要由转子、定子、端盖和电刷架四部分组成。定子主要由主磁极、换向极和机座等部分组成。定子的功能是用来产生磁通和进行机械固定。定子的主磁极的作用是产生主磁场，磁极可以是永磁体，也可以是励磁式的。换向极的作用是改善换向，使电机运行时电刷下不产生有害的火花。转子主要由电枢铁心、电枢绕组及换向器等部分组成。端盖上装有轴承以支撑电机转子旋转，端盖固定在机座两端。电刷架装在段盖上，电刷则与换向器相接触。在电机的定子和转子之间留有气隙，气隙的大小以及定子和转子的结构形式对电机的性能有重要影响。

3.2.2　直流电机的性能特点

电动汽车直流电机驱动系统中的直流电机通常采用串励电机和他励电机。电动

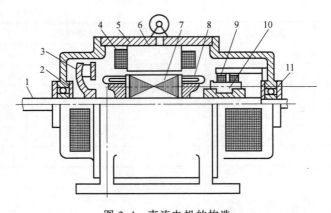

图 3-4 直流电机的构造

1—轴 2—端盖 3—风扇 4—励磁绕组 5—机座 6—磁极
7—电枢铁心 8—电枢绕组 9—电刷 10—换向器 11—轴承

汽车驱动电机在很多情况下使用的驱动特性如图 3-5 所示。

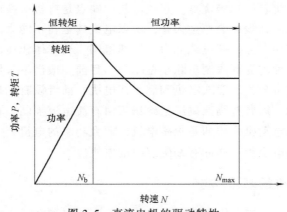

图 3-5 直流电机的驱动特性

基本转速 N_b 以下为恒转矩区，基本转速 N_b 以上为恒功率区。在恒转矩区，励磁电流保持不变，改变电枢电压来控制转矩。在高速恒功率区，电枢电压不变，改变励磁电流或弱磁来控制转矩。它的这种特性很适合汽车对动力源低速高转矩、高速低转矩的要求，而且直流电机结构简单，易于平滑调速，控制技术成熟，所以直到 20 世纪 80 年代中期，它仍是国内外的主要研发对象。几乎所有早期的电动车都采用直流电机驱动系统。

电动汽车专用的直流电机的结构和一般的直流电机的结构没有显著的差别，同一般工业用的电机相比，应具有以下所示的特点：

1）电枢轴要延长，以便安装用于速度检测的脉冲发生器和推力轴接头。

2）转子直径要设计得小些，轴长要设计得长些以适应高速旋转。

3）为了便于散热，电枢槽要设计得多些。

4）为了换向器片、电刷等的定期检查和维护，检查口应制造得大些。

5）由于振动，为了防止电刷的误动作，应提高电刷的预压紧力。

6）和其他电动汽车用电机相同，最大功率值和额定功率记录在铭牌上。

由此，电动汽车专用的直流电机和其他通用的电机相比，需要考虑的事项有耐高温性、抗振动性、低损耗性、抗负荷波动性等，此外还有小型轻量化、免维护性等技术上的难题。

（1）抗振动性 直流电机与其他电动汽车用电机相比，由于拥有较重的电枢，所以在路况凸凹不平时的车辆振动（$3g \sim 5g$）会影响到其轴承所承受的机械应力，对于这个应力进行监控和采取相应的对策是很有必要的。同时由于振动，很容易影响到换向器和电刷的滑动接触，因此也采取了提高电刷弹簧的预压紧力等的措施。

（2）对环境的适应性 鉴于直流电机在电动汽车中使用时与在室外使用时的环境大体相同，所以要求在设计中就灰尘和水分入侵等问题给予考虑。而且也要充分考虑散热结构。

（3）低损耗性 为了延长一次充电续驶里程以及抑制电机温度的上升，尽量保持低损耗和高效率成为直流电机的重要特性。近几年，由于对稀土系列（钴、钕、硼等）的永久磁体的研究开发，PM 直流电机中的高效率化已有很显著的提高。

（4）抗负荷波动性 在市区行驶和郊外行驶中，电机的负荷条件会有 5 倍左右的变动，因此有必要对额定条件的设定加以斟酌。在市区行驶中，由于交通信号以及其他状况，起动、加速工况很多，不可避免地要经常在最大承受功率情况下工作。此时，电刷的电火花和磨损非常剧烈，因此必须对换向极和补偿线圈的设计给予注意。在郊外行驶时，对于电机来说其输出转矩比较低，在高速旋转大输出功率的情况下，一般说来要以较高效率的额定条件运行。然而，在直流电机中，在其高速旋转的情况下，对换向器部分的机械应力和换向条件的要求会变得很严格。为了避免这种情况，在大型搬运用的电动汽车驱动系统中，大多设置变速器以达到提高起动转矩的目的。

（5）小型轻量化 由于要释放被限制的车载空间以及减轻车身总重量，因而小型轻量化成为了设计中的最大问题。而直流电机旋转部分中含有较大比例的铜，也即电枢绕组和铜制的换向器片，所以与其他类型的电机相比，直流电机的小型轻量化更难实现。然而可以通过采用高磁导率、低损耗的电磁钢板减少磁性负荷，虽然增加了成本，但可以实现轻量化。

（6）免维护性 关于电刷，虽然有连续长时间使用达一万小时的报告，但根据负荷情况和运动速度等使用条件的不同，更换时间和维修作业的次数是变化的。解决办法是，采用不损伤换向器片材质的电刷，以及将检查端口制造得大些，以便于检查、维修等。

　　除此之外，电动汽车用直流电机大多在较低的电压下驱动，同时又是大电流电路，因此需要注意连接线的接触电阻。

　　然而，直流电机的效率和转速相对较低，运行时需要电刷和机械换向装置，机械换向结构易产生电火花，不宜在多尘、潮湿、易燃易爆环境中使用，其换向器维护困难，很难向大容量、高速度发展。此外，电火花产生的电磁干扰，对高度电子化的电动汽车来说也是致命的。直流电机价格高、体积和重量大。随着控制理论和电力电子技术的发展，直流驱动系统与其他驱动系统相比，已大大处于劣势。因此，目前国外各大公司研制的电动车电气驱动系统已逐渐淘汰了直流驱动系统。

3.2.3　直流电机的调速方法

　　图 3-6 所示为直流电机的物理模型。

　　直流电机运行过程中符合以下公式。

　　直流电机电磁转矩：

$$T_e = K_m \Phi I_a \qquad (3-1)$$

式中　T_e——电机的电磁转矩（N·m）；

　　　　Φ——励磁磁通（Wb）；

　　　　I_a——电枢电流（A）；

　　　　K_m——由电机结构参数决定的转矩常数。

　　由直流电机的转速特性可知，直流电机的转速和其他参量的关系为

$$n = \frac{U - I_a R}{K_e \Phi} \qquad (3-2)$$

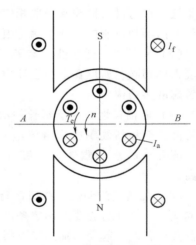

图 3-6　直流电机物理模型

式中　n——电动机转速（r/min）；

　　　　U——电枢供电电压（V）；

　　　　R——电枢回路总电阻（Ω）；

　　　　K_e——由电机结构参数决定的电动势常数。

　　改变电枢电压调速是直流调速系统采用的主要方法，调节电枢供电电压或者改变励磁磁通，都需要有专门的可控直流电源，常用的可控直流电源有以下三种：

　　（1）旋转变流机组　用交流电机和直流发电机组成机组，以获得可调的直流电压。由交流电机（原动机）拖动直流发电机 G 来实现变流，由 G 给需要调速的直流电机 M 供电，调节发电机的励磁电流 i_f 的大小，就能够方便地改变其输出电压 V，从而调节电机的转速，如图 3-7 所示。

　　（2）静止可控整流器　用静止的可控整流器，如晶闸管整流装置产生可调的直流电压。和旋转变流机组装置相比，晶闸管整流装置不仅在经济性和可靠性上有很大提高，而且在技术性能上也显示出很大的优越性，如图 3-8 所示。

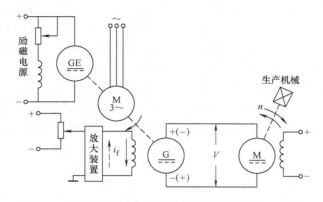

图 3-7　旋转变流机组供电的直流调速系统（G-M 系统）

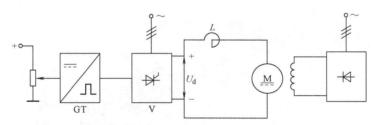

图 3-8　晶闸管-电机调速系统原理框图（V-M 系统）

（3）直流斩波器或脉宽调制变换器　用恒定直流电源或不控整流电源供电，利用直流斩波器或脉宽调制的方法产生可调的直流平均电压。直流斩波器又称直流调压器，是利用开关器件来实现通断控制，将直流电源电压断续加到负荷上，通过通、断时间的变化来改变负荷上的直流电压平均值，将固定电压的直流电源变成平均值可调的直流电源，亦称直-直变换器，如图 3-9 所示。

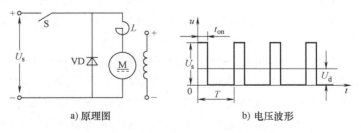

a) 原理图　　　　　　　b) 电压波形

图 3-9　直流斩波器原理电路及输出电压波形

3.3　交流异步电机驱动系统

交流电机可分为同步电机和异步电机两大种类，如果电机转子的转速与定子旋转磁场的转速相等，转子与定子旋转磁场在空间同步地旋转，这种电机就称为同步电机。如果电机转子的转速不等于定子旋转磁场的转速，转子与定子旋转磁场在空间旋转时不同步，这种电机就称为异步电机。异步电机具有结构简单、价格便宜、运行可靠、维护方便、效率较高的优点，得到广泛应用。其主要缺点在于功率因数低，运行时必须从电网吸收无功电流来建立磁场，故其功率因数小于1。三相异步电机有笼型异步电机和绕线转子异步电机两种。在新能源汽车的应用中，笼型异步电机较为广泛。其结构简单、造价低、结构坚固，而且维护起来也很容易（见图3-10）。

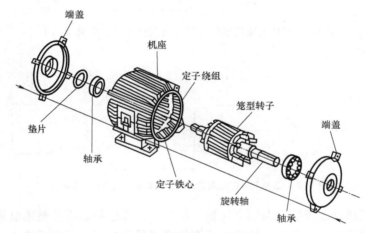

图 3-10　笼型异步电机的构造

3.3.1　三相异步电机的构造及工作原理

三相异步电机的定子和转子由层叠、压紧的硅钢片组成；两端采用铝盖封装，在转子和定子之间没有相互接触的部件、结构简单、运行可靠、经久耐用、价格低廉。

三相异步电机的定子绕组是一个对称的三相绕组。当三相异步电机接到三相电源上，定子绕组就能够产生一个旋转磁场。该磁场切割转子绕组，在转子绕组中感应出电动势。如果转子绕组电路闭合，则会产生转子电流，该电流与定子旋转磁场相互作用，使转子绕组导体受到电磁力的作用，从而使转子跟着定子旋转磁场同方向旋转，电机就能带动机械负荷。如果三相异步电机转子的转速与旋转磁场的转速相同，则转子绕组的导体不切割旋转磁场的磁力线，导体中就没有感应电动势和电流，也就不会产生电磁力使转子转动。定子旋转磁场的转速 n_1 与转子转速 n 之间的差值成为差速度，其于 n_1 的比值称为转差 s。三相异步电机转子的转速是随负荷的变化而变化的，s 也就随负荷的变化而变化。

3.3.2　交流异步电机的性能特点

电动汽车用的交流异步电机具有以下的特点：

1）小型轻量化；

2）易实现转速超过 10000r/min 的高速旋转；

3）高速低转矩时运转效率高；

4）低速时有高转矩，以及有宽泛的速度控制范围；

5）高可靠性（坚固）；

6）制造成本低；

7）控制装置的简单化。

异步电机成本低且可靠性高，逆变器即便是损坏而产生短路时也不会产生反向电动势，所以不出现急制动的可能性。因此，广泛应用于大型高速的电动汽车中。三相笼型异步电机的功率容量覆盖面很宽广，从零点几瓦到几千瓦。它可以采用空气冷却或液体冷却方式，冷却自由度高、对环境的适应性好，并且能够实现再生制动。与同样功率的直流电机相比较，效率较高、重量约要轻一半左右。

为了更好地满足以上要求，各大厂商均对其进行了研究开发。一般情况下，作为电动汽车专用的电机，由于安装条件是受限制的，而且要求小型轻量化，因而电机在 10000r/min 以上的高速运转时，大多采用一级齿轮减速器实现减速。此外，由于振动等恶劣工作环境，低转速状态下需要高转矩，并且要求在较宽的速度范围内具有恒输出功率特性，所以电动汽车用异步电机与一般工业用的电机不同，因此在设计上采用了各种新的方法。

出于对工作环境的考虑，电机大多采用全封闭式结构，为了框架、托座等的轻量化，采用压铸铝的方式制造，也有采用将定子铁心裸露在外表面的无框架的结构，由于为了实现小型轻量化，大多采用了水冷却定子框架的水冷式电机。高速运转时由于频率升高而引起了铁损的增大，因此希望减少电机的极数，一般采用两极或 4 极的情况较多，但是两极时，线圈端部的长度变长，所以采用 4 极的场合较多些。此外，为了减少铁损，普遍采用了有良好磁性的电磁钢板。

3.3.3　交流异步电机的控制方法

20 世纪 90 年代后，交流电机驱动系统的研制和开发有了新的突破。相比直流电机，交流电机体积小、重量轻、效率高、调速范围宽、可靠性高、价格便宜、维修简单方便，在电动汽车上得到了广泛应用。当新能源汽车减速或制动时，电机处在发电制动状态，给电池充电，实现机械能到电能的转换。在新能源汽车上，由功率半导体器件构成的 PWM 功率逆变器把蓄电池电源提供的直流电变换为频率和幅值都可以调节的交流电。三相异步电机逆变器的控制方法主要有 U/f 恒定控制法、转差率控制法、矢量控制法和直接转矩控制法（DTC）（见表 3-2）。其中，后两种控制方式目前处于主流的地位。

表 3-2　异步电机的转矩控制法

	定子磁通恒定控制	转子磁通恒定控制
电压控制	直接转矩控制	转差率控制
电流控制	—	矢量控制

1. 矢量控制

矢量控制又称磁场定向控制，按同步旋转参考坐标系定向方式可分为转子磁场定向、气隙磁场定向和定子磁场定向控制。转子磁场定向可以得到自然的解耦控制，在实际系统中得到广泛应用，而后两种定向会产生耦合效应，必须通过解耦的补偿电流实施补偿。

矢量控制理论于 1971 年由德国西门子公司的 Blaschke 等人提出。它可以实现转矩和磁通的解耦，可以根据期望得到的性能要求分别进行控制。矢量控制的思想是将交流电机的三相定子坐标转换为两相定子坐标，然后再转换为同步旋转坐标，产生同样的旋转磁场的情况下，同步旋转坐标系中电流为直流，也就是实现了交流电机的解耦。矢量控制的坐标变换公式为

$$\begin{pmatrix} i_{\mathrm{d}} \\ i_{\mathrm{q}} \end{pmatrix} = \sqrt{\frac{2}{3}} \begin{pmatrix} \cos\theta_{\mathrm{r}} & \cos(\theta_{\mathrm{r}}-2\pi/3) & \cos(\theta_{\mathrm{r}}+2\pi/3) \\ -\sin\theta_{\mathrm{r}} & -\sin(\theta_{\mathrm{r}}-2\pi/3) & -\sin(\theta_{\mathrm{r}}+2\pi/3) \end{pmatrix} \begin{pmatrix} i_{\mathrm{u}} \\ i_{\mathrm{v}} \\ i_{\mathrm{w}} \end{pmatrix} \tag{3-3}$$

逆变换公式为

$$\begin{pmatrix} i_{\mathrm{u}} \\ i_{\mathrm{v}} \\ i_{\mathrm{w}} \end{pmatrix} = \sqrt{\frac{2}{3}} \begin{pmatrix} \cos\theta_{\mathrm{r}} & -\sin\theta_{\mathrm{r}} \\ \cos(\theta_{\mathrm{r}}-2\pi/3) & -\sin(\theta_{\mathrm{r}}-2\pi/3) \\ \cos(\theta_{\mathrm{r}}+2\pi/3) & -\sin(\theta_{\mathrm{r}}+2\pi/3) \end{pmatrix} \begin{pmatrix} i_{\mathrm{d}} \\ i_{\mathrm{q}} \end{pmatrix} \tag{3-4}$$

矢量控制实现的基本原理是通过测量和控制异步电机定子电流矢量，根据磁场定向原理分别对异步电机的励磁电流和转矩电流进行控制，从而达到控制异步电机转矩的目的。具体原理是将异步电机的定子电流矢量分解为产生磁场的电流分量（励磁电流）和产生转矩的电流分量（转矩电流）分别加以控制，并同时控制两分量间的幅值和相位，即控制定子电流矢量，所以称这种控制方式为矢量控制方式。矢量控制方式又有基于转差率控制的矢量控制方式、无速度传感器矢量控制方式和有速度传感器的矢量控制方式等。它是一种控制异步电机的方法，与直流电机类似，也可得到高速转矩响应。商业中广泛采用 AC 伺服技术，这种技术在电动汽车的早期阶段被采用。与前面提到的无位置（或者速度）传感器法相反，这种方法具有必须使用传感器、控制坐标变换的电路较为复杂、易受转子阻抗等参数变动影响等缺点。然而，近年来为矢量控制而出现的专用的 DSP、高水平控制理论的使用、无传感器化、自动转向法等可以使参数恒定的新科技也渐渐得到了应用。图

3-11 所示为一种异步电机矢量控制图。

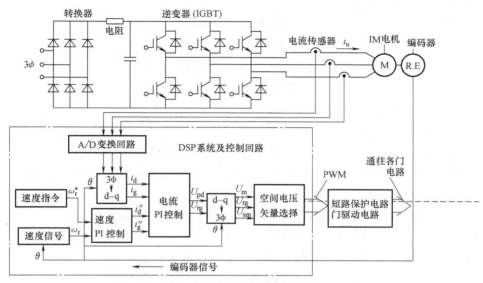

图 3-11　异步电机矢量控制图

异步电机的转矩与电流有如下关系：

$$T=\frac{3pL_m^2}{2L_r}\mid I_s\mid^2\frac{\omega_s T_r}{1+(\omega_s T_r)^2}\qquad(3-5)$$

式中　L_m——定子、转子互感；

p——电机极对数；

L_r——转子电感（折算到定子侧）；

T_r——转子回路时间常数（$T_r=L_r/R_r$）；

R_r——转子电阻（折算到定子侧）；

I_s——定子电流矢量的幅值；

ω_s——转差率。

从式（3-5）可以看出，T 与 I_s 为非线性关系，T 与 ω_s 也为非线性关系。这就是交流电机调速控制难度大的原因所在。

直流电机中为了保持励磁与电枢的独立性，励磁磁通与电枢电流的大小是独立变化的。产生的转矩与它们的乘积成比例，例如在励磁电流恒定的情况下，具有仅仅控制电枢电流就能产生可高速控制的转矩这一优点。相反，在异步电机中，由于转矩分电流与相关的励磁电流以及电枢电流相同，在三相交流状态下从定子侧同时提供，所以转矩控制十分复杂。直流电机中励磁控制时常量比较大、电枢较小。这些参杂在一起进行控制的时候，电枢、励磁不能得到正确控制，因此必须采用非干涉控制。

三相异步电机中，从与基波一同回转的回转坐标系（d-q轴）上看的话励磁是静止的，故可看作直流电流。

从这个坐标轴上可见，异步电机的特性方程式为

$$\begin{pmatrix} \boldsymbol{u}_1 \\ 0 \end{pmatrix} = \begin{pmatrix} R_1+(p+\mathrm{j}\omega)L_1 & (p+\mathrm{j}\omega)M \\ (p+\mathrm{j}\omega_{\mathrm{s}})M & R_2+(p+\mathrm{j}\omega_{\mathrm{s}})L_2 \end{pmatrix} \tag{3-6}$$

式中　　　　　　　　$\boldsymbol{u}_1$——初级电压的矢量；

ω、ω_{s}——电源角频率、转差率；

p——$p=\mathrm{d}/\mathrm{d}t$；

R_1、R_2，L_1、L_2，M——初级、次级阻抗，初级、次级自感，互感。

转子锁交磁通矢量 $\boldsymbol{\Phi}_2 = Mi_1+L_2i_2 \equiv L_2i_{\mathrm{o}}'$，这里励磁电流 i_{o}' 定义为基本矢量。

从上式可以得到（$i_{\mathrm{o}}=i_{\mathrm{o}}'$）

$$(M/L_2)i_1 = \{1+(L_2/R_2)p\}i_{\mathrm{o}}'+\mathrm{j}(L_2/R_2)\omega_{\mathrm{s}}i_{\mathrm{o}}' \equiv (M/L_2)(i_{1\mathrm{d}}+\mathrm{j}i_{1\mathrm{q}}) \tag{3-7}$$

式中　i_1、i_2——初级电流、次级电流的矢量。

另一方面由于转矩中 i_2，$\boldsymbol{\Phi}_2$ 正交，可得

$$T = |i_2 \times \boldsymbol{\Phi}_2| = (M/L_2)i_{1\beta}(L_2i_{\mathrm{o}}') = (M^2/L_2)i_{\mathrm{o}}i_{1\beta} \tag{3-8}$$

当 i_{o}' 为定值时，$pi_{\mathrm{o}}'=0$，从初级换算 $i_{\mathrm{o}}=(M/L_2)i_{\mathrm{o}}'$，所以

$$i_{\mathrm{o}} = i_{1\alpha}, \quad \mathrm{j}i_{1\beta} = i_1-i_{1\alpha} = i_{\mathrm{T}}(i_{1\beta}=i_{\mathrm{T}}) \tag{3-9}$$

式中　i_{o}——决定励磁电流的励磁分电流；

i_{T}——决定转矩并可进行高速控制的量，称之为转矩分电流。

此外，因为 $R_2i_\beta = \omega_{\mathrm{s}}L_2i_{\mathrm{o}}$

所以 $\omega_{\mathrm{s}} = (R_2/L_2)(i_{1\beta}/i_{\mathrm{o}})$

由于输出电流的三相-二相的变化，$i_1 = i_{1\alpha}+\mathrm{j}i_{1\beta}$ 可以记作

$$i_1 = \exp(\mathrm{j}\theta)(i_{1\alpha}+\mathrm{j}i_{1\beta}) \tag{3-10}$$

基于转差率控制的矢量控制方式同样是在进行 V/f 为恒定控制的基础上，通过检测异步电机的实际速度 n，并得到对应的控制频率，然后根据希望得到的转矩，分别控制定子电流矢量及两个分量间的相位，对通用变频器的输出频率 f 进行控制的。基于转差率控制的矢量控制方式的最大特点是，可以消除动态过程中转矩电流的波动，从而提高了通用变频器的动态性能。早期的矢量控制通用变频器基本上都是采用基于转差率控制的矢量控制方式。

无速度传感器的矢量控制方式是基于磁场定向控制理论发展而来的。它的基本控制思想是根据输入的电机的铭牌参数，按照转矩计算公式分别对基本控制量的励磁电流（或者磁通）和转矩电流进行检测，并通过控制电机定子绕组上的电压的频率使励磁电流（或者磁通）和转矩电流的指令值和检测值达到一致，并输出转矩，从而实现矢量控制。采用矢量控制方式的通用变频器不仅可在调速范围上与直流电机相匹配，而且可以控制异步电机产生的转矩。由于矢量控制方式所依据的是

准确的被控异步电机的参数，有的通用变频器在使用时需要准确地输入异步电机的参数，有的通用变频器需要使用速度传感器和编码器，并需使用厂商指定的变频器专用电机进行控制，否则难以达到理想的控制效果。目前新型矢量控制通用变频器中，已经具备异步电机参数自动检测、自动辨识、自适应功能，带有这种功能的通用变频器在驱动异步电机进行正常运转之前，可以自动地对异步电机的参数进行辨识，并根据辨识结果调整控制算法中的有关参数，从而对普通的异步电机进行有效的矢量控制。

除了上述的无传感器矢量控制、转矩矢量控制和可提高异步电机转矩控制性能的技术外，目前的新技术还包括异步电机控制常数的调节及与机械系统匹配的适应性控制等。为了防止异步电机转速偏差以及在低速区域获得较理想的平滑转速，应用大规模集成电路并采用专用数字式自动电压调整（AVR）控制技术的控制方式，已经实用化并取得良好的效果。

2. 直接转矩控制

直接转矩控制以转矩为中心来进行磁链、转矩的综合控制。和矢量控制不同，直接转矩控制不采用解耦的方式，从而在算法上不存在旋转坐标变换，简单地通过检测电机定子电压和电流，借助瞬时空间矢量理论计算电机的磁链和转矩，并根据与给定值比较所得差值，实现磁链和转矩的直接控制。图 3-12 所示为一种直接转矩控制异步电机的系统框图。

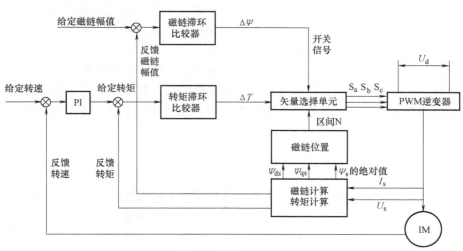

图 3-12　直接转矩控制异步电机的系统框图

由于它省掉了矢量变换方式的坐标变换与计算和为解耦而简化异步电机数学模型，没有通常的 PWM 脉宽调制信号发生器，所以它的控制结构简单、控制信号处理的物理概念明确、系统的转矩响应迅速且无超调，是一种具有高静、动态性能的交流调速控制方式。

此外，弱磁及高效率控制也得到了广泛的应用。与并励直流电机的情况类似，高速时感应电动势增加、无电流通过，从而不产生转矩。在此，当转速增加到一定程度时励磁变弱，有产生转矩分电流的趋势。基于这种考虑，依靠转速函数而获取弱磁的控制方法得以实现，磁通在饱和密度以下时励磁恒定，在饱和密度以上时磁通与速度成反比产生弱磁。弱磁控制类似于直流电机的情况，不能进行高速控制，因此必须采用具有一定余量的控制。异步电机在低转矩负荷的情况下，不一定需要很大的励磁电流。由于端电压增加铁损也随之增加。因此，在低转矩时要考虑采用什么样的弱磁。

3.4　永磁电机驱动系统

研制开发电动汽车的关键主要有两个方面，一是生产高能量密度的电池，二是开发性能优良的驱动系统。在各类驱动电机中，永磁同步电机的能量密度高、效率高、体积小、惯性低、响应快，有很好的应用前景。

3.4.1　永磁电机的分类

永磁电机有多种分类方法，根据输入电机接线端的电流种类可分为，永磁直流电机和永磁交流电机。由于永磁交流驱动电机没有电刷、换向器或集电环，因此也可称为永磁无刷电机。根据输入电机接线端的交流波形，永磁无刷电机可分为永磁同步电机和永磁无刷直流电机。输入永磁同步电机的是交流正弦或者近似正弦波，采用连续转子位置反馈信号来控制换向；而输入永磁无刷直流电机的是交流方波，采用离散转子位置反馈信号控制转向。已有的永磁电机可分为永磁直流电机、永磁同步电机、永磁无刷直流电机和永磁混合式电机四类。其中，后三类没有传统直流电机的电刷和换向器，故统称为永磁无刷电机。在电动汽车中，永磁同步电机应用广泛，以下做重点介绍。

3.4.2　永磁同步电机的结构特点

三相永磁同步电动机具有定子三相分布的绕组和永磁转子，在磁路结构和绕组分布上保证反电动势波形为正弦波，为了进行磁场定向控制，输入到定子的电压和电流也为正弦波。根据永磁体在转子上位置的不同，永磁同步电机可以分为永磁体内置式电机（SPM）和永磁体外置式电机（IPM）。

1. 内置式永磁同步电机

内置式永磁同步电机按永磁体磁化方向可分为径向式、切向式和混合式，在有阻尼绕组情况下如图 3-13 所示。内置式永磁同步电机转子由于内部嵌入永磁体，导致转子机械结构上的凸极特性。

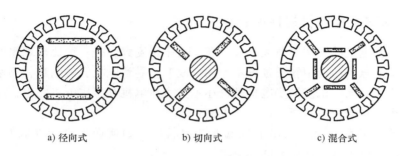

a) 径向式　　　　　　　b) 切向式　　　　　　　c) 混合式

图 3-13　内置式永磁同步电机转子结构示意图

2. 外置式永磁同步电机

外置式永磁同步电机根据永磁体是否嵌入转子铁心中，可以分为面贴式和插入式两种电机，如图 3-14 所示。

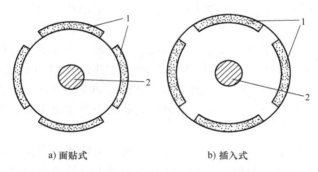

a) 面贴式　　　　　　　　b) 插入式

图 3-14　外置式永磁同步电机转子结构示意图

1—永磁体　2—转轴

面贴式永磁同步电机的转子永磁体一般为瓦片形，通过合成粘胶粘于转子铁心表面。功率稍大的面贴式永磁同步电机中，永磁体与气隙之间可以通过无纬玻璃丝带加以捆绑保护，防止永磁体因转子高速转动而脱落。插入式永磁同步电机的永磁体嵌入到转子铁心中，两永磁体之间的铁心成为铁磁介质突出的部分。在面贴式永磁同步电机中，由于永磁体的相对磁导率接近真空磁导率（$\mu = 1.0$），等效气隙基本均匀，所以交、直轴电感基本相等，是一种隐极式同步电机。插入式永磁同步电机的交轴（q轴）方向上的气隙比直轴（d轴）的小，交轴的电感也比直轴大，是一种凸极式永磁同步电机。相对而言，由于永磁体的存在使得面贴式永磁同步电机定子和转子之间的有效气隙较大，因而定子的电感较小。

外置式永磁同步电机的结构比内置式电机简单，且具有制造容易、成本低廉的优点，因而工业上应用较多。其中面贴式永磁同步电机转子结构最为简单，与插入式相比，它提高了转子表面的平均磁密，可以得到更大的电磁转矩。现阶段，工业上应用最多的是面贴式永磁同步电机。

3.4.3 永磁同步电机的性能特点

永磁同步电机的功率因数大、效率高、功率密度大，是一种比较理想的驱动电机。但正由于电磁结构中转子励磁不能随意改变，导致电机弱磁困难，调速特性不如直流电机。目前，永磁同步电机理论还不如直流电机和感应电机完善，还有许多问题需要进一步研究，主要有以下两方面：

（1）电机效率 永磁同步电机低速效率较低，如何通过设计降低低速损耗，减小低速额定电流是目前研究的热点之一。

（2）电机的弱磁能力 永磁同步电机由于转子是永磁体励磁，随着转速的升高，电动机电压会逐渐达到逆变器所能输出的电压极限，这时要想继续升高转速只有靠调节定子电流的大小和相位增加直轴去磁电流来等效弱磁提高转速。电机的弱磁能力大小主要与直轴电抗和反电动势大小有关，但永磁体串联在直轴磁路中，所以直轴磁路一般磁阻较大，弱磁能力较小，电机反电动势较大时，也会降低电机的最高转速。

由于永磁电机的转子上无绕组、无铜耗、磁通量小，在低负荷时铁损很小，因此，永磁电动机具有较高的"功率/质量"比。比其他类型的电机有更高的频率、更大的输出转矩。转子电磁时间常数较小、电机的动态特性好、电机的极限转速和制动性能等都优于其他类型的电机。永磁电机的定子绕组是主要的发热源，其冷却系统相对比较简单。

由于永磁电机的磁场产生恒定的磁通量，随着电流量的增加，电机的转矩与电流成正比增加，因此基本上拥有最大的转矩。随着电机转速的增加，电机的功率也增加，同时电压也随之增加。在新能源汽车上，一般要求电机的输出功率保持恒功率，即电机前输出功率不随转速增加而变化，这就要求在电机转速增加时，电压保持恒定。

对一般电机可以用调节励磁电流来控制。但永磁电机磁场的磁通量调节起来比较困难，因此需要采用磁场控制技术来实现。这使得永磁电机的控制系统变得更复杂，而且增加了成本。

永磁电机受到永磁材料工艺的影响和限制，使得永磁电机的功率范围较小，最大功率仅几十千瓦。永磁材料在受到振动、高温和过载电流作用时，可能会使得永磁材料的导磁性能下降或发生退磁现象。这会降低永磁电机的性能，严重时还会损坏电机，在使用中必须严格控制其不发生过载。永磁电机在恒功率模式下，操纵较复杂，永磁电机和三相异步电机同样需要一套复杂的控制系统，从而使得永磁电机的控制系统造价也很高。最新研制和开发的混合励磁永磁同步电机使得永磁同步电机的控制性能得到大的改进。

永磁同步电机的驱动特性如图 3-15 所示。从图中可看出永磁无刷同步电机的恒转矩区比较长，一直延伸到电机最高转速的 50% 处左右，这对提高汽车的低速动力性能有很大帮助，电机最高转速较高，能达到 10000r/min。永磁无刷同步电功率密度高、调速性能好、在宽转速范围内运行效率高（90%~95%），是理想的新能源车驱动电机之一。它的主要缺点是电机造价较高、永磁材料会有退磁效应、抗腐蚀性差，而且永磁材料磁场不可变，要想增大电机的功率其体积会很大。随着稀土永磁材料的开发和应用，永磁无刷电机的性能有了

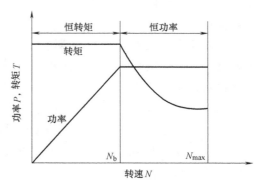

图 3-15　永磁同步电机的驱动特性

很大的提高，是未来最有发展前景的驱动电机之一。

3.4.4　永磁同步电机的控制方法

现在，绝大多数调速的永磁同步电机都属于自控式，自控式是指位置反馈信息确保电机系统和逆变器一直处于同步状态。采用自控式的电机驱动系统，通过霍尔位置传感器检测磁极的位置。控制策略方面，永磁同步电机控制系统可以采用矢量控制（磁场定向控制）或直接转矩控制等的先进控制策略。采用矢量控制的策略，通过三闭环电流闭环、磁极位置闭环和转速闭环对电机进行控制。

矢量控制最初是应用于异步电机，基本原理是检测和控制异步电机定子电流矢量，根据磁场定向原理，对异步电机的励磁电流和转矩电流进行控制，以达到控制异步电机转矩为目的。具体原理是将异步电机的定子电流矢量分解为产生磁场的电流分量（励磁电流）和产生转矩的电流分量（转矩电流），并分别加以控制，主要是控制两分量的幅值和相位，也就是控制定子电流矢量，因此称这种控制方式为矢量控制方式。矢量控制方式又可以分为以下几种：基于转差频率控制的矢量控制方式、无速度传感器矢量控制方式和有速度传感器的矢量控制方式等。图 3-16 所示为永磁同步电机转子磁链定向矢量图。

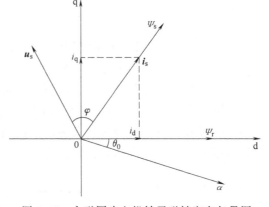

图 3-16　永磁同步电机转子磁链定向矢量图

通过矢量控制方法可以将交流伺服电机建模成励磁绕组和电枢绕组与转子同步旋转的直流电机，从而将直流调速系统的理论应用到永磁同步交流伺服电机的控制中来获得高性能的控制效果。永磁

同步电机的矢量控制原理与异步电机的矢量控制原理基本一致，都是基于磁场定向的控制策略。

但永磁体在安装时，磁极一般难以完全与 α 相重合，通常会出现一个夹角，我们称之为永磁体安装的初始角度 θ_0。由于 θ_0 的存在，永磁同步电机矢量控制的坐标变换与逆变换公式如下：

正变换坐标公式：

$$\begin{pmatrix} i_d \\ i_q \end{pmatrix} = \sqrt{\frac{2}{3}} \begin{pmatrix} \cos(\theta_r+\theta_0) & \cos(\theta_r-2\pi/3+\theta_0) & \cos(\theta_r+2\pi/3+\theta_0) \\ -\sin(\theta_r+\theta_0) & -\sin(\theta_r-2\pi/3+\theta_0) & -\sin(\theta_r+2\pi/3+\theta_0) \end{pmatrix} \tag{3-11}$$

逆变换坐标公式：

$$\begin{pmatrix} i_a \\ i_b \\ i_c \end{pmatrix} = \sqrt{\frac{2}{3}} \begin{pmatrix} \cos(\theta_r+\theta_0) & -\sin(\theta_r+\theta_0) \\ \cos(\theta_r-2\pi/3+\theta_0) & -\sin(\theta_r-2\pi/3+\theta_0) \\ \cos(\theta_r+2\pi/3+\theta_0) & -\sin(\theta_r+2\pi/3+\theta_0) \end{pmatrix} \begin{pmatrix} i_d \\ i_q \end{pmatrix} \tag{3-12}$$

由于永磁同步电机转子永磁体提供的磁场是恒定的，但电机结构和参数不同，相应的控制方法也有所差别。目前，永磁同步电机矢量控制方法主要有，最大转矩/电流控制、$i_d=0$ 控制、弱磁控制、恒磁链控制、最大输出功率控制等。其中，控制方式最简单，采用弱磁控制可以改善电机的调速性能。

1. 最大转矩/电流控制

一般采用最大转矩/电流比的控制方法实现电机的恒转矩控制。此时，直轴和交轴电流应满足：

$$\begin{cases} i_d = \dfrac{-\psi_f + \sqrt{\psi_f^2 + 8(L_d-L_q)^2 i_s^2}}{4(L_d-L_q)} \\ i_q = \sqrt{i_s^2 - i_d^2} \end{cases} \tag{3-13}$$

式中，i_s 为 d-q 坐标系下的电枢电流，为逆变器电流容量内的任意允许值（逆变器容量的最大电枢电流值用 i_{slim} 表示）。

在恒转矩控制的控制过程中，随着电机转速的增大，电枢绕组反电动势也有所增加。当增大到逆变器的允许最大输出电压 u_{slim} 时，电动机的转速也就达到恒转矩控制时的最高转速。该转速定义为电机的转折转速，用电角速度 ω_b 表示。根据上式和电压方程式可以得到转折转速为

当凸极率 $\rho \neq 1$ 时，$\omega_b = \dfrac{u_{slim}}{\sqrt{(L_q i_s)^2 + \psi_f^2 + \dfrac{(L_d+L_q)C^2 + 8\psi_f L_d C}{16(L_d-L_q)}}}$

其中，凸极率 $\rho = \dfrac{L_q}{L_d}$；$C = -\psi_f + \sqrt{\psi_f^2 + 8(L_d-L_q)^2 i_s^2}$

当凸极率 $\rho = 1$ 时，
$$\omega_b = \frac{u_{slim}}{\sqrt{(L_q i_s^2) + \psi_f^2}}$$

电机的恒转矩控制过程中，输出的转矩不变，功率线性增加并在转折转速时达到最大值。

2. $i_d = 0$ 控制

从本质上 $i_d = 0$ 控制也属于最大转矩/电流比控制，它相对于面贴式永磁同步电机来说的。由于其 dq 轴的电感基本相等，其 d 轴上的电流为 0。因此，采用 $i_d = 0$ 控制策略时，定子电流中只有交流分量，而且定子磁动势空间矢量与转子永磁体产生的磁场空间矢量正交，定子电流只有转矩分量，定子电压方程变为

$$\begin{cases} u_d = -\omega L_q i_q \\ u_q = L_q p i_q + \omega \psi_f + r_1 i_q \end{cases} \tag{3-14}$$

转矩方程可改写成：

$$T_{em} = \frac{3}{2} P_n \psi_f i_q = \frac{3}{2} P_n L_{md} i_f i_q \tag{3-15}$$

如果在永磁同步电机的整个运行过程中保证 $i_d = 0$，转矩将只受到电子电流 q 轴分量 i_q 的作用。这样，产生相同转矩的条件下，所需的定子电流最小，可以大大降低铜耗，从而提高电机系统的效率。因此，采用 $i_d = 0$ 的转子磁链定向矢量控制具有以下的特点：

1）转子磁链 ψ_f 与定子电流 q 轴转矩分量 i_q 解耦，互相独立；

2）定子电流 d 轴的励磁分量为 0，永磁同步电机的数学模型进一步化简；

3）随着负荷增加，定子电流增大，从图 3-16 可知，定子电压矢量 u_s 和定子电流矢量 i_s 的夹角 φ 将有所增大，这样会造成同步电机功率因素的降低。

面贴式永磁同步电机 $i_d = 0$ 的矢量控制框图如图 3-17 所示，图中把 i_d 的参考值设为 0，这种控制方案结构简洁，主要包括：定子电流检测、转子位置的检测和速度计算、速度环调节器、电流环调节器、clarke 变换、park 变换与逆变换、PWM 调制等环节。具体的实现过程是，通过位置传感器检测电机转子磁极位置，计算转子的速度和检测转子磁极的位置角度（电角度），然后通过速度调节器输出定子 q 轴分量的参考值 i_q^*；电流传感器检测定子相电流，通过坐标变换分解定子电流 dq 轴分量 i_q 和 i_d；再通过两个电流调节器分别预测所需施加的空间电压矢量的 dq 轴分量 u_q^* 和 u_d^*，最后经坐标变换后形成 PWM 控制信号，施加所需的电压以驱动逆变器对电机进行控制。

3. 弱磁控制

通过以上对 $i_d = 0$ 控制策略的分析可知，它主要是针对转矩的控制，因此若需要改善电机在其他工作区间内的调速性能时，就需要进行弱磁控制。

永磁同步电机的弱磁控制思路来自他励式直流电机的励磁控制。他励式直流电

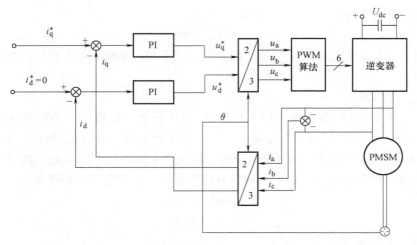

图 3-17　面贴式永磁同步电机 $i_{d}=0$ 的矢量控制框图

机的转速随着端电压的升高而增大，当端电压达到极限值，如果还要增大转速，就必须降低电机的励磁电流，把磁场减弱，从而保证电动势和电压平衡。在永磁同步电机系统中，随着转速的增加，其端电压也不断增加，端电压将受到逆变器的允许输出电压值的限制，其原理与他励式直流电机相似。而且，当采用最大转矩/电流比控制时，电机的最高转速也会受到逆变器允许输出电压的制约。为了进一步扩大可调速的区间，要进行弱磁控制。由于永磁同步电机的励磁磁动势是永磁体产生无法调节，所以可以通过调节定子电流，增加定子的直轴去磁电流分量来维持高速运行时电压的平衡，达到扩速的目的。

在普通的弱磁调速控制过程中，电机的电压不变保持为其极限值 u_{lim}，可以根据电压方程式得到电机允许在任意转速 ω 下直轴、交轴的电流。

当 $\psi_{f}/L_{d}>i_{s}$ 时，

$$\begin{cases} i_{d}=-\dfrac{\psi_{f}}{L_{d}}+\sqrt{\left(\dfrac{u_{\text{lim}}}{L_{d}\omega}\right)^{2}-\left(\rho i_{q}\right)^{2}} \\ i_{d}^{2}+i_{q}^{2}=i_{s}^{2} \end{cases} \tag{3-16}$$

当 $\psi_{f}/L_{d}\leqslant i_{s}$ 时，

$$\begin{cases} i_{d}=-\dfrac{\psi_{f}}{L_{d}}-\sqrt{\left(\dfrac{u_{\text{lim}}}{L_{d}\omega}\right)^{2}-\left(\rho i_{q}\right)^{2}} \\ i_{d}^{2}+i_{q}^{2}=i_{s}^{2} \end{cases} \tag{3-17}$$

在最大输入功率弱磁控制中，当 $\psi_{f}/L_{d}<i_{s}$ 且电机的普通弱磁控制使转速到达一定值后，再增加电机的转速，必须降低电机的电流，从而进入最大输入功率弱磁

控制，这时电机直、交轴电流应满足

$$
\begin{cases}
i_d = -\dfrac{\psi_f}{L_d} + \Delta i_d \\[4mm]
i_q = \dfrac{\sqrt{(u_{lim}/\omega)^2 - (L_d \Delta i_d)^2}}{L_q}
\end{cases}
\tag{3-18}
$$

当 $\rho \neq 1$ 时，$\Delta i_d = \dfrac{\rho\psi_f - \sqrt{(\rho\psi_f)^2 + 8(\rho-1)^2(u_{lim}/\omega)^2}}{4(\rho-1)L_d}$；当 $\rho = 1$ 时，$\Delta i_d = 0$。

3.4.5　轮毂电机

永磁轮毂同步电机是永磁同步电机的一种特殊结构，它把电机安装在轮辋当中，构成电动轮驱动电动车行驶。它的基本原理与永磁同步电机相同。下面将从轮毂电机驱动方式来介绍它的结构特点和它所具有的优缺点，同时介绍其控制策略的实现。

1. 轮毂电机的驱动方式

轮毂电机的两种驱动方式可以分为减速驱动和直接驱动两大类。

在减速驱动方式下，电机一般在高速下运行，而且对电机的其他性能没有特殊要求，因此可选用普通的内转子电机。减速机构放置在电机和车轮之间，起减速和增加转矩的作用。减速驱动的优点是，电机运行在高转速下，具有较高的功率和效率比；体积小、重量轻，通过齿轮增力后，扭矩大、爬坡性能好；能保证在汽车低速运行时获得较大的平稳转矩。不足之处是，难以实现液态润滑、齿轮磨损较快、使用寿命短、不易散热、噪声偏大。减速驱动方式适用于丘陵或山区，以及要求过载能力较大、旅游健身等场合。带减速机构的轮毂电机结构示意图如图 3-18 所示。

在直接驱动方式下，电机多采用外转子（即直接将转子安装在轮毂上）。为了使汽车能顺利起步，要求电机在低速时能提供大的转矩。此外，为了使汽车能够有较好的动力性，电机需具有较宽的调速范围。直接驱动的优点有，不需要减速机构，不但使得整个驱动轮结构更加简单、紧凑，轴向尺寸也减小，而且效率也进一步提高，响应速度也变快。其缺点是，起步、顶风或爬坡等承载大扭矩时需大电流，易损坏电池和永磁体；电机效率峰值区域很小，负荷电流超过一定值后效率急剧下降。此驱动方式适用于平路或负荷较轻的场合。图 3-19 所示为不带减速机构轮毂电机的示意图。

图 3-20 所示为两种轮毂电机的驱动方案。在图中，尽管采用了两种不同驱动方式的轮毂电机，但其能量控制方面都是共通，都是通过电子控制器和能量转化器控制对电机进行控制与驱动。

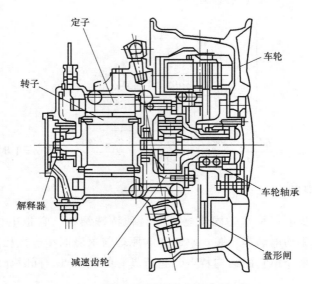

图 3-18　带减速机构轮毂电机结构示意图

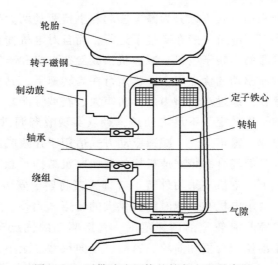

图 3-19　不带减速机构的轮毂电机示意图

2. 轮毂电机的优点

轮毂电机驱动系统的布置非常灵活，它与内燃机汽车和单电机集中驱动电动汽车相比，使用轮毂电机驱动系统的汽车具有以下几方面优势：

1）动力控制由硬连接改为软连接形式。通过电子线控技术，实现各电动轮从零到最大速度的无级变速和各电动轮间的差速要求，从而省略了传统汽车所需的机械式操纵换档装置、离合器、变速器、传动轴和机械差速器等，使驱动系统和整车

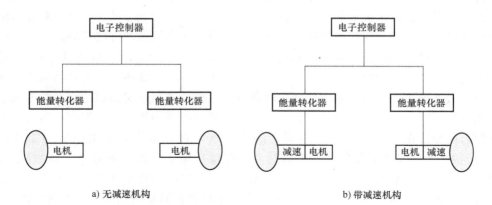

a) 无减速机构   b) 带减速机构

图 3-20 轮毂电机的驱动方案

结构简洁, 可利用空间大, 传动效率提高。

2) 各电动轮的驱动力直接独立可控, 使其动力学控制更为灵活、方便; 合理控制各电动轮的驱动力, 从而提高恶劣路面条件下的行驶性能。

3) 容易实现各电动轮的电气制动、机电复合制动和制动能量回馈。

4) 底架结构大为简化, 使整车总布置和车身造型设计的自由度增加。若能将底架承载功能与车身功能分离, 则可实现相同底盘不同车身造型的产品多样化和系列化, 从而缩短新车型的开发周期, 降低开发成本。

5) 若在采用轮毂电机驱动系统的四轮电动汽车上导入线控四轮转向技术 (4WS), 实现车辆转向行驶高性能化, 可有效减小转向半径, 甚至实现零转向半径, 增加了转向灵便性。

3. 轮毂电机控制策略的实现

电机驱动系统的关键性能有输出转矩和调速特性。下面主要就这两方面设计永磁轮毂同步电机控制系统的控制策略。利用位置传感器检测转子磁极位置信号, 通过电流的闭环控制, 使得电机实际输入电流与给定电流相一致, 实现电机的高效化控制。采用的面贴式永磁轮毂同步电机, 其具有面贴式永磁同步电机优点: 直轴电流 i_d (励磁电流) 和交轴电流 i_q (转矩电流) 是各自独立的。因此可以通过对它们的独立控制, 实现电动机转矩和转速控制。

(1) 电流闭环控制 目前, 电机控制系统多采用电流闭环控制的策略, 电流闭环控制是指检测电机的实际输出电流, 并与设定的参考输入值相比较得出它们之间的误差, 通过一定的控制算法对这一误差进行处理, 尽量使得实际输出与参考值一致, 提高电机可操控性。

前文已有所提及, 面贴式永磁同步电机系统较适合应用 $i_d = 0$ 和弱磁控制的策略。这里使用的轮毂电机是面贴式永磁同步电机的特殊结构形式, $i_d = 0$ 和弱磁控制这两种控制策略也适用。因此，通过合理的设计，采用两者结合的控制策略对电动汽车永磁轮毂同步电机驱动系统进行控制。上章已经分析了 $i_d = 0$ 和弱磁控制的原理及电机运行时，所受到的制约条件，下面介绍两者结合的控制策略。

从上所述的两种控制方法的原理来看，它们是相互矛盾的。当采用 $i_d = 0$ 的控制策略时，要求直轴电流为零；而采用弱磁控制时，则需要通入负的直轴电流，从而产生去磁电流，以削弱永磁体产生的磁场，达到弱磁调速的目的，因此在电机某一运行状态下同时使用两种策略是不可行的。我们把两种控制策略按电机运行状态不同为区分依据，按运行状态不同切换使用这两种控制方法。按电机的工作区（运行状态）采用的控制策略区分方法为，在恒转矩输出区，采用 $i_d = 0$ 的控制策略；在恒功率和最大功率输出区采用弱磁控制，以电机的转速作两种控制方法切换时刻为判断的依据。图 3-21 所示是电动汽车永磁轮毂同步电机的矢量控制框图。

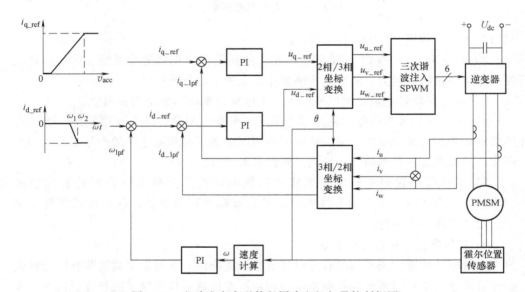

图 3-21　电动汽车永磁轮毂同步电机矢量控制框图

图 3-21 所示的控制策略是采用三闭环控制：电流闭环控制、速度闭环控制和位置闭环控制。位置传感器检测得到磁极的位置信号，为矢量控制的坐标变换和电机转速计算所用。然后利用电流传感器检测电机中任意两相的电流，再求出另外一相电流，在得到三相电流的实际值后，通过坐标变换得到交、直轴的实际电流，最后与交、直轴设定的参考电流进行对比。通过 PI 控制器对实际电流与参考电流的误差进行处理，再经坐标变换后通过脉宽调制技术控制逆变器输出所需的三相电压值，进而驱动电机工作，并实现电机的控制。

下面介绍两种控制方法组合运用的控制策略。首先是 $i_d = 0$ 控制策略的实现，由图 3-21 所示，当电机的转速 $\omega < \omega_1$ 时，i_{d_ref} 的输出为零，从而实现了 $i_d = 0$ 的控

制策略。此时，通过转把（类似汽车油门装置）控制参考转矩电流（交轴电流）的输入，实现对电机转矩的控制。

其次是弱磁控制方法的实现。通过位置传感器检测所得电动机磁极位置信号，求出电动机的转速 ω，利用设定的转速作比较，判断是否需要进行弱磁或需要通入多大的弱磁电流值。在图 3-21 中，转速的设定值分别为 ω_1 和 ω_2，它们则可以根据上章介绍转折转速的计算方法确定。当然，由于理论的计算忽略了很多因素，并且是假设在理想化下的电机参数，在电机的实际应用时，ω_1 和 ω_2 的设定会与理论计算值有所不同。但显然 ω_1 和 ω_2 设定值均要受到电机约束条件的限制，此时的理论计算的转折转速可以起到一定的参考作用。

（2）位置信号检测　位置传感器是永磁同步电机矢量控制系统的重要部件。永磁同步电机的矢量控制系统的控制精度是以转子磁极位置信号的检测精度为前提的。转子位置传感器将电机转子磁极位置动态的检测，对电机转子磁链进行有效的跟踪，实现磁链的定向控制。目前使用的转子位置传感器主要有磁敏式、电磁式、光电式、接近开关式、旋转编码器等，目前最常用的位置传感器有以下几种：光电式位置传感器、电磁式位置传感器和霍尔位置传感器。

（3）电压电流的监控　以动力电池为能量源的电动汽车电机驱动系统，监控驱动电池侧（直流侧）的输出电压和输出电流是十分必要的。这是因为动力电池作为电机逆变器的输入侧，对逆变器起着决定性的作用。动力电池的输出电压及输出电流的大幅度波动，所产生的冲击会对逆变器造成很大的威胁，甚至会烧毁逆变器，而且对电动汽车的安全性也有很大的影响。

3.4.6　永磁无刷直流电机的工作特性及控制技术

永磁无刷直流电机是在直流电机的转子上装置永久磁铁，不再用电刷和换向器为转子输入励磁电流。工作时，直接将方波电流输入无刷直流电机的定子中，控制其运转。永磁无刷直流电机起动转矩大、过载能力强、体积小、效率高、控制方便，非常适合新能源的运行特性。其效率明显高于欧盟标准（CEMED）（见图 3-22）。

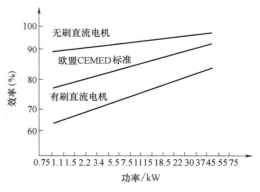

图 3-22　永磁无刷直流电机的效率

永磁无刷直流电机不采用机械式换向器和电刷，而是由固态逆变器和轴位置检测器组成电子换向器。位置传感器用来检测转子在运动过程中的位置，并将位置信号转换为电信号，保证各相绕组的正确换流。永磁无刷直流电机常采用电流斩波控制，控制系统由桥式变换器、PWM 控制电路、电机转轴位置检测器和方波永磁直流电机等几部分组成。

3.5 开关磁阻电机驱动系统

磁阻电机大致可以分为以下三类：

1）开关磁阻电机；

2）同步磁阻电机；

3）其他类型的电机。

开关磁阻电机的转子和定子上都有凸极。同步磁阻电机中只有转子有凸极，定子结构和异步电机定子一样。这里有必要提高转子的凸极性，可以看出在转子的结构上下了很大的功夫。其他类型的磁阻电机作为开关磁阻电机和同步磁阻电机的改进型正日益被人们所关注。

3.5.1 开关磁阻电机的结构特点及工作原理

开关磁阻电机（Switched Reluctance Motor，SRM）是一种新型电机，由双凸极的定子和转子组成，其定子、转子的凸极均由普通的硅钢片叠压而成。转子既无绕组又无永磁体，定子极上绕有集中绕组。径向的两个绕组串联成一个两级磁极，称为"一相"。SRM可以设计成多种不同的相数结构，且定子、转子的极数有多种不同的搭配。可以设计成单相、两相、三相、四相及多相等不同相数结构，低于三相的 SRM 一般没有自起动能力。相数多，有利于减小转矩脉动，但导致结构复杂、主开关器件多、成本增高。目前应用较多的是三相 6/4 极结构和四相 8/6 极结构。图 3-23 所示为四相 8/6 极 SRM 典型结构原理图，图 3-24 所示为四相 8/6 极 SRM 定、转子实物，图 3-25 所示为 SRM 实物，其功率为 750W。

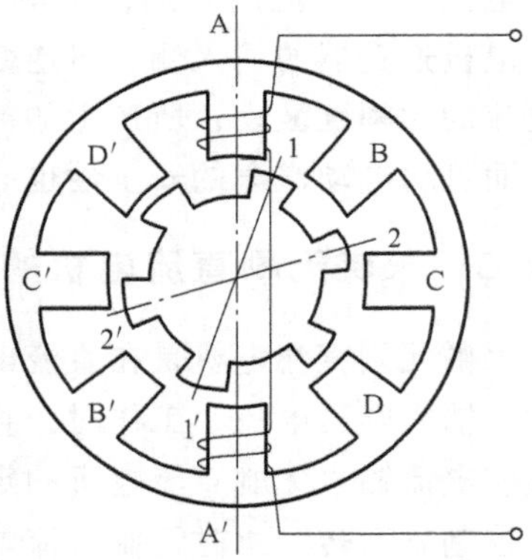

图 3-23 四相 8/6 极 SRM 结构原理图（只画一相绕组）

SRM 的运行遵循"磁阻最小原则"——磁通总是沿磁阻最小的路径闭合。当定子的某相绕组通电时，所产生的磁场由于磁力线扭曲而产生切向磁拉力，迫使相近的转子极即导磁体旋转到其轴线与该定子极轴线对齐的位置，即磁阻最小位置。

下面将以图 3-23 所示的四相 8/6 极 SRM 为例，来说明 SRM 的工作原理。

当 A 相绕组单独供电时，通过导磁体的转子凸极在 A—A′轴线上建立磁场，该磁场作用于转子，转子受到磁力作用后，就会使转子极 1—1′与定子极轴线 A—A′

图 3-24　四相 8/6 极 SRM 定子、转子实物　　　　　　图 3-25　SRM 实物

重合，即磁阻最小的位置，此时 A 相励磁绕组的电感最大，从而使转子转动。若在重合时改为 B 相绕组通电，则此时 B 绕组磁场产生的磁力则迫使转子极 2—2′与定子极轴线 B—B′重合，从而使电机继续转动。由此可见，如果以图中的相对位置为起始位置，依次给 A—B—C—D 相绕组通电，转子就会沿逆时针方向连续旋转。反之，如果依次给 A—D—C—B 通电，转子就会按照顺时针的方向连续转动。其中，若改变了绕组相电流的大小，电机转矩的大小也会随之改变，进而可以改变电机的转速。其中，相绕组若在转子转离定子极时通电，那么，其所产生的电磁转矩就与转子旋转方向相反，为制动转矩。也可以看出，在 SRM 中，转子的转向与相绕组的通电方向无关，仅取决于相绕组的通电顺序。由此，只需简单地改变控制方式就可以改变电机的转矩、转速、转向和工作状态，因而 SRM 有多种控制方式。同时要保持 SRM 的连续旋转，还必须有可靠的开关器件和控制电路以根据转子位置控制各相导通关断。

综上所述，可以得出以下结论：SRM 的转动方向总是逆着磁场轴线的移动方向，改变 SRM 定子绕组的通电顺序，就可改变电机的转向；而改变通电相电流的方向，并不影响转子转动的方向。

3.5.2　开关磁阻电机的性能特点

SRM 作为一种新型调速电机，有如下优点：

1）调速范围宽、控制灵活，易于实现各种特殊要求的转矩-速度特性。SRM 起动转矩大、低速性能好，无异步电动机在起动时所出现的冲击电流的现象。在恒转矩区，由于电机转速较低，电机反电动势小，因此需过对电流进行斩波限幅——电流斩波控制（CCC）方式，也可采用调节相绕组外加电压有效值的电压 PWM 控制方式；在恒功率区，通过调节主开关的开通角和关断角取得恒功率的特性，即角度位置控制（APC）方式。

2）制造和维护方便。

3）运转效率高。由于 SRM 控制灵活，易在很宽转速范围内实现高效节能控制。

4）可四象限运行，具有较强的再生制动能力。

5）结构简单、成本低、制造工艺简单，其转子无绕组，可工作于极高速；定子为集中绕组、嵌放容易、端部短而牢固、工作可靠，适用于各种恶劣、高温甚至强振动环境。

6）转矩方向与电流方向无关，从而减少功率变换器的开关器件数，减低了成本。同时功率变换器元件的减少，也不会出现直通故障，且可靠性高。控制方便，可四象限运行容易实现正转、反转和起动、制动等特定的调节控制。

7）损耗小。主要产生在定子，电机易于冷却。电机转子不存在励磁及转差损耗，由于功率变换元器件少，相应的损耗也小。

8）可控参数多、调速性能好。可控参数有主开关开通角、主开关关断角、相电流幅值和直流电源电压。

9）适于频繁起、停、及正、反转运行。

（1）开关磁阻电机的不足　SRM 结构虽然很简单，但其设计和控制较复杂。由于，其磁极端部的严重磁饱和以及磁和沟槽的边缘效应，使得 SRM 设计和控制非常困难和精细，而且 SRM 还经常引起噪声问题。

（2）开关磁阻电机双向控制系统　由于 SRM 的结构特殊，它仅在定子上有集中绕组，通过功率变换器以及控制芯片来对其进行分时的协调控制，可将电动运行时候的励磁功能与发电功能合二为一，这就为 SRM 发电/电动双向可逆运行的实现提供了结构上的依据。同时，由于 SRM 的可控参数较多，对各种参数的单独控制又可以产生不同的控制功能，随着理论研究的进一步深入，出现了一种新型的 SRM 控制系统，即 SRM 发电/电动双向控制系统。它可以实现电机制动发电时的能量回馈以及电动运行，和传统的单向控制系统不同，它将发电和电动过程整合到一起，允许能量的双向流动，可以在不改变硬件拓扑结构的情况下自如地实现发电/电动工作状态的切换，而且这两种工作状态的工作时间并不重叠，互不干涉。一般在双向控制系统的实现中，主要解决的是以下两方面的问题：

1）SRM 发电/电动状态下的最优控制问题：由于不同能量流动过程要分时控制，因而对控制方法的选择非常重要，一般说来，要通过软件编程来实现两种控制方式的切换。

2）SRM 的能量回馈问题：电机以发电方式工作时，将电机转子轴上的动能转变为电能，此能量通过功率主电路的续流二极管回馈到直流母线侧，为储能装置充电，从而实现量的再生回馈。

一般而言，SRM 双向控制系统主要由 SRM、主功率变换器、主控制器、检测模块和高功率密度储能装置五部分组成，如图 3-26 所示，主功率变换器的作用是将电源提供的能量经适当转换后提供给电机，同时在发电阶段也将回馈的能量提供给储能装置。主控制器是根据电机的实际运行情况综合处理位置检测单元、电流电压检测单元提供的电机转子位置、速度和电流、电压等反馈信息及外部输入的指令，实现对 SRM 运行状态的控制，使之满足预定的双向控制要求，它是控制系统的指挥中枢。高功率储能模块负责对发电阶段回馈的能量进行回收，并在需要的时候再提供给电动汽车。

SRM 的双向控制系统综合发电和电动两个过程，虽然由于 SRM 的非线性，控制系统增加了复杂性，但却使 SRM 具有其他种类电机所无法比拟的一系列独特优越性，例如容错性强、控制灵活简单、可靠性高、应急环境适应性强、可维护性好以及方便实现电机的四象限运行，非常适合作为电动汽车的回馈制动/电动系统使用。

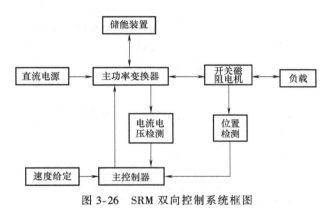

图 3-26　SRM 双向控制系统框图

3.5.3　开关磁阻电机的运行特性及原理

SRM 的驱动系统多采用计算机控制。在电机速度小于或等于 ω_b（第一转折点转速）时，通常采用电流或电压斩波控制（CCC）方式，用调节相绕组中的电流大小来控制电机转矩和过电流保护控制，实现恒转矩运转。在电机速度大于 ω_b 并且小于或等于 ω_{sc}（第二转折点转速）时，采用角度位置控制（APC）方式，电机的转矩 T 随转速的增加而下降，电机的功率保持不变，实现恒功率运转。在电机速度大于 ω_{sc} 时，由于可控制条件都超过了极限，SRM 改变串励特性运行，电机转

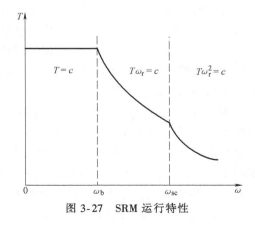

图 3-27　SRM 运行特性

矩随转速的增加而下降。SRM 的运行特性如图 3-27 所示。

　　SRM 发电/电动运行原理：SRM 具有四象限运行能力，即可以实现发电/电动的双向运行。当 SRM 在发电状态下时，将原动机提供给电机的机械能转换为电能回馈给电源，而当其在电动状态下运行时，则将电源提供的电能转换为机械能输出。如图 3-28 所示为 SRM 分别在发电与电动运行时，定子每相的理想电感分布与相电流之间的关系。相电感 L 将以转子位置角为周期而变化。

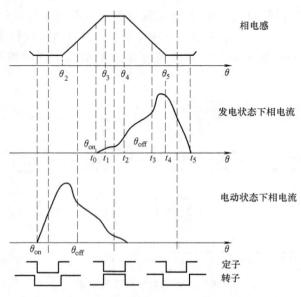

图 3-28　电感变化和发电、电动状态下的相电流图

　　在图 3-28 中，如果绕组在电感上升区域 $\theta_2 \sim \theta_3$ 内通电，则产生电动转矩，SRM 将电源提供的电能转化为机械能输出和绕组储能；如果在电感最大区域 $\theta_3 \sim \theta_4$（$t_1 \sim t_2$）内通电，此时没有转矩产生，电源提供的电能全部转化为绕组磁场储能；当在 $t_2 \sim t_3$ 区域给绕组通电时，产生制动转矩，电源提供的电能以及机械能均转化为绕组的磁场储能。到了 $t_3 \sim t_4$ 阶段，同样产生制动转矩，此时开关磁阻电机将输入的机械能转化为电能回馈给电源。在 $t_4 \sim t_5$ 阶段，此时不产生转矩，SRM 的绕组磁场能回馈给电源。

　　由此可以得出：SRM 的工作状态是由相电流相对于相电感的位置决定的，当相电流处在区间 $\partial L/\partial\theta < 0$ 时产生负值转矩，需外加机械转矩，此过程中电机将机械能转化为电能输出，发电运行；而若相电流处在 $\partial L/\partial\theta > 0$ 区间时，产生正的电磁转矩，电动运行；实际应用当中（见图 3-28），在发电状态下，开通角 θ_{on} 设置在 t_0 点，使得 $t_0 \sim t_3$ 区间内，电机吸收电能，励磁建流，关断角 θ_{off} 应设置在 t_3 时刻，在 $t_3 \sim t_5$ 阶段时，绕组断电，则将转子的机械能和绕组磁场能回馈给电源，整个过程中的发电量的大小由这两个不同阶段中的能量的差值来决定。

而在电动状态下，开通角 θ_{on} 应该设置在角 θ_2 之前，关断角 θ_{off} 应在 $\theta_2 \sim \theta_3$ 区间。该设置是为了在绕组电感上升区域内流过较大电流，从而尽量地增加有效电动转矩，通常在电感刚刚开始上升的临界点 θ_2 之前使得绕组导通，以达到使绕组电流迅速建立起来的目的。同时，为了减少制动转矩，即在电感刚开始下降时，就应尽快使绕组电流衰减到0，为此关断角应设计在 $\theta_2 \sim \theta_3$ 区间内，即最大电感到达之前。主开关管关断后，绕组电流迅速下降，保证了在电感下降区内流动的电流很小，很快下降为0。综上所述，只要适当地控制 SRM 每相绕组导通和关断时刻，就可以使其运行状态发生改变。而这个发电和电动的切换时刻由整车控制系统给出。

3.5.4　开关磁阻电机的控制方法

SRM 的运行不是单纯的发电或者电动的过程，而是将两者有机结合在一起的控制过程，即它同时也包含了能量回馈的过程。这一控制系统主要特点包括：

1）不同能量流动过程分时控制，采用相同的硬件设备实现；

2）将发电和电动过程整合到一起；

3）能量的回馈。

SRM 控制系统的可控参数主要有开通角、关断角、相电流幅值以及相绕组的端电压，对这些参数进行单独或组合控制就会产生不同的控制方法，一般来说，常用的控制方法有角度控制法（APC）、电流斩波控制（CCC）、电压斩波控制三种。

1. 角度控制法（APC）

APC 是电压保持不变，而对开通角和关断角的控制，通过对它们的控制来改变电流波形以及电流波形与绕组电感波形的相对位置。在 APC 控制中，如果改变开通角，而它通常处于低电感区，则可以改变电流的波形宽度、改变电流波形的峰值和有效值大小以及改变电流波形与电感波形的相对位置，这样就会对输出转矩产生很大的影响。改变关断角一般不影响电流峰值，但可以影响电流波形宽度以及与电感曲线的相对位置，电流有效值也随之变化，因此关断角同样对电机的转矩产生影响，只是其影响程度没有开通角那么大。具体实现过程中，一般情况下采用固定关断角、改变开通角的控制模式。与此同时，固定关断角的选取也很重要，需要保证绕组电感开始下降时，相绕组电流尽快衰减到零。对应于每个由转速与转矩确定的运行点，开通角与关断角会有多种组合，因此选择的过程中要考虑电磁功率、效率、转矩脉动及电流有效值等运行指标，来确定相应的最优控制的角度。在本系统的控制中，要遵循一个原则，即在电机制动运行时，应使得电流波形位于电感波形的下降段；而在电机电动运行时，应使电流波形的主要部分位于电感波形的上升段。角度控制的优点是，转矩调节范围大；可允许多相同时通电，以增加电机输出转矩，且转矩脉动小；可实现效率最优控制或转矩最优控制。但角度控制法不适应于低速，一般在高速运行时应用。

2．电流斩波控制（CCC）

在 CCC 方式中，一般使电机的开通角和关断角保持不变，而主要靠控制斩波电流限的大小来调节电流的峰值，从而起到调节电机转矩和转速的目的。它的实现形式可以有以下两种：

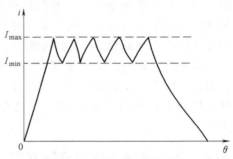

图 3-29　设定电流上下限幅值的电流斩波

1）限制电流上下幅值的控制：即在一个控制周期内，给定电流最大值和最小值，使相电流与设定的上下限值进行比较，当大于设定最大值时则控制该相功率开关元件关断，而当相电流降低到设定最小值时候，功率开关管重新开通，如此反复，其斩波的波形如图 3-29 所示。这种方式，由于一个周期内电感变化率不同，因此斩波频率疏密不均，在电感变化率大的区间，电流上升快，斩波频率一般很高，开关损耗大，好处是转矩脉动小。

2）电流上限和关断时间恒定：与上一种方法的区别是，当相电流大于电流斩波上限值时，就将功率开关元件关断一段固定的时间再开通。而重新导通的触发条件不是电流的下限而是定时，在每一个控制周期内，关断时间恒定，但电流下降多少取决于绕组电感量、电感变化率、转速等因素，因此电流下限并不一致。关断时间过长，相电流脉动大，易发生"过斩"；关断时间过短，斩波频率又会较高，功率开关元件开关损耗增大。应该根据电机运行的不同状况来选择关断时间。

电流斩波控制适用于低速和制动运行，可限制电流峰值的增长，并起到良好有效的调节作用，而且转矩也比较平稳，电机转矩脉动一般也比采用其他控制方式时要明显减小。

3．电压斩波控制

此控制方式与前两种控制方式不同，它不是实时的调整开通角和关断角，而是某相绕组导通阶段，在主开关的控制信号中加入 PWM 信号，通过调节占空比 D 来调节绕组端电压的大小，从而改变相电流值。具体方法是在固定开通角和关断角的情况下，用 PWM 信号来调制主开关器件相控信号，通过调节此 PWM 信号的占空比，以调节加在主开关管上驱动信号波形的占空比，从而改变相绕组上的平均电压，进而改变输出转矩。电压斩波控制是通过 PWM 的方式调节相绕组的平均电压值，间接调节和限制过大的绕组电流，适合于转速调节系统，抗负荷扰动的动态响应快。这种控制实现容易，且成本较低；它的缺点在于导通角度始终固定，功率元件开关频率高、开关损耗大，不能精确地控制相电流。

实际上在 SRM 双向控制系统中，采用的是后两种控制方法。具体的发电/电动状态控制策略如图 3-30 所示。

　　SRM 的动作过程可分为发电过程和电动过程，分别对应于电动汽车的制动、滑行以及正常行驶过程，而将电动汽车制动、滑行时的能量回收到储能装置中，即能量的再生回馈；发电状态和电动状态是通过软件来实现切换的。在整个发电回馈过程中，由于 SRM 本体结构特殊，其定子绕组既是励磁绕组又是电枢绕组，故其励磁与续流（发电）过程必须采用周期性分时控制。其励磁过程是可控的，但续流（发电）过程不可控，因而我们采用电流斩波控制来调节励磁阶段的励磁电流的大小，从而实现对发电过程的控制。而电动过程采用电压斩波控制，以调节电枢平均电压从而实现对转矩和转速的调节。

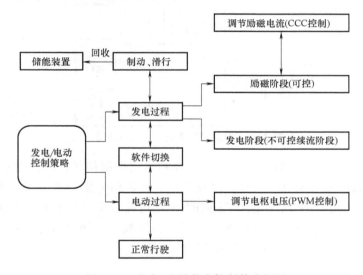

图 3-30　发电/电动状态控制策略框图

　　SRM 双向控制系统，主要目标是实现 SRM 的双向运行，着重点在于发电/电动状态下的最优控制以及 SRM 的能量回馈问题，不但要让 SRM 在电动状态下获得优越的调速性能，更要保证其在发电状态下的能量回馈。其总体的控制方案如图 3-31 所示。

　　本系统主要是由 SRM 本体、主控制芯片、主功率电路、IGBT 驱动电路以及电流电压检测电路、位置检测电路等外围检测电路构成，具体功能的实现过程如下：三相不可控整流桥将 380V 的三相动力电整流为 537V 的直流电并通过 H 桥式主功率电路给 SRM 供电，同时相电压和相电流检测电路负责对电机的母线电压以及相电流情况进行检测，将检测信号反馈至 DSP 的 A/D 转换模块，进行 A/D 采样；同时，电流电压保护电路接收相电流和相电压检测信号，在对其进行处理后，将过电流过电压信号反馈至 DSP 的 PDPINT 模块，从而实现整个系统的故障保护功能。此外还有位置检测电路，将光电盘的两路输出信号经调理后，送至 DSP 的捕捉模

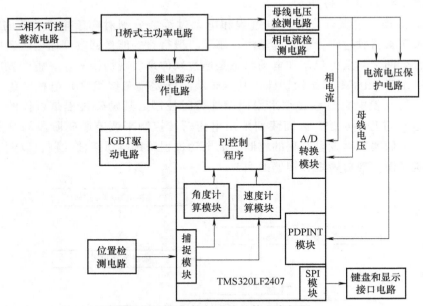

图 3-31　双向控制系统总体方案框图

块，经角度计算和速度计算模块后产生角度和速度控制信号；DSP 内部的 PI 控制模块对 A/D 转换后电流电压信号，以及角度、速度信号进行综合后计算，使 DSP 输出五路占空比可变的 PWM 波形至 IGBT 驱动电路，实现对主功率开关电路的通断控制。另外 DSP 的 SPI 模块负责驱动四个显示模块。如上所述，各个模块相互联系、互相协作，共同完成整个控制系统的功能。

3.5.5　开关磁阻电机功率变换器实例

SRM 控制系统的功率变换器电路结构有许多种，其中 H 桥式主电路（见图 3-32）可同时实现发电/电动的功能，由于它的特殊结构，必须工作在两相同时导通的情况下，即每一工作瞬间，上、下桥臂必须有一相导通。其优点是可以实现零电压续流，即关断相电流后，可以依靠导通相绕组本身续流，从而实现能量的回馈，同时它的功率器件较少，成本也较低。

这里，对应于 H 桥式主电路主开关的开通、关断顺序的不同组合，控制过程中所采用的电流斩波可分为两种：一种称为能量回馈式电流斩波

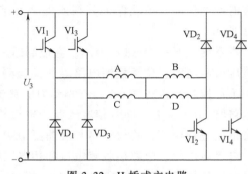

图 3-32　H 桥式主电路

（Energy Returnable Current Chopping，ERCC），当实际电流超过电流参考上限值时，主开关 VI_1、VI_2 同时关断，绕组储存的能量通过两个续流二极管回馈给电源；而当 VI_1、VI_2 导通时，绕组上承受正电压，绕组的磁链就会相应增加，产生电流和电动电磁转矩；另一种方式称为能量非回馈式电流斩波（Non Energy Remindful Current Chopping，NERCC）方式，其工作原理为，在相电流超过电流参考上限值时，只要关断其中一个主开关，而另一个主开关器件保持开通，此时绕组电流在近似为零的外施电压作用下通过二极管 VD_1 和主开关 VI_2，磁链在近似零压下缓慢衰减（相对 ERCC 方式），无能量返回电源，斩波结束时，VI_1、VI_2 同时关断，磁链迅速减少；而考虑到本系统的双向性，以及 NERCC 方式中的主开关器件 VI_1、VI_2 的开关频率相差很大，不利于主开关器件和续流二极管的充分利用；上、下桥工作不对称，因而本系统选择了 ERCC 方式控制，这也决定了控制中主开关管的开关模式；下面以 A、B 相为例，说明一下主电路的工作过程；当 VI_1 和 VI_2 同时导通时，电流通过 VI_1-A-B-VI_2 这一通路流过绕组，这是发电状态下的励磁阶段或者电动状态下的工作情况；当 VI_1 和 VI_2 同时闭合时，绕组中储存的磁场能通过 VD_1-A-B-VD_2 这一通路，回馈到直流母线端，并储存到储能装置中。功率变换器的整体设计方案如图 3-33 所示。

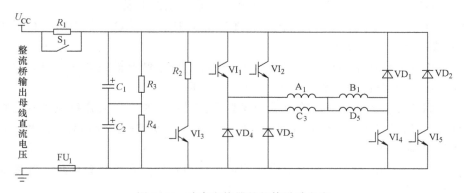

图 3-33　功率变换器的整体设计方案

功率主电路系统采用三相 380V/50Hz 动力电源供电，通过三相不可控整流桥将其整流为 537V 直流电供直流母线使用；由于 SRM 在发电状态下，回馈到电源的能量输入是脉冲电能，为了得到稳定的输出电压，在输出端特意并联了两个电解电容 C_1、C_2，用来对回馈电压起到稳定和滤波的作用，同时也作为回馈电能的储能元件，还可对整流电路的输出电压起到滤波作用。和电容并联的电阻 R_3、R_4 的作用有两个，首先是可以平衡两个电容上的电压，其次就是在整个系统关闭时使 C_1、C_2 电容放电。此外，在系统上电瞬间，为了避免由于滤波电容充电而引起的过大的浪涌电流，本文采用电阻-继电器并联上电保护电路。上电瞬间母线电压小于某一值时，继电器断开，电流通过电阻 R_1 流过，将浪涌电流限制在安全范围内。当母线电压大于此值时，继电器闭合，将电阻 R_1 短路，对主电路的正常运行不会造成任何影响；而 R_2 和 VI$_3$ 也构成了制动放电电路，主要起到能耗制动的作用，此外，当制动发电过程中电容发生过电压时，VI$_3$ 开通，将电容能量泄放到电阻 R_2 上；最后就是 H 桥式功率主电路，如前所述，它在发电运行时具有能量回馈的功能。

3.6 新能源汽车驱动系统的发展方向

3.6.1 电机的发展方向

新能源汽车中使用的电机同一般工业用的电机一样，除小型电机外均由直流电机过渡到交流电机。这是因为，交流电机中实现了耐用性、高速化、小型化以及轻量化，而且作为电机电源的逆变器以及适合控制的逆变器也实现了小型化，此外成本低廉化也是理由之一。曾经，作为驱动专用的电机，拥有理想转矩特性的直流并励电机成为主流，但是目前日本在乘用车中，采用的是 PM（内置式）电机；而在美国，异步电机是主流的电机。

新能源汽车专用的电机，通过从电池中获取有限的能量产生动作，所以要求其在各种环境下的效率都要很好。因而，在性能上要求比一般工业用的电机更加严格。主要的发展方向有如下几点：

1）由高速化而生的小型轻量化（坚固性）：在车辆上搭载方面，电动汽车用电机的体积、重量应为一般工业用电机的 $1/3 \sim 1/2$。

2）高效性：务必使一次充电后的续驶里程尽可能长。尤其是行驶模式变换频繁的轻负荷的情况下，电机和控制装置的总效率也需要进一步地提高。因而，在控制层面上的研究也很有必要。

3）低速大转矩情况下的大范围内的恒定输出特性：在电机单体中，能够满足必要的转矩特性。

4）寿命长以及高可靠性：轮毂电机中的振动达到了 $20g$ 左右，即使在汽车上也有 $3 \sim 5g$ 的振动，在任何环境中确保高安全性都是必要的。而不采用速度位置传感器的无传感器的控制，则被认为能够提高可靠性。

5）低噪声性：考虑到环境和乘坐的舒适性，人们期望噪声尽可能小。

6）成本低廉：为了便于普及，成本的降低是必不可少的。

能够满足以上特性的电机便是适合作为电动汽车专用的电机。但是，现实中全部满足以上特性的电机还未被开发出来。

由表 3-1 可知道目前更适于新能源汽车的电机是异步电机和 PM 电机。在美国，异步电机应用的较多，这也被认为是和路况有关系。即在美国，高速公路已经具有一定的规模，除了大城市外，汽车一般以一定的高速持续行驶，所以能够实现高速运转而且在高速时有较高效率的异步电机得到广泛应用。此外还和到目前为止的技术的积累，以及电机自身的价格的低廉有关系；在日本，供应 PM 电机中采用的稀土磁铁的公司比较多，这也许是一方面的原因，同时汽车大多以中低速行驶，因此采用了加减速时效率较好的 PM 电机。在日本，乘用车类使用的几乎都是 PM 电机，但是转子中采用的磁铁的高价化问题仍然是个难点。但是，通过进行全面的高效率的弱励磁控制就有可能扩大恒定输出的范围。并且通过多极化也可以实现小型轻量化，也可以采用轮毂电机等具有高发展前景的电机。

在交流电机得到广泛应用的同时，如前所述，也有使用直流电机的车辆。在都市型小型汽车和高尔夫车等两座左右的乘用车、铲车等工业用车辆以及电动轮椅等特殊用途车辆中直流电机都有应用。虽然最近在工业用车辆中，PM 电机的应用也相当多，但是直流电机在低速情况下也可以顺畅运转，而且其控制简单、性能优良，今后也可在特定领域中应用。

以 SRM 为代表的磁阻电机，也在不断地发展中，作为工业和电动汽车专用的电机，各地对它的开发和研究正在如火如荼地进行中，但它的效率还不是十分的理想，在实际中应用还不是很广泛。然而，作为新能源汽车专用的电机，磁阻电机很具有发展潜力，人们对其也有很高的评价，因此有必要注意其今后的发展动向。

3.6.2　驱动系统控制技术的发展方向

由于可以有效利用的电池能量是有限的，因此高性能新能源汽车用电力变换器以及构成它的电力装置等就成为电机驱动用变换器的核心，这也是现在和未来发展的方向。

1. 控制器件的发展方向

新能源汽车中，直流电机的电池电压为 100～120V，交流电机则多使用 288V，电流则在 200～300A 左右。直流电机在小型车上多采用 FET、大型车则多使用 IGBT 器件；交流电机可采用耐电压 600V 的自动开关器件，如 IGBT。近来，更进一步的智能模块化电力开关器件的使用也日益增多。

作为电机驱动用电力变换器，对于直流电机使用的是附带回收作用的高频斩波器，对于交流电机则选用的是高频 PWM 逆变器。2000mL 级别的内燃机汽车的最大输出功率为 40～60kW，连续输出功率为最大功率的 50% 左右。交流电机驱动的情况下，作为变换器的逆变器是必须地，其输出频率最高可达到 200Hz 左右，这是根据正弦波调制 PWM 控制得来的。流入电机的电流几乎都是正弦波，并且为了去除变换器的噪声，PWM 发生器在可听频率的 16kHz 以上。在这些情况下，由于电力装置的高频开关动作是必要的，故开关损耗也会相应增加。因此，如后面所讲的，损失少的器件现正在积极地开发中。其发展方向如下：

（1）效率的提高　新能源汽车不能一直处于高速公路上高速行驶的状态，由于在市街行驶时只有 40～60km/h 的速度，因此在市街行驶所需的电力仅为最高速行驶时的 1/5。因此，希望控制器在较大的运行范围内具有较高的效率。实现这个目标不但需要采用轻负荷高效率的逆变器，还需要恰当的电机控制方法，如在异步电机励磁电流控制中采用高效率控制法，或使用高效率的永磁同步电机，更进一步的多采用高效率的 DC/DC 变换器。

（2）回收效率的提高 制动时车辆电池有效回收的能量可增加续驶里程。在再生制动的时候，逆变器、电机（整流器、发电机动作）的效率明显得到改善，但是要注意影响能量回收模式和电池的充电效率等问题。此外，还要注意电池充电时间的限制，这里必须注意过充和寿命之间的关系。为了能取得效率较好的能量回收次效果，必须采用符合电池充电特性的效率良好的回收控制法。

（3）电力装置 新能源汽车中采用的电力装置，特别对低成本、低损耗以及好的环境适应性有较多要求。对于低损耗，关键是降低低输出时的损耗。针对电池电压低的情况，考虑采用比 IGBT 导通电压低的 MOSFET。

（4）软开关化 采用共振回路使器件强制工作在零电压或者零电流状态，提出了在该点进行开关动作的方法。我们把这种方法称为软开关，是使开关器件的应力、开关损耗、开关噪声降低的有效方法。

（5）电磁噪声规范 新能源汽车中，电磁干扰的类别可以分为辐射噪声（从装置辐射电磁波）和传送噪声（电源动力线传播中的高次谐波成分），可以预想到，这些会对人们身心健康造成影响。将来，政府制定相关规范，电动汽车的车型和使用条件必须采取相应对策。

（6）新能源汽车电力电子设备的一体化 未来要考虑实现电机驱动用逆变器和 DC/DC 变换器的一体化、低成本化、小型轻量化以及低噪声的特性。

2. 驱动方式的发展方向

新能源汽车与内燃机汽车相比，有以下优点：

1）转矩响应速度提高一个数量级。采用高速转矩控制法可以得到 $10 \sim 30 ms$ 的高速转矩响应速度，可以进行比内燃机汽车更快的控制。

2）纯电动汽车的控制比较简单。由于依靠转矩命令就能进行纯电气控制，所以可以采用微型控制器等直接进行控制，比内燃机汽车的控制容易许多。

3）可进行 4 轮独立驱动和 2 轮独立驱动。轮毂电机的采用使之容易实现。

4）操纵控制范围广。在操纵控制中采用电气方式以及采用轮毂电机，可以控制各车轮有 $\pm 180°$ 的操纵角。

参 考 文 献

[1] 唐苏亚. 电动汽车辆及其电机的发展状况 [J]. 电机技术，1996：49-51.

[2] 余志生. 汽车理论 [M]. 北京：机械工业出版社，2005：71-102.

[3] 胡虔生，胡敏强. 电机学 [M]. 北京：中国电力出版社，2005：136-206.

［4］　吴建华. 开关磁阻电机设计与应用［M］. 北京：机械工业出版社，2000：1-19，171-213.

［5］　Kashima S. The Present Condition and the Future of EV-Sharing in Japan［C］. IEEE Vehicle Electronies Conference，2001（9）：149.

［6］　Van Amburg B. Emerging Markets and Players in the Electric Two-wheel. Industry in California and Asia. EVS14，1997.

［7］　Hiroshi Shimizu，Junji Harada，Colby Bland. Advanced Concepts in Electric Vehicle Design［J］. IEEE Trans. Ind. Electron.，1997，44（2）：14-18.

［8］　Cheng Ming，Chau K T，Chan C C. Control and Operation of a New 8/6-Pole Doubly Salient Permanent-Magnet Motor Drive［J］. IEEE Trans.，2003，35（9）：1363-1371.

［9］　詹琼华. 开关磁阻电机［M］. 武汉：华中理工大学出版社，1992：1-35.

［10］　Maggetto G，Mierlo J V. Electric Vehicles，hybrid electric vehieles and fuel cell electric vehicles：state of the art and perspeetives［J］. Chim. Sei. Mat，2001，26（4）：9-26.

［11］　Chan C C. The State of the Art of Electric and Hybrid Vehicles［J］. Proc of IEEE，2002，90（2）：247-285

［12］　Michael T DIRenzo. Switched Reluctance Motor Control-Basic Operation and Example Using the TMS320F240［R］. USA，2000.

［13］　Mike D R. Control of Switched Reluctance Motors［R］. Texas Instruments techical Activity Report，1995，62（1）.

［14］　Aramasivam S P，Rumugam R A. Hybrid Fuzzy Controller for Speed Control of Switched Reluctance Motor Drives［J］. Energy Conversion and Management，2005，46：1365-1378.

［15］　Lee Y G，Zak S H. Genetic Neural Fuzzy Control of Anti-lock Brake System［C］. USA：American Control Conference，2001.

［16］　Kalan B A，Lovatt H C，Prout G. Voltage Control of Switched Reluctance Machines for Hybrid Electric Vehicles［C］. ESC Record-IEEE Annual Power Electronics Specialists Conference，2002（4）：1656-1660.

［17］　熊慧文. 基于开关磁阻电机的电动汽车控制器设计［D］. 大连：大连理工大学，2007.

［18］　蒋威. 基于开关磁阻电机的混合动力汽车驱动的研究［D］. 镇江：江苏大学，2007.

［19］　王超. 开关磁阻电机回馈制动的研究［D］. 北京：中国石油大学，2007.

［20］　王秀玲. 电动汽车驱动系统的研究［D］. 长春：吉林大学，2007.

［21］　窦汝振，李磊，宋建锋. 电动汽车用驱动电机系统的现状及发展趋势［J］. 变频器世界，2007，（2）：73-83.

［22］　杨锟，贾爱萍. 电动汽车用电动机的发展概况［J］. 上海节能，2007（5）：10-13.

［23］　刘庆华，韦忠朝，陈贤珍. 电力电子技术在电动汽车中的应用［J］. 微特电机，1999（4）：38-40.

［24］　Goldberg D E. Computer Aided Gas Pipeline Operation Using Genetic Algorthms and Rule Learning［J］. Engineering with Computers，1985：35-58.

［25］　易将能，韩力. 电动汽车驱动电机及其控制技术综述［J］. 微特电机，2001（4）：36-38.

［26］　李俊卿，李和明. 开关磁阻电机发展综述［J］. 华北电力大学学报，2002，29（1）：

1-5.

[27]　谢大纲，寇宝泉，程树康. 新型磁阻电动机的发展综述 [J]. 微特电机，2008（4）：57-62.

[28]　寇宝泉，谢大纲，程树康，等. 磁力线开关型混合励磁磁阻电机的转矩特性 [J]. 中国电机工程学报，2007，27（15）：1-7.

[29]　吴建华，詹琼华. 开关磁阻电机及其发展 [J]. 电工技术杂志，1992（2）：10-13.

[30]　吴建华. 开关磁阻电动机设计方法综论 [J]. 研究与开发，1992（2）：13-17.

[31]　吴建华. 基于遗传算法的开关磁阻电机优化设计 [J]. 电工技术学报，1996，11（4）：6-10.

[32]　Lawrenson P J, Stephenson J M, Blenkinsop P T, et al. Variable-speed Switched Reluctance Motors [J]. IEE Proc. B, 1980, 127（4）：253-265.

[33]　Miller. The Noliear theory of switched reluctance motor for rapid computer aided design [J]. IEEE. Proc. 1990, 137（6, pt. 13）：337-347.

[34]　Hams M R. Unifying Approach to the Static Torque of Stepping Motor Structure [J]. IEEE Proc., 1997（12）：1215-1224.

[35]　陈昊，刘迪吉. 国外开关磁阻电动机近期研究动向 [J]. 中小型电机，1994，21（1）：54-59.

[36]　黄旭. 影响汽车技术发展的两大因素——环境与能源 [J]. 内燃机，2001（2）：25-27.

[37]　王东辉. 开关磁阻电动机相电流理论解析 [J]. 中小型电机，1999，26（5）：15-19.

[38]　詹琼华，等. 电动汽车用各种电动机驱动系统的探讨 [J]. 汽车研究与开发，1994（3）.

[39]　南永辉. 基于DSP的关磁阻电机的控制策略研究 [J]. 机床电器，2005（2）：55-57.

[40]　（日）电气学会，电动汽车驱动系统调查专门委员会. 电动汽车最新技术 [M]. 康龙云，译. 北京：机械工业出版社，2008：7-28，56-62，95-98.

[41]　徐媛媛. 开关磁阻电机双向控制系统研究 [D]. 西安：西安交通大学，2009.

[42]　卢智锋. 电动车轮毂电机驱动技术的应用研究 [D]. 广州：华南理工大学，2009.

第4章　新能源汽车的储能系统

4.1　各种储能器件的特性

新能源汽车常用的储能器件有蓄电池、燃料电池、飞轮电池和超级电容，有时也将几种储能器件混合起来使用。其中，蓄电池又包括铅酸蓄电池、镍镉蓄电池、镍氢蓄电池、钠硫蓄电池、钠氯化镍蓄电池和锂离子电池等；燃料电池包括碱性燃料电池（AFC）、磷酸燃料电池（PAFC）、氢离子固体聚合物电解质燃料电池（SPEFC）、熔融碳酸盐燃料电池（MCFC）、固体氧化物燃料电池（SOFC）和质子交换膜燃料电池（PEMFC）等。

衡量储能器件特性常用的指标有比能量、能量密度、比功率、功率密度、循环寿命、快速充电性能、充放电时间以及价格。

1）比能量，又称质量能量（Wh/kg），它代表每千克质量的电池能够提供多少能量；

2）能量密度，又称体积能量（Wh/L），它代表每升容积的电池能够提供多少能量；

3）比功率，又称质量功率（W/kg），它代表每千克质量的电池能够提供多少功率；

4）功率密度，又称体积功率（W/L），它代表每升容积的电池能够提供多少功率；

5）循环寿命，表示储能器件的容量下降至某一规定数值（有效使用数值）之前，电池所经历的某一充放电制度下的充放电的次数；

6）快速充电性能，用充满50%、80%或100%能量所需的时间来表示。

各种储能器件的特性各不相同。铅酸蓄电池是应用历史最长、技术最成熟的蓄电池。它的主要特性是电池容量可小至1Ah大至几千安时，高倍率时放电性能良好，可在-40~+60℃的条件下工作，高温时性能依然良好，具有蓄电池中最高的电池电压，电能效率可达60%，易于浮充，没有记忆效应，易于识别荷电状态，价格低廉（仅为镉镍蓄电池的1/6~1/5），但使用寿命较短、比能量很低（一般只有 30~40Wh/kg)、充电时间长、体积较大，长期保存会导致电极的不可逆硫酸盐化，存在爆炸危险，在某些结构电池中，由于氢化锑、氢化砷的析出可能会引起公害。

镍镉蓄电池是一种碱性蓄电池，它的比能量可达 55Wh/kg，比功率最高可达 225W/kg。它的极板强度高，工作电压平稳，可以浮充电，也可以快速充电。镍镉蓄电池的过充电和过放电性能好，有高倍率的放电特性，瞬时脉冲放电率很大，深度放电性能也好。它的循环使用寿命长，可达到 2000 次或 7 年以上，是铅酸蓄电池的两倍。但是其价格较高，长时间处于过充电状态下会缩短其使用寿命，而且在高温时的性能低下，还会产生自放电现象。

镍氢蓄电池也是一种碱性蓄电池。它的比能量可达到 70~80Wh/kg，比功率可达到 600W/kg。镍氢蓄电池具有高倍率的放电特性，短时间可以以 3C 放电，瞬时脉冲放电率很大。其过充电和过放电性能好，能够浮充电，也可以快速充电，在 15min 内可充至 60% 的容量，1h 可以完全充满，应急补充充电的时间短。在 80% 的放电深度下，循环寿命可达到 1000 次以上，是铅酸蓄电池的三倍。但是镍氢蓄电池需要储氢合金，其造价较高，在充电时容易发热，要对电池进行有效的温度管理。

锂离子电池的比能量一般可达到 100Wh/kg，比功率则可以高达 1500W/kg，这一点是铅酸蓄电池和镍氢蓄电池所无法比拟的。锂离子单元电池的平均电压为 3.6V，相当于 3 个镍镉蓄电池串联起来的电压值，因此它能够减少蓄电池组的数目，从而可以降低因单元蓄电池电压差所造成的蓄电池故障发生的概率，因而可以延长蓄电池组的使用寿命。同镉镍蓄电池相比，锂离子电池的无记忆效应可以确保其在充电前不需要进行放电，从而大大提高了使用的方便性，而且也节省了电能。锂离子电池的自放电率很低，仅有 5%~10%，稳定性好，不使用时内部基本不会发生化学反应。此外，由于其内部不含有害重金属，所以它具有很好的环保性，是绿色的环保型蓄电池。锂离子电池的负极为硬石墨电极，用端子电压的测定就能准确地知道电池的剩余电量，因此它具有检验精度高的优点。但是锂离子电池在处于过充电状态下，由于内部会发生化学反应，导致锂离子电池厚度仅有数微米的隔离膜刺穿而造成电池短路，从而引发更为剧烈的化学反应，短时间内即可释放出大量能量，引起锂离子电池的爆炸，其安全性是必须注意的。

燃料电池比能量可达 350Wh/kg，能量转换效率高，一般在 45% 左右，如果在技术上加以完善或综合利用，其效率可望达到 60% 以上。它洁净、无污染、噪声低、体积小、机动性强、维护方便、生产周期短。它不需要并网发电，分布性强，适用于边远、交通不便地区的供电。但是制约燃料电池发展最重要的因素就是造价高，此外安全性也较差。

飞轮电池，又称电动机械电池，它的主要特性是储能密度大、输出功率大、充放电时间快、使用寿命长、对环境无任何污染，比功率可达到 1000W/kg，其造价介于蓄电池与燃料电池之间。

超级电容储存电荷的面积大，一个超级电容单元的电容量可达1F（法拉）至几万法。而且由于采用特殊的工艺，超级电容的等效电阻很低。电容量大和内阻小，使得超级电容可以有很高的尖峰电流，因此具有很高的比功率，为蓄电池的50~100倍，可达到10kW/kg左右。它还具有极其优良的充、放电性能，在额定电压范围内可以以极快的速度充电至任意电压值，放电时则可放出所存储的全部电能，没有蓄电池快速充电和放电的损坏问题。此外，超级电容还具有对环境友好、无污染、机械强度高、安全性好（防火、防爆）、使用过程中免维护、使用寿命长（>10年）、工作温度范围宽（-30~+45℃）、在瞬间高电压和短路大电流情况下有缓冲功能、能量系统较为稳定等优点。

各种储能器件性能比较见表4-1。

表4-1 各种储能器件性能比较

电池种类	比能量/（Wh/kg）	能量密度/（Wh/L）	比功率/（W/kg）	功率密度/（W/L）	循环寿命/次
铅酸蓄电池	20~50	65	40~70	120	500~700
镍镉蓄电池	40~55	85	70~250	130	600~1000
镍氢蓄电池	70~80	80~220	100~600	250~800	600~1200
锂离子电池	55~150	130~300	300~1500	400	600~1200
燃料电池	180~350	250	100~250	—	>500
飞轮电池	100~120	—	1000	—	>50000
超级电容器	1~10	—	<10000	—	>500000

4.2　蓄电池储能

4.2.1　铅酸蓄电池

1. 铅酸蓄电池的结构和原理

铅酸蓄电池诞生于1860年，距今已有150年的历史。铅酸蓄电池的基本单元是单体电池，每个单体电池都是由正极板、负极板和装在正极板和负极板之间的隔板组成（见图4-1）。正极板表面上附着一层褐色的二氧化铅，这层二氧化铅由结合氧化的铅细

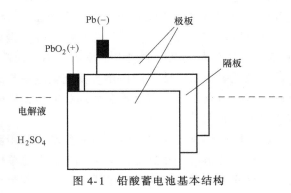

图4-1　铅酸蓄电池基本结构

粒构成，在这些细粒之间能够自由地通过电解液，将正极材料磨成细粒的原因是可以增大其与电解液的接触面积，这样可以增加反应的面积，从而减小了蓄电池的内阻。负极板是海绵状的铅板，颜色为深灰色。电解液是浓度为 27%～37% 的稀硫酸水溶液，将这两个电极板尽量靠近地平行放置，并保证其不接触，然后在两个电极板之间加入用绝缘材料构成的隔板。这种隔板上密布着细小的孔，既可以保证电解液的通过，又可以阻隔两电极板之间的接触。隔板的种类大致分为隔板。合成树脂纤维隔板和玻璃纤维隔板两类。当电池两端加上负荷时，在外部电路电子流动形成电流，而在电池内部，化学能转换为电能，电以离子的形式，从一个电极到另一个电极。正电极在放电时，是由外界电路接收电子，形成还原反应；负电极释放电子到外界电路，形成氧化反应；电解液的作用是给正负电极之间流动的离子创造一个液体环境，或者说充当离子流动的介质作用。隔板作用是隔离正负电极板防止其接触，控制反应速度，保护电池。

根据葛拉斯顿和特瑞比于 1882 年发现的"双极硫酸盐化理论"，其电极反应和电池总反应如下：

负极反应为

$$Pb+HSO_4^- \underset{充电}{\overset{放电}{\rightleftharpoons}} PbSO_4+H^++2e \tag{4-1}$$

正极反应为

$$PbO_2+3H^++HSO_4^-+2e \underset{充电}{\overset{放电}{\rightleftharpoons}} PbSO_4+2H_2O \tag{4-2}$$

电池总反应为

$$Pb+PbO_2+2H^++2HSO_4^- \underset{充电}{\overset{放电}{\rightleftharpoons}} 2PbSO_4+2H_2O \tag{4-3}$$

从方程中可以看出，铅酸蓄电池的充放电反应为可逆反应。这样铅酸蓄电池也就成为了可重复使用的蓄电池。

从电池总反应方程式中分析可以看出，放电后电池内部的正极板和负极板的铅（Pb）和二氧化铅（PbO_2）都转变成了硫酸铅（$PbSO_4$），所以这一充放电化学反应理论被称为"双极硫酸盐化理论"。通过对这一理论的分析还可以看出，在反映过程中，电解液里面的硫酸溶液不仅仅起到了为传导电离子提供电介质通道的作用，而且同时还参加了电池的充放电反应。当电池处于放电状态时，由于硫酸（H_2SO_4）的不断消耗，同时电池反应还不断地产生水（H_2O），从而起到了稀释电解液、减低硫酸溶液浓度的作用。其充电过程与放电过程正好相反，正、负两极板上的硫酸铅分别生成二氧化铅和海绵状的铅，同时不断产生硫酸，使得电池中的电解液浓度得到回升。

在实际应用时，往往要遇到系统要求所使用蓄电池两端电压比较高，或者电池容量比较大的情况。在这些情况下单个的电池单体是不能满足要求的，要将多个电池单体串联或并联，来满足高电压、大容量等要求。铅酸蓄电池单体两端的额定电压为 2V，通过不同连接方式可以得到的标准电压值有 4V、6V、12V 等。电量可以从几个毫安时到几百安时。

2. 铅酸蓄电池的基本属性

铅酸蓄电池的电动势是一个衡量该电池所能够输出最大能量的指标。相同容量的电池，其电动势越高，则可以输出能量就越大。电动势的化学定义是，当电池开路时，正极平衡电势与负极平衡电势之差，它是由电池的电化反应所决定的，而与电池形状、尺寸无关，即

$$E = \varphi_+ - \varphi_- \qquad (4\text{-}4)$$

式中　E——电池电动势；

　　　φ_+——正极的平衡电势；

　　　φ_-——负极的平衡电势。

另外，按照热力学中的原则，也可以写出电池的电动势方程。其表达式为

$$E = E^{\theta} + \frac{RT}{nF}\ln\frac{a(H_2SO_4)}{a(H_2O)} \qquad (4\text{-}5)$$

式中　E——电池电动势；

　　　E^{θ}——所有反应物的活度或压力等于 1 时的电动势，称为标准电动势；

　　　R——摩尔气体常数，$R = 8.31\,J/(K \cdot mol)$；

　　　T——温度（K）；

　　　F——法拉第常数，$F = 96500\,C/mol$；

　　　n——电化学反应中的电子得失数；

　　　a——离子浓度。

根据式（4-5）计算得到的铅酸蓄电池单体电动势为 2.044V。因此通常规定铅酸蓄电池额定单体开路电压为 2.0V。另外，由上面热力学方程可以看出，如将水溶液的浓度看作 1 时，则电池电动势是硫酸溶液的函数，则电池的开路电压也是电解液浓度的函数，而电解液的浓度与其密度成正比。所以铅酸蓄电池开路电压与电解液密度也成函数关系，如图 4-2 所示。

铅酸蓄电池的容量表征是将处于完全充电状态的蓄电池按一定的放电条件，放电到所规定的终止电压时，能够释放的电量。它的单位用安时（Ah）或瓦时（Wh）来表示。

容量的计算公式为

$$C = \int_0^t I\mathrm{d}t \qquad (4\text{-}6)$$

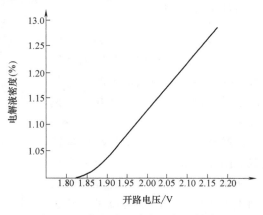

图 4-2　蓄电池开路电压与电解液密度关系（25℃时）

式中　C——容量（Ah）；

I——放电电流（A）；

t——放电时间（h）。

电池容量又有实际容量、理论容量和额定容量三种概念。实际容量是指电池在一定的条件下能够输出的电量，一般要比理论容量低，因为组成实际电池时，除活性物质外，还包括非反应成分，如外壳、导电零件等。此外，由于种种原因，活性物质也不能 100% 被利用。额定容量也叫保证容量，是按国家或有关部门颁布的标准，保证电池在一定的放电条件下，应该放出的最低限度的容量值。

计算蓄电池容量的公式，最为准确的是皮凯特（Peukert）公式，该式确定了两个物理量之间的双曲线关系，即

$$I^n t = K \tag{4-7}$$

式中　n——与蓄电池结构，特别是极板厚度有关的常数，其值在 $1.15 \sim 1.42$ 之间；

K——和蓄电池中活性物质质量有关的常数，随活性物质质量增加而增加；

t——放电时间（h）；

I——放电电流（A）。

为求出两个常数 n、K，可以用不同两种放电率进行放电实验而得到两组方程，即

$$\left. \begin{array}{l} I_1{}^n t_1 = K \\ I_2{}^n t_2 = K \end{array} \right\} \tag{4-8}$$

对式（4-8）取对数，得

$$\left. \begin{array}{l} n \lg I_1 = \lg K - \lg t_1 \\ n \lg I_2 = \lg K - \lg t_2 \end{array} \right\} \tag{4-9}$$

由此可以得到

$$n = \frac{\lg t_1 - \lg t_2}{\lg I_1 - \lg I_2} \tag{4-10}$$

将式（4-9）和式（4-10）得到的 n 值代入式（4-5）中，就可以得到 K 的值了。该公式可以在很宽的范围内计算出蓄电池的容量。但当放电时间极长或极短时，计算的结果往往与实际偏差很大。

铅酸蓄电池的最基本的等效电路模型如图 4-3 所示。该模型由一个理想电池 E_0 和一个等效内阻 R 组成，U_0 是电池的端电压，I 为流过电池的电流。

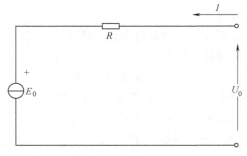

图 4-3　铅酸蓄电池等效电路

蓄电池的内阻包括欧姆内阻和极化内阻两个部分，其两者之和为蓄电池的真实内阻。其中，欧姆内阻主要是由电极材料、电解液、隔膜的电阻以及各部分零件的接触电阻组成。它与蓄电池的尺寸、结构、电极的成型方式、隔膜材料和装配紧度有关。而极化内阻是指在正极和负极进行化学反应时，由于极化效应而引起的电阻。极化电阻与电池的工作条件、活性物质的性质、电极板结构和蓄电池的制造工艺有关。

蓄电池的内阻在放电过程中会增加，而在充电过程中会减少。而在电动汽车行驶过程中，负荷是不断变化的，因此放电电流也是不断变化的，这使得检测端电压需要非常高的检测频率，另外在放电过程中，电动势值也难以确定，因此在实际中难以计算蓄电池的内阻。铅酸蓄电池内阻的计算涉及蓄电池的内部模型问题，不同的内阻模型有不同的计算方法，而且随着模型的复杂程度增加，计算内阻也随之更加困难。

蓄电池充电和放电一次称为一个循环周期。蓄电池的使用期限多数以循环数或周期数表示，即在一定的放电条件下，当电池容量降至某一规定值前，电池能承受充放电的周期数。铅酸蓄电池在使用初期，随着充放电次数的增加，其放电容量也增加，逐渐达到最大值。然后，随着充放电次数的增加，放电容量逐渐减少。

3. 铅酸蓄电池的充放电特性

铅酸蓄电池的充放电过程是一个十分复杂的电化学过程，具体表现在以下几个方面：

1）多变量：影响电池充放电的因素很多，诸如电池中电解液的浓度、正负极板的活性物质状态及活跃程度、环境温度、电池内部的压力，以及带孔隔板的质量等，这些参数的不同直接导致充电过程的不同。

2）非线性：铅酸蓄电池的充电过程最大可接受充电电流随时间成指数规律下降。

3）离散性：随着放电状态、使用时间和放置时间长短的不同，相同类型的不同电池所表现出来的充电曲线也不尽相同。都要受到这些因素的影响，所以不能按照同一种充电方式充电。

蓄电池的充电阶段大致分为高效、混合和析气三个阶段。

1）高效阶段：这个阶段的主要反应就是两极的硫酸铅分别转换成了铅和二氧化铅，充电接受率高，接近100%。充电接受率是指转化为化学能储备的电能与来自充电设备的电能的比值。这个阶段在温度和充电率都保证的情况下单体电池端电压达到2.39V时结束。

2）混合阶段：这个阶段中，水解副反应和充电主反应同时进行，此时的充电接受率逐步下降。当两个反应达到平衡时，即电池两端电压与稀硫酸溶液浓度不再上升，这表示电池已经充满电。

3）析气阶段：此阶段内蓄电池已经被充满电，电池中所进行的反应只有水解副反应，再加上缓慢进行的自放电反应。此时产生大量的气体，主要包括氢气和氧气。在密封式铅酸蓄电池中，这两种气体由于在密闭环境中，压力变高，还可以进一步反应生成水。这也就是为什么阀控式密封铅酸蓄电池不需要加水的原因。

在充电过程中，铅酸蓄电池两端的电压会随着时间的推移而变化，为了简化分析，现在以恒流充电方式进行分析，这样能够更直观地了解电池端电压随充电电流的变化而变化的规律。图4-4所示为铅酸蓄电池端电压随时间变化的曲线。

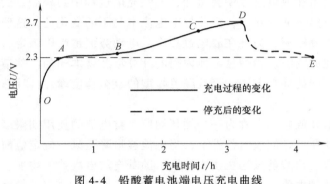

图4-4　铅酸蓄电池端电压充电曲线

可以看到蓄电池在充电初期，两端电压变化率很大，即电压上升很快，如图中曲线 OA 段所示。其原因是根据"双极硫酸盐理论"，当开始充电时，蓄电池正负两极板上的硫酸铅分别转化为二氧化铅和铅，同时产生的硫酸溶入到极板附近的电解液当中，增加了极板附近电解液中硫酸溶液的浓度。而由于蓄电池极板是由活性物质构成的，这些活性物质是由许多微孔组成的，它可以阻止硫酸溶液的迅速扩散。这样一来极板附近的硫酸溶液浓度要比整个蓄电池电解液中硫酸溶液浓度大，从而导致了蓄电池两端电压陡然上升。

当充电进入到中期，即图中 AB 段所示时，随时间的推移，极板附近的硫酸溶液逐步通过基板活性物质的微孔扩散到整个电解液中，使得极板表面和活性物质微孔内由于充电所产生的硫酸物质与向外扩散的硫酸物质的量达到平衡状态时，极板表面和微孔内的硫酸浓度不再剧烈上升，则此时蓄电池的端电压也相应地缓慢上升。这样，随着充电进行，活性物质进一步地转化为二氧化铅和铅，其本身的孔隙逐渐扩大。当到达 B 点（此时端电压约为 2.3V）时，蓄电池内的活性物质已经大部分转化为二氧化铅和铅，极板附近所剩余的硫酸铅消耗殆尽。

此时如果继续对蓄电池进行充电，电流则会使电解液中的水产生水解作用，相当于电离水分子，则蓄电池开始产生大量气体。由于水解产生气体附着在电极表面，使得电极与电解液接触面积减小，这样相当于减缓了主反应的反应速度，即增加了蓄电池的内阻，并可造成正电极的电位升高，因此该阶段电池端电压又迅速上升，如图中 BC 段所示。

当充电达到 CD 段时，蓄电池内部的活性物质已经全部被还原，此时蓄电池为充满电状态，水解也趋近饱和，此时电解液剧烈沸腾，端电压稳定在 2.7V。当电池充电到达满容量时，其端电压会由逐步增高忽然变为下降一个微小值，这是二次电池的特性，主要是由于存在比氢元素超电动势低的杂质存在于极板表面。在大电流充电时，这个负增量就变得比较明显。停止充电后，电压快速降至 2.3V。随后，随着极板活性物质微孔结构中的硫酸溶液逐步扩散，使得整个电池电解液的硫酸溶液浓度趋于一致，端电压最终稳定在 2.03V，即图中虚线部分所示。

铅酸蓄电池的工作电压顾名思义就是蓄电池在放电时正负两极之间的电位差，所以又被称为放电电压。电池工作电压的数值及平稳程度取决于充放电条件，当高倍率和低温条件下放电时，电池工作电压将降低，平稳程度下降；同样，充电电流大，则工作电压上升快，平稳程度下降。所谓平稳程度是指在充放电过程中，电池的放电电压随着放电时间的变化与额定电压之间的差值占额定电压的比重，即电压精度。对于铅酸蓄电池来说，其放电电压在恒流放电时变化比较有规律性。但在混合动力汽车实际运行过程中，由于混合动力汽车在行驶过程中，负荷是不断变化的，使得其放电电流的非线性变化，这导致了蓄电池两端电压变化也成非线性。

通常，铅酸蓄电池在一定的电流下进行充电和放电时，都是用曲线来表示蓄电池的端电压、电解液的密度和温度随时间的变化。把这些曲线称为该电池的特性曲线，用来表示蓄电池的各种特性。

（1）放电曲线　电池的放电电压 U_f 低于其开路电压 U_k，这是由于电池内阻和极化现象的存在，极化现象的概念和具体分析将在后面提到。U_f 与 U_k 之间的关系式为

$$U_f = U_k - \Delta\Psi - IR \tag{4-11}$$

式中　$\Delta\Psi$——溶液稳态扩散密度过电位，它就是由极化现象引起的一个附加电压值。

随着放电的进行，正负两极板均产生导电不良的硫酸铅物质。总的趋势是随着放电时间的延续，电池的端电压不断下降。典型的铅酸蓄电池放电曲线如图 4-5 所示。

最初一个阶段，活性物质微孔中的硫酸溶液浓度与极板外部电解液中的硫酸溶液浓度相等。电池的端电压，即开路电压，与该时刻的硫酸溶液浓度对应。然而放电一开始，活性物质表面处的硫酸被消耗，浓度立即

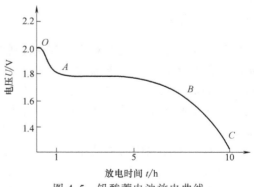

图 4-5　铅酸蓄电池放电曲线

下降，而硫酸由电解液向活性物质微孔结构内部扩散速度缓慢，导致无法及时补偿由于放电反应而引起的硫酸消耗，故活性物质表面硫酸溶液浓度持续下降，而电极

电动势与活性物质表面处硫酸溶液浓度成正比，则此时电池端电压急剧下降，如图中 OA 部分所示。但随着活性物质表面硫酸溶液浓度的降低，造成了其与电解液之间的硫酸浓度差，提高了离子移动速度，促进了硫酸溶液从电解液向电极表面的流动，于是活性物质表面及微孔结构内部的硫酸得到了补充。在一定的电流放电时，单位时间内消耗的硫酸与扩散进来的硫酸溶液浓度相当，所以电极表面的硫酸浓度比较稳定，从而端电压也比较稳定，但由于硫酸被消耗，整体的硫酸溶液浓度下降，活性物质表面的硫酸浓度也缓慢下降，故放电曲线的 AB 表现为电压缓慢下降。在此期间，正负电极的活性物质也逐渐转变为硫酸铅，这些硫酸铅附着在极板表面的活性物质外侧，使得微孔结构的孔数与孔隙尺寸越来越少，导致硫酸与活性物质接触不充分，使得电解液电阻增加。加上硫酸溶液浓度的降低等种种原因，导致到充电后期电压急剧下降，如图中 BC 段所示。达到放电终止电压，如再进行放电，则会导致蓄电池的损坏。

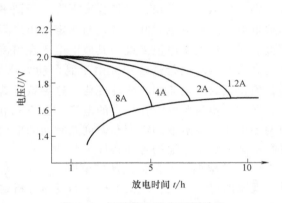

图 4-6　铅酸蓄电池在不同放电率下的放电曲线

（2）放电率对放电曲线的影响　铅酸蓄电池在不同放电率下的放电曲线如图 4-6 所示。从图中可以看出，放电电流越大，则放电开始阶段的电压下降越明显，放电曲线的平滑阶段也越短，其倾斜程度也越大。引起这种现象的原因是放电电流越大时，则电池内部硫酸溶液浓度变化也越大，导致内阻增加，电压损失。

4.2.2　镍镉蓄电池

镍镉蓄电池的正极板材料为氢氧化亚镍和石墨粉的混合物，负极板材料为海绵状镉粉和氧化镉粉，电解液通常为氢氧化钠或氢氧化钾溶液。镍镉蓄电池充电后，正极板上的活性物质变为氢氧化镍，负极板上的活性物质变为金属镉；镍镉蓄电池放电后，正极板上的活性物质变为氢氧化亚镍，负极板上的活性物质变为氢氧化镉。

镍镉蓄电池充放电时的化学反应方程式：

正极反应为

$$Ni(OH)_2-e+OH^- \underset{放电}{\overset{充电}{\rightleftharpoons}} NiOOH+H_2O \tag{4-12}$$

负极反应为

$$Cd(OH)_2+2e \underset{放电}{\overset{充电}{\rightleftharpoons}} Cd+2OH^- \tag{4-13}$$

总反应为

$$2Ni(OH)_2 + Cd(OH)_2 \underset{放电}{\overset{充电}{\rightleftharpoons}} 2NiOOH + Cd + H_2O \qquad (4-14)$$

充电时，随着 NiOOH 浓度的增大、$Ni(OH)_2$ 浓度的减小，正极的电势逐渐上升，而随着 Cd 的增多、$Cd(OH)_2$ 的减小，负极的电势逐渐降低，当电池充满电时，正极、负极电势均达到一个平衡值，两者电动势之差即为电池的充电电压。

镍镉蓄电池有以下几个优点：

1）充电特性：充电时间短。在常温（25℃）下可以在 15min 之内把电池充满。

2）放电性能：镍镉蓄电池可以在超高倍率下连续放电，并且有很好的放电平台。

3）温度特性：大电流放电电池温度升高较小，25℃下 10C 放电完毕时温度升高不超过 60℃。在低温（-10℃）下还具有良好的大电流放电性能。

镍镉蓄电池也存在致命的缺点，在充放电过程中如果处理不当，会出现严重的"记忆效应"，使得使用寿命大大缩短。所谓"记忆效应"就是蓄电池在充电前，蓄电池的电量没有被完全放尽，久而久之将会引起蓄电池容量的降低，在蓄电池充放电的过程中（放电较为明显），会在蓄电池极板上产生些许小气泡，日积月累这些气泡减少了蓄电池极板的面积，也间接影响了电池的容量。此外，镉是有毒的，因而镍镉蓄电池不利于生态环境的保护。根据欧盟减少有害物质（ROHS）要求，在可能的情况下，制造商必须逐步放弃镍镉蓄电池。镍镉蓄电池将逐步被镍氢蓄电池和锂离子电池取代。

4.2.3 镍氢蓄电池

镍氢蓄电池作为传统的镍镉蓄电池的替代体系，由于其优良的性能而倍受人们的关注，并成为世界各国二次电池发展的热点之一。镍氢蓄电池是以贮氢合金为负极板、氢氧化镍为正极板的可充电电池体系。电池的工作状态可以分为正常工作状态、过充电状态和过放电状态三种状态。在不同工作状态下电池内部发生的电化学反应是不同的（见图 4-7）。

镍氢蓄电池的充放电的化学反应方程式：

正极反应为

$$Ni(OH)_2 + OH^- \underset{放电}{\overset{充电}{\rightleftharpoons}} NiOOH + H_2O + e \qquad (4-15)$$

负极反应为

$$M + H_2O + e \underset{放电}{\overset{充电}{\rightleftharpoons}} MH + OH^- \qquad (4-16)$$

式中，M 和 MH 分别为贮氢合金和金属氢化物。

总反应为

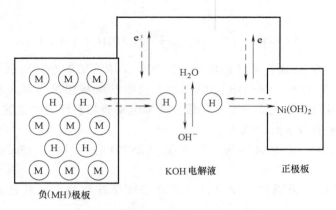

图 4-7　镍氢蓄电池工作原理示意图

$$Ni(OH)_2 + M \underset{\text{放电}}{\overset{\text{充电}}{\rightleftharpoons}} NiOOH + MH \tag{4-17}$$

过充电时的化学反应方程式：

正极反应为

$$2OH^- \underset{\text{放电}}{\overset{\text{充电}}{\rightleftharpoons}} H_2O + 1/2O_2 + 2e \tag{4-18}$$

负极反应为

$$2H_2O + 2e \underset{\text{放电}}{\overset{\text{充电}}{\rightleftharpoons}} H_2 + 2OH^- \tag{4-19}$$

总反应为

$$2H_2 + O_2 \underset{\text{放电}}{\overset{\text{充电}}{\rightleftharpoons}} 2H_2O \tag{4-20}$$

过放电时的化学反应方程式：

正极反应为

$$2H_2O + 2e \underset{\text{放电}}{\overset{\text{充电}}{\rightleftharpoons}} H_2 + 2OH^- \tag{4-21}$$

负极反应为

$$H_2 + 2OH^- \underset{\text{放电}}{\overset{\text{充电}}{\rightleftharpoons}} H_2O + 2e \tag{4-22}$$

当正极析出的氧扩散到负极与氢反应时，不仅消耗掉一部分氢，影响负极的电极反应，还因氢与氧的反应，释放出大量的热，使蓄电池内温度显著升高，从而加速了电极的反应。在恒流充电的条件下，上述两种效应导致蓄电池充电电压降低。在大电流充电时，上述现象更加明显。因此，通常利用将充电曲线上的电压下降 20mV，即 $-\Delta U = 20mV$ 作为判定充电的终点。一般来说，在快速充电条件下，充电后期充入的电量大多用于电解水，并使温升加大，因此也可利用蓄电池外壁温升作为控制充电的终点。

镍氢蓄电池的等效电路模型如图4-8所示。

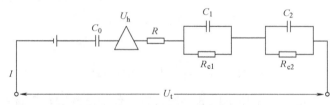

图4-8　镍氢蓄电池的等效电路模型

该等效电路模型使用电容、电阻所构成的电路来描述镍氢蓄电池的工作特性，其中，U_h 为蓄电池的迟滞电压；U_t 为负荷电压；C_0 为电池容量的电容；R 为电池的欧姆内阻；R_{c1} 和 R_{c2} 为极化内阻；C_1 和 C_2 为模拟蓄电池极化的电容；I 为充放电电流。模型中使用了两个RC电路环节，来模拟电池的极化效应。

4.2.4　锂离子电池

由图4-9所示，锂离子电池通过正极锂金属氧化物中产生的锂离子在负极活性碳中的嵌入与迁出来实现蓄电池的充放电过程。当对锂离子电池进行充电时，正极上的锂原子电离成锂离子与电子。生成的锂离子通过电解液运动到负极。而作为负极的活性炭呈层状结构，它有很多微孔，在负极复合的锂原子就嵌入到碳层的微孔中，嵌入的锂原子越多，充电容量越高。当对电池放电时，嵌在负极碳层中的锂原子从活性炭内部向表面移动，并在表面电离成锂离子和电子。锂离子和电子分别通过电解质和负荷到达正极板，重新迁入到锂金属化物中。回到正极板的锂离子越多，放电容量越

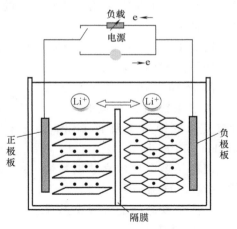

图4-9　锂离子电池工作原理示意图

高，通常所说的蓄电池容量指的就是放电容量。蓄电池通过使用锂离子替代金属锂，大大增加了蓄电池的稳定性，基本消除了结晶现象和电极板腐蚀，使蓄电池循环寿命得到了很大的提高。正是因为在整个充放电过程中，锂始终以离子的形态出现，不会以金属态出现，所以将这种蓄电池叫做锂离子电池。

一般锂离子电池的负极由碳材料构成，正极由锂金属氧化物（$LiMO_2$）构成，主要充放电的化学反应方程式：

负极反应为

$$Li^+ + e + 6C \underset{放电}{\overset{充电}{\rightleftharpoons}} LiC_6 \tag{4-23}$$

正极反应为

$$LiMO_2 \xrightleftharpoons[\text{放电}]{\text{充电}} Li_{1-x}MO_2 + xLi^+ + xe \qquad (4-24)$$

总反应为

$$LiMO_2 + 6xC \xrightleftharpoons[\text{放电}]{\text{充电}} Li_{1-x}MO_2 + xLiC_6 \qquad (4-25)$$

对于锂离子蓄电池，使用不同的活性材料，包括电池的正极材料、负极材料和电解质，蓄电池的性能也会有所区别，负极板材料中，目前常用的有焦炭和石墨。其中，石墨由于低成本、低电压（可以得到高的电池电压）、高容量和可恢复的优点被广泛采用。

正极材料中，主要以锂金属氧化物为主，目前常用的有锂钴氧化物（$LiCoO_2$）、锂镍氧化物（$LiNiO_2$）、锂锰氧化物（$LiMn_2O_4$）以及纳米锰氧化物。其中，锂钴氧化物具有电压高、放电平稳、适合大电流放电、比能量高、循环性好的优点，并且生产工艺简单、电化学性质稳定，其作为锂离子蓄电池的正极材料，适合锂离子的嵌入和脱出。锂氧化物自放电率低，没有环境污染，对电解液的要求较低，与锂钴氧化物相比，具有一定的优势。锂锰氧化物优点是稳定性好、无污染、工作电压高、成本低廉。

锂离子蓄电池中的电解质使用有机溶剂作为锂离子的传输介质。锂离子蓄电池对电解质溶剂的要求是，高导电性、高分解电压、无污染、安全。通常用锂盐作为有机溶液。目前使用的锂盐主要有 $LiClO_4$、$LiAsF_6$、$LiPF_6$ 等。

锂离子蓄电池的充放电特性将在第 5 章详细介绍。

锂离子蓄电池的等效电路模型如图 4-10 所示。

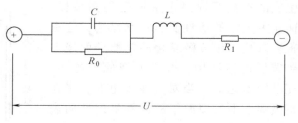

图 4-10　锂离子蓄电池的等效电路模型

4.2.5　蓄电池储能在新能源汽车中的应用

电动汽车市场上各种蓄电池所占份额：镍氢蓄电池为 64%，锂离子蓄电池为 15%，铅酸蓄电池为 11%，其他为 10%。

镍氢蓄电池在现有电动汽车市场上作为动力源占有很大比重。日本本田的"insight"（见图 4-11）、丰田的"Prius"，还有美国通用汽车公司的"Chevnolet Triax"以及福特汽车公司的"Prodigy"等纯电动或混合动力车采用的都是镍氢蓄电池。其中丰田汽车公司的 RAV4LV 电动汽车一次充电行驶距离为 215km，最大速度为 125km/h；日产公司的 ALTRA-EV 一次充电行驶距离为 193km，最大速度为 120km/h。

图 4-11　本田"insight"新能源汽车

丰田公司生产的"Prius"混合动力汽车是研究最成熟的一款新能源汽车，动力源由燃油发动机和镍氢蓄电池储能系统组成，如今第三代车型已经上市销售。图 4-12 为 Prius 混合动力汽车的内部结构图。

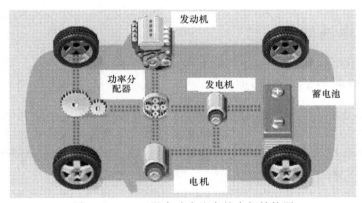

图 4-12　Prius 混合动力汽车的内部结构图

铅酸蓄电池多用于时速要求较低、续驶里程要求较短的电动高尔夫球车、电动游览车或者电动巡逻车上，早期的电动汽车也用选择铅酸蓄电池作为动力源的。美国通用汽车公司开发的 Saturn、EV1 两种铅酸蓄电池电动汽车。福特汽车公司在 1998 年生产的 Ranger 载货车，使用阀控式免维护铅酸电池。克莱斯勒公司在 1998 年的 EPIC 汽车上使用的是先进的铅酸蓄电池。

锂离子蓄电池是近来研究的热点，其比能量高、体积小的优势正迎合了电动汽车发展的需要。德国从 2009 年起启动了一项 3.6 亿欧元的车用锂蓄电池开发计划，几乎所有德国汽车和能源巨头均携资加入。德国政府称，该计划的实施，标志德国将进入电动汽车时代。与此同时，戴姆勒汽车公司和 RWE 能源公司宣称，将携手合作在国内兴建 500 个电动汽车充电站。德国汽车业联盟预计，2012 年以前德国将完成电动汽车的系列化并拉开商品化生产序幕。

日本在研发锂蓄电池方面走在世界前列。丰田、日产汽车及松下电器等相关企业签署协议，合力开发统一规格的新一代汽车锂蓄电池，并计划在两年内实现量产。东芝公司决定，斥资 500 亿日元开发电动汽车用的锂离子蓄电池，这种高效动力将于两年内进入半商品化生产。2009 年 8 月 2 日日本日产自动车公司在位于横滨的总部发布其首款纯电动汽车"叶子"。这款电动汽车使用超薄锂离子蓄电池，单次充电行驶里程超过 160km，最高时速 140km/h。普及电动汽车的一个关键是需要足够的电力补充基地。东京电力宣布，将带头参与有关的基础建设，在首都圈先建 200 多个充电站，三年后增加到 1000 个以上。东京电力已经成功开发大型快速充电器，使得充电时间大大缩短。据介绍，每 10min 的完整充电，所能行驶的路程是 60km。目前每设立一个充电器所需费用是 400 万日元。该公司准备在日本的超市停车场、便利店及邮政局等公共场所内陆续建设充电器设备。据预计，如果高性能锂蓄电池得到更多推广，日本国内的混合动力车使用量可能达到 720 万辆的水平。业界认为，电动车市场下一个十年能发展到怎样的规模将取决于锂蓄电池的成本是否能快速降下来。

4.3 燃料电池储能

4.3.1 燃料电池的结构和原理

燃料电池是将化学反应过程中产生的化学能直接转变为电能的电化学装置。它通过氢气和氧气结合的电化学反应生成电能和热能。燃料电池的基本单元由电解质以及连接到电解质两侧的多孔渗水阴极与阳极组成。图 4-13 所示为燃料电池的基本原理以及反应物流向。

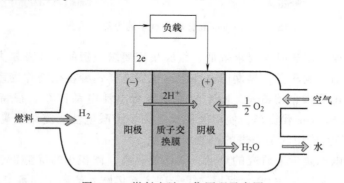

图 4-13 燃料电池工作原理示意图

在典型的燃料电池中，气态氢燃料连续不断地流向阳极室（负电极），而氧气则连续地流向阴极室（正电极）。在电极表面催化物的作用下发生反应，阳极氢分离出带电的质子通过电解质从一个电极转移到另一极，而电子则通过外电路实现转移，从而形成电流。在阴极质子氢与氧结合，生成水和热，排出燃料电池。理论上只要不断地施加燃料与氧气，可以连续不断地输出电能。

最基本的燃料电池结构称为电池单元，电池单元的电压在理想条件下由燃料的电化学动力特性决定。在标准温度与压力条件下，由氢气与氧气反应产生的理论电压为 E^0。当反应生成物为液态水时，$E^0 = 2.29V$；当反应生成物为气态水时，$E^0 = 1.18V$。电池实际电压受到温度、气压等因素的影响，可以由能斯脱方程（Nernst Equation）给出，即

$$E = E^0 + \frac{RT}{2F}\ln\frac{P_{H_2}}{P_{H_2O}} + \ln\sqrt{P_{O_2}} \qquad (4-26)$$

式中　　R——气体常数；

　　　　T——绝对温度；

　　　　F——法拉第常数；

　　　　P_{H_2}——氢气压强；

　　　　P_{H_2O}——液态或气态水的压强；

　　　　P_{O_2}——氧气的压强。

电池单元输出电流大小则由电流密度和面积决定。通过多个单元的串联与并联，构成燃料电池电堆，得到满足负荷所要求的足够的电压与电流。

燃料电池的等效电路如图 4-14 所示。

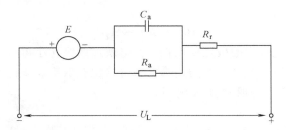

图 4-14　燃料电池等效电路

图中，E 为开路电压，R_r 为电阻损耗。当电池电流发生瞬时变化时，R_r 也会发生瞬时电压降变化。R_a 与 C_a 表示活化能损耗。当电池电流发生瞬时变化时，R_a 与 C_a 会发生缓慢的电压降变化。

4.3.2　燃料电池的分类

1. 燃料电池的类型

燃料电池按电解质不同主要可分为，质子交换膜燃料电池、碱性燃料电池、磷酸燃料电池、熔融盐燃料电池、固体氧化物燃料电池等五种类型。表 4-2 所列为各种主要类型的燃料电池及其相应的反应条件和特性。

表 4-2　各种主要类型燃料电池特性对比

	碱性燃料电池	质子交换膜燃料电池	磷酸燃料电池	熔融盐燃料电池	固体氧化物燃料电池
工作温度	60~120℃		160~220℃	600~1000℃	
特性	无污染排放、效率高、制造成本高	污染排放小、噪声低；采用固体电介质	污染排放小、噪声低、费用高；连续运行效率下降	热利用方便、噪声低、无需外部气体配置；腐蚀性电解液	热利用方便、噪声低、无需外部气体配置；腐蚀性电解液
电解质	氢氧化钾溶液	质子可渗透膜	磷酸	锂和碳酸钾	固体陶瓷体
燃料	纯氢	氢、甲醇、天然气等	天然气等	天然气、煤气、沼气等	天然气、煤气、沼气等
电效率	60%~90%	43%~58%	37%~42%	>50%	>50%~65%

2. 碱性燃料电池

碱性燃料电池的化学反应方程如下：

燃料电极（负极）反应方程式为

$$H_2+2OH^-\rightarrow H_2O+2e \qquad (4-27)$$

氧电极（正极）反应方程式为

$$1/2O_2+2e+H_2O\rightarrow 2OH^- \qquad (4-28)$$

总反应方程式为

$$H_2+1/2O_2\rightarrow H_2O \qquad (4-29)$$

氧电极在碱性电解质的极化要比在酸性电解质的极化小得多，还可以用非贵重金属作为催化剂，碱性燃料电池的结构材料价格比较低廉。碱性燃料电池可以通过对氢燃料量的控制，实现对其放电量的控制。

3. 质子交换膜燃料电池

质子交换膜燃料电池（PEMFC）结构（见图 4-15），一般采用氢气作为阳极气体，氧气或者空气作为阴极气体，采用铂（Pt）或者碳载铂（PtC）作为催化剂。氢气经过扩散层后到达催化层，在铂的催化作用下，反应生成氢离子和电子。氢离子通过质子交换膜的传输到达阴极，在催化剂作用下与氧气和外电路传输过来的电子反应生成水。化学反应方程如下：

阳极反应方程式为

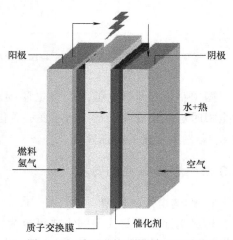

图 4-15　质子交换膜燃料电池结构

$$H_2 \rightarrow 2H^+ + 2e \qquad (4\text{-}30)$$

阴极反应方程式为

$$1/2O_2 + 2e + 2H^+ \rightarrow H_2O \qquad (4\text{-}31)$$

PEMFC 电极由催化层和扩散层构成，为多孔扩散电极。在电极构造中，扩散层主要起支撑作用，也是气体、电流、热传递的通道，必须具有高空隙率和适宜的孔径分布、良好的导电导热性能和耐腐蚀性。一般采用厚度在 $100 \sim 300\mu m$ 的碳布或石墨化碳纸。催化层是催化剂的载体。一般采用 Pt/C 或者 Pt-Ru/C 作为催化剂，担载量为 $0.4mg/cm^2$ 左右。采用聚四氟乙烯（PTFE）与 Nafion 树脂对电极碳纸进行处理，构造亲水、憎水、质子通道，形成立体化的电极。制备好后与质子交换膜进行热压合。

质子交换膜是 PEMFC 最关键的部件，直接关系到电池的性能和寿命。作为传导质子的部件，必须满足以下要求：高质子传导能力、良好的化学与电化学稳定性、低反应气体渗透系数，具有一定的机械强度和表面弹性。最早应用在 PEMFC 中的质子交换膜为聚苯乙烯磺酸膜，该材料在工作过程中容易发生降解，工作寿命仅几百小时，降解产生的物质会污染排放水。

4. 磷酸燃料电池

磷酸燃料电池以磷酸为电解质。由燃料电极、隔板、隔膜、空气电极（氧电极）和冷却板组成。在燃料极处采用铂（Pt）、石墨（多孔）$0.25mg/cm^2$ 为催化剂，在氧电极处也采用铂（Pt）、石墨（多孔）$0.25mg/cm^2$ 为催化剂。催化剂的基底装在碳化硅的容器中，在容器中灌入磷酸作为电解质。氧电极和燃料电极的外侧为石墨复合材料的多孔质夹层，供燃料或空气在其中流动。

磷酸燃料电池的化学反应方程如下：

燃料电极（负极）反应方程式为

$$H_2 + 2OH^- \rightarrow H_2O + 2e \qquad (4\text{-}32)$$

氧电极（正极）反应方程式为

$$1/2O_2 + 2e + H_2O \rightarrow 2OH^- \qquad (4\text{-}33)$$

总反应方程式为

$$H_2 + 1/2O_2 \rightarrow H_2O \qquad (4\text{-}34)$$

5. 熔融盐燃料电池

熔融盐燃料电池以多种碳酸盐 Li_2CO_3 以及 K_2CO_3 混合物作为电解质，电解质被吸收到铝酸锂陶瓷片中，熔融盐燃料电池由氧电极、燃料电极、电解质和催化剂等组成。在氧电极处输入空气和氧气，在燃料电极输入氢气。在氧电极采用了掺锂的氧化镍作为催化剂，在燃料电池采用了多孔镍作为催化剂，其化学反应温度为 $600 \sim 650℃$。

熔融盐燃料电池的化学反应方程如下：

燃料电极（负极）反应方程式为

$$H_2 + CO_3^{2-} \rightarrow H_2O + CO_2 + 2e \qquad (4\text{-}35)$$

$$CO+CO_3^{2-}\rightarrow 2CO_2+2e \tag{4-36}$$

氧电极（正极）反应方程式为

$$1/2O_2+2e+CO_2\rightarrow CO_3^{2-} \tag{4-37}$$

6. 固体氧化物燃料电池

固体氧化物燃料电池（SOFC）技术作为一种高温燃料电池，属于第三代燃料电池，是目前国际上正在积极研发的新型发电技术之一，除了具有一般燃料电池高效率、低污染的优点外，SOFC 还具有以下优点：

1）SOFC 的工作温度高（$600\sim 1000\,^{\circ}\!C$），最高可达到 $1000\,^{\circ}\!C$，经由热回收技术进行热点合并发电，可获得超过 80% 的热点合并效率，当和汽轮机混合使用时，其发电效率可达到 $70\%\sim 75\%$，是所有发电技术中效率最高的。

2）SOFC 的电解质是固体，因此没有电解质蒸发与泄漏的问题，而且电极也没有腐蚀的问题，运转寿命长。此外，由于构成电池体的材料全部是固体，电池外形设计具有灵活性。

3）SOFC 在高温下进行电化学反应，因此无需使用贵重金属催化剂，而其本身具有内重整能力，可以直接采用天然气、煤气或其他碳氢化合物作为燃料，简化了电池系统。

4）发电效率高，可以承受超载、低载，甚至短路。

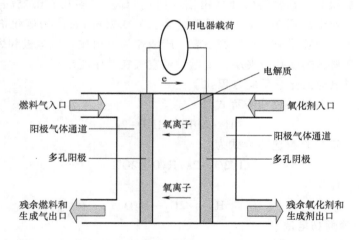

图 4-16 固体氧化膜燃料电池工作原理图

固体氧化物燃料电池的基本工作原理（见图 4-16）：氧化剂（通常为空气中的氧气）在阴极反应区内被还原氧阳离子，即

$$1/2O_2+2e\rightarrow O^{2-} \tag{4-38}$$

燃料气（氢气为例）在阳极反应区内与氧离子发生反应氧化还原反应生成水，即

$$H_2+O^{2-} \rightarrow H_2O+2e \tag{4-39}$$

氧离子通过电解质传输到阳极反应区，电子从电池阳极端通过外电路传输到电阴极端从而形成电流。

4.3.3　燃料电池在新能源汽车中的应用

燃料电池发电技术，就是一种很有前途的高效能源技术，能量转换效率高达83%，因此从 20 世纪中叶第一台燃料电池诞生以来，这一技术就受到世界各国科学家和工程师的高度重视。

美国加州 PaloAlto 电能研究学院（EPRI）的 FritzR. Kalhammer 博士于 2001 年 12 月 12 日在第三届美国电动车协会（EVAA）会议上发表了题为"电动车用电池的现状"的论文。在这篇论文中，Fritz 博士回顾了美国先进电池联合会（USABC）制定的先进电池发展目标，并给出了电动车用电池所有可能的候选者。因此，为了达到 USABC 设立的比能量的要求，理论比能量应该至少为 500Wh/kg。在比能量为 500Wh/kg 以上只有 5 种电池：N/S 电池是一种高温电池，不适用；Li/$V_2O_{4.3-5}$ 和 Li/S 聚合物电池还远不成熟，而且成本过高；Li/S 电池正处于发展早期；Al/O_2 电池是金属空气电池族的成员之一，它用铝做阳极，由于从氧化铝还原为铝的过程所消耗的电能是锌电解所需电能的 67 倍，因此将该种电池用做二次电池是不经济的；只有 Zn/O_2 电池（锌-空气燃料电池）作为可实际使用的电动车用电池而保留。

20 世纪 60 年代和 70 年代，美国首先将燃料电池用于航天，作为航天飞机的主要电源。此后，美国等西方各国将燃料电池的研究转向民用发电和作为汽车、潜艇等的动力源。世界各著名汽车公司相继投入较多的人力和物力，开展燃料电池电动汽车的开发研究。在北美，各大汽车公司加入了美国政府支持的国际燃料电池联盟，各公司分别承担相应的任务，生产以新的燃料电池作动力的汽车。美国通用汽车公司在美国能源部的资助下，推出了以质子交换膜燃料电池和蓄电池并用提供动力的轿车。美国福特汽车公司现已研制出从汽油中提取氢的新型燃料电池，其燃料效率比内燃机提高 1 倍，而产生的污染则只有内燃机的 5%。

加拿大巴拉德（Ballard）汽车公司是 PEMFC 燃料电池技术领域中的世界先驱公司，自 1983 年以来，Ballard 公司一直从事开发和制造燃料电池。1992 年巴拉德公司在政府的支持下，为运输车研制了 88kW 的 PEMFC 动力系统，以 PEMFC 为动力做试验车进行演示。1993 年巴拉德公司推出了世界上第一辆运用燃料电池的电动公共汽车样车，装备 105kW 级 PEMFC 燃料电池组，能载客 20 人，对于一般城市公共汽车，采用碳吸附系统储备气态 H_2 即可连续运行 480km。目前，Ballard 燃料电池的比功率密度已达到 1kW/L。

在日本燃料电池系统发展中，丰田公司处于领先地位。丰田的目标是开发能量转换效率达到传统汽油机 2.5 倍的燃料电池，且能和现用的汽（柴）油汽车一样方便地添加燃料。现代汽车于 2007 年法兰克福国际车展上首次展出了 i-Blue 氢燃料电池电动汽车（见图 4-17）。

在欧洲燃料电池的开发中，德国的西门子和意大利的 DeNo 公司处于领先水平。德国奔驰公司和西门子公司合作于 1996 年推出了装有 PEMFC 的 NECARll 小客车。法国也开发出使用"运程"燃料电池的电动汽车"Fever"，它以低温储存的氢和空气作燃料，发电功率达 20kW，电

图 4-17　i-Blue 氢燃料电池电动汽车

压为 90V，且采用先进的电子控制系统对电力系统进行控制，并把制动时产生的能量储存在蓄电池里，以备汽车起动或加速时使用。英国能源部也于 1992 年成立了国家燃料电池开发中心。英国燃料电池技术的开发重点在燃料供应、重整炉、气体净化和空气压缩等方面。PEMFC 的研究重点是改善催化材料的性能并探索铂（Pt）催化剂的涂覆方法，降低铂（Pt）含量，提高铂（Pt）利用率和耐受 CO 的允许值。

我国在燃料电池电动车领域的研究水平与发达国家相差无几，由清华大学和北京富源新技术开发总公司联合研制的我国第一辆质子交换膜燃料电池电动旅游观光车，展示了国内研制电动车的最新技术。有关专家指出，我国完全有能力在这一领域赶超世界先进水平。

目前，所有领先的汽车制造厂都在积极开发燃料电池发动机技术，并且许多国家在燃料电池的研究方面取得了可喜的成绩。如今，燃料电池的功率密度已超过 1.1kW/L。同时，燃料电池还可用于固定式、便携式和船用动力等非运输车应用环境。这些开发项目所生成的协同作用将加快燃料电池在所有应用领域中的开发进程，并将大幅度降低燃料电池的生产成本。

燃料电池技术虽已取得快速发展，但要使其装载使用达到规模，仍有一些难题需要解决，例如氢的制取、储存及携带成本高、基础设施建设投资大等。当前研究和开发工作的重点是降低成本和开发大规模制造工艺。随着燃料电池的体积功率和质量功率的逐步提高，生产成本的不断降低，制造材料和工艺的进一步改进和完善，以燃料电池作动力的汽车将会得到广泛使用。

4.4　高速飞轮电池储能

4.4.1　高速飞轮电池的结构和工作原理

飞轮电池是由高速飞轮、高速轴承系统、集成电机/发电机、机电能量转换控

制系统以及附加设备组成，它以高速旋转的飞轮作为机械能量储存的介质，利用电机/发电机和能量转换控制系统来控制能量的输入（充电）和输出（放电）。图 4-18 所示为飞轮电池的结构框图。

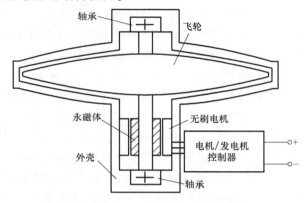

图 4-18　飞轮电池的结构框图

飞轮电池充电时，电机/发电机通过功率转换器接外电源作电机运行，把飞轮转子快速加速到非常高的转速，于是电能转化为动能储存起来。放电时，电机/发电机作发电机运行，通过功率转换器向负荷输出电能，转子转速下降，动能转化为电能。飞轮电池工作原理如图 4-19 所示。

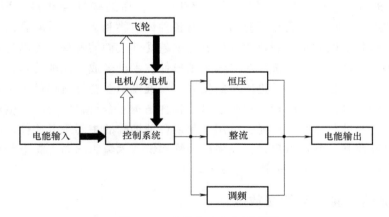

图 4-19　飞轮电池工作原理图

飞轮电池的理论基础是动能定理 $E = 1/2 j\omega^2$，由此可知，可以通过两种途径来改变能量的存储量：

1）增大转动惯量：即增大飞轮的质量或改变其质量的分布，但这样一来可能使飞轮电池变得很笨重。

2）增大飞轮的转速：由于高速的飞轮产生很大的离心力，所以要求制造的飞轮材料有很高的抗拉强度。而目前材料科学的发展，已经使通过增大飞轮的转速来提高飞轮电池的储能量成为可能。

4.4.2　飞轮的材料

飞轮的材料和结构直接影响飞轮电池的储能效果和安全。目前，高速飞轮基本上都采用复合材料飞轮，主要原因有复合材料的抗拉强度普遍比金属材料高，因而可允许飞轮安全运转的转速可以很高，可极大地提高储能密度，而且即使因强度不足产生破坏，破坏形式呈棉絮状或颗粒状，而不会产生像金属材料那样呈块状破坏，因而破坏力远没有金属材料大。飞轮最大储存的能量与飞轮材料的抗拉强度成正比，因此选择高抗拉强度的材料是提高飞轮储能的关键。而在所有材料中，纤维复合材料的抗拉强度最高，所以在中高转速（高速 ≥ 30000r/min，中速 3000 ～ 10000r/min）的飞轮电池中基本都采用纤维复合材料制造的飞轮，尤其是碳素纤维复合材料飞轮。常作为飞轮电池转子的复合材料主要是纤维增强聚合物基复合材料。其中增强体主要有碳素纤维和玻璃纤维两种，而基体主要有热固性聚合物基环氧树脂、聚酰亚胺树脂或双马树脂等。

复合材料技术发展较快，其制造方法也较多。鉴于飞轮电池转子高速旋转和安全性要求，常用纤维增强的环氧树脂基复合材料作为飞轮转子材料。对于这类复合材料，其成型工艺主要有，热压罐成型、真空袋或压力袋成型法、模压成型法、缠绕法成型、拉拔成型法、软模成型法、树脂转移模成型（RTM）和真空树脂转移模成型（VRTM）、树脂薄膜注射成型（RFI）等。在这些复合材料成型工艺中，RTM、VRTM 和 RFI 由于无需预浸料、易与各种编织物和缝纫技术联合使用、结构的整体性强和较低的质量控制费用等优点越来越受到人们的青睐。尤其是近几年三维编织技术的发展，形状复杂的三维编织预形件技术已经成为使能技术，使得纤维增强复合材料成型技术得到了进一步的发展。三维编织复合材料构件由于使用了三维整体纺织预形件作为增强相，克服了以往各种结构复合材料的层间强度弱的致命缺点，具有优异的整体受力性能，可用来制造各种结构的主要承载构件。鉴于飞轮转子形状呈圆筒状，制作过程是，先采用三维编织技术编织出与飞轮形状相同的预形件，然后使用 RTM 成型技术制造飞轮转子。

4.4.3　高速飞轮电池的充放电

飞轮电池所谓的充电和一般电池的充电是不同的，由于飞轮电池是以动能的形式来储存能量，所以飞轮电池的充电过程就是提高飞轮的转速的过程，即使集成电机加速的过程。在飞轮电池的放电过程中，集成电机作为发电机而工作，其输出电压为近似的正弦波电压，随着能量的释放，飞轮转速也逐渐地下降，电机的输出电压幅值也随之变小。

飞轮电池的等效电路如图 4-20 所示。

图中为电机和二极管全波整流桥所构成的电路，功率管 VF 用来进行电压的调

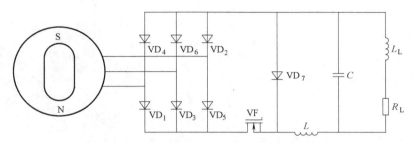

图 4-20　飞轮电池放电状态下带负荷等效电路

节，R_L 和 L_L 为负荷的等效电路。

4.4.4　高速飞轮电池在新能源汽车中的应用

早在 20 世纪 50 年代，瑞士 Derlikon Energy 公司即制造了第一辆由飞轮系统独立供能的旅行车。飞轮直径 2.4m，重 1500kg，转速达到 3000r/min。在 Yverdon 市的街道上行驶，正常载客 70 人的汽车，一次充电能行进约 500m。为飞轮电池在汽车上的应用提供的实践基础。1987 年德国首次开发出车载内燃机-飞轮电池混合动力电动汽车，飞轮吸收汽车制动时的 90% 的能量，并在需要短时加速时释放出来以补充内燃机的功率要求，可以使内燃机工作在最佳的工况下，既节能又提高了机器寿命。据估计，合理地配置飞轮电池，能够提高燃油效率 30%，并能减少废气排放量 75%。美国飞轮系统公司（AFS）采用纤维复合材料制作飞轮，研制出的飞轮电池，已成功地把一辆克莱斯勒 LHS 轿车改成电动轿车 AFS20，该车由 20 节飞轮电池驱动，每节电池直径 230mm，重量 13.64kg；电池用市电充电需 6h，快速充电只需 15min，一次充电可行驶 600km，而原型 LHS 汽车为 520km。其加速性能从 0 到 96km/h 只需 6.5s。从 2002 年开始美国飞轮系统公司同美国交通部合作开发用于混合动力客车的先进飞轮电池。美国 Texas 大学的 Texas 电动汽车计划小组，已经研究出可以存储能量为 2kW·h、功率可达 100~150kW 的飞轮电池，主要用于电动汽车（见图 4-21），目前已经完成了第一阶段的测试。美国一家汽车公司与美国飞轮系统公司合作，推出了四门豪华型电动汽车 ASF20，该车用 20 节飞轮电池驱动，电池直径为 229mm，每节重约 13.6kg。与通用汽车公司生产的"GM 冲击3"型电动汽车相比，各项指标均令人鼓舞："GM 冲击3"用的铅酸电池每充电一次可以行驶 129km，而新型飞轮电池每充电一次可以行驶 560km；加速性能十分优越，时速从 0 增至 96.6km/h 只需 6s，飞轮电池的使用寿命为 25 年。一次充电约需 15min。

日本 Tohoku 大学正在研制一种由飞轮电池、太阳电池、锂离子蓄电池和内燃机组成的低排放的环境友好型混合动力电动汽车（见图 4-22）。研究结果表明使用飞轮电池能有效减少尾气的排放和提高锂离子蓄电池的使用寿命。

我国在飞轮储能技术方面起步较晚。21 世纪初，清华大学、西安交通大学、东南大学、郑州大学、华中科技大学、中国科学院电工研究所、武汉理工大学等单位开始飞轮电池的研究。西安交通大学研究了星载磁悬浮飞轮系统非线性机电耦合振动控制问题；东南大学进行了基础固定式飞轮储能系统机电耦合与解耦设计的研究；郑州大学对复合材料飞轮的损伤机理进行了研究；武

图 4-21 高速飞轮电池在 Texas 电动车上的应用

汉理工大学对车载飞轮电池的飞轮结构设计进行了研究。清华大学工程物理系储能飞轮实验室成立于 1995 年，是国内最早研究储能飞轮的实验室之一。1997 年实验室设计出第一套复合材料飞轮系统，转子重量为 8kg，直径为 230mm，1998 年成功运转到 48000r/mm，线速度为 580m/s，实现充放电。1999 年实验室设计出第二代飞轮，重量为 15kg，直径为 300mm，于 2001 年 4 月成功运转，线速度为 650m/s，储能量为 500W·h。

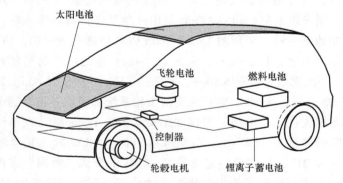

图 4-22 Tohoku 大学研制的混合动力汽车结构

4.5 超级电容储能

超级电容（Ultracapacitor，UC）是 20 世纪 60 年代发展起来的一种新型储能元件，又称电化学双层电容，它是靠极化电解液来储存电能的一种新型储能装置。现阶段超级电容以高功率密度引起了新能源汽车领域的注意。随着电动汽车能量回馈技术的进步，快速能量储存及均衡技术均需要超级电容。

4.5.1 超级电容的结构和工作原理

超级电容的结构和等效电路如图 4-23 所示，图中两个薄铝箔电极上均附着活性碳粉，之间采用纸隔离并浸泡于电解液中，以铝罐及压片组件密封之。同一般的电容器相比，超级电容没有电介质，而是利用电双层的结构取代实现电解质的机能。当固体和液体这两个不同相态接触时，在接触界面上正负电荷为相对排列，形成电双层结构。通常状态下的超级电容，由于正极和负极采用相同的活性炭，因此没有电位差，同电池一样不产生电动势。但是充电时有大量电子流向负极使负极带电，而电极表面汇集了与此电量等量的正离子。正极与此相反，汇集负离子。以此保证各

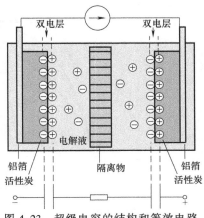

图 4-23 超级电容的结构和等效电路

自电极和离子间的电位差。表示为等效电路时，正极、负极上的双电层各自等价于一个电容，可理解为通过电解液串联。

由于超级电容与传统电容相比，储存电荷的面积大得多，电荷被隔离的距离小得多，一个超级电容单元的电容量高达 1F（法拉）至几万 F。而且由于采用特殊的工艺，超级电容的等效电阻很低。电容量大和内阻小，使得超级电容可以有很高的尖峰电流，因此具有很高的比功率，高达蓄电池的 50～100 倍，可达到 10kW/kg 左右，该特点使超级电容非常适合于短时大功率的应用场合。

4.5.2 超级电容的充放电

充电方式是电流由 0A 逐渐上升至恒定电流，等到超级电容达到额定电压时，再进行恒压充电。恒压时，电流逐渐减小，直到降为 0A。所以可以将整个充电过程看作是恒流转恒压的过程。根据电容的原理，电容的端电压与电流有如下关系，即

$$C\Delta U = \int i \cdot \mathrm{d}t \tag{4-40}$$

式中 i——通过电容的电流。

若 i 恒定为 I 时，上式变为

$$C\Delta U = IT \tag{4-41}$$

式中 I——充电电流；

T——电流持续的时间。

如果在充电过程中，假设 C 不变，则超级电容端电压就与时间 T 存在线性关系。

一般超级电容和电阻共同组成 RC 电路，用电阻作为负荷。超级电容容量大小

和充电电阻的大小都会影响充电时间，通常通过改变充电电阻的大小来控制超级电容的充放电时间。图 4-24 和图 4-25 给出了不同负荷电阻下的超级电容充放电曲线。

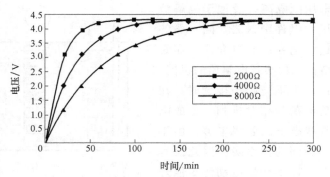

图 4-24　超级电容电压充电曲线

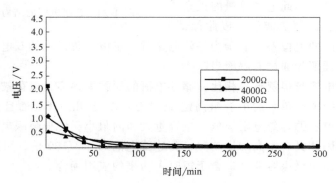

图 4-25　超级电容电压放电曲线

　　超级电容与直流母线依靠双向 DC/DC 变换器连接，双向 DC/DC 变换器是指在保持变压器两端的直流电压极性不变的情况下，能够根据需要调解双向传输的直流到直流的变换器。双向 DC/DC 变换器的电路拓扑有很多种，常见的有电流双象限变换器、全桥变换器、T 型双向升降压变换器、级联式升降压变换器、CuK 双向变换器、Sepic-Zeta 双向变换器，以及基于上述拓扑的衍生电路。

4.5.3　超级电容在新能源汽车中的应用

　　由于超级电容的优越性能和近年来超级电容开发能力的提高，超级电容在工业领域得到了广泛应用。目前世界各国争相研究、并越来越多地将其应用到电动汽车上，超级电容已经成为电动汽车电源发展的新趋势，而超级电容与蓄电池组成的复合电源系统被认为是解决未来电动汽车动力问题的最佳途径。

　　超级电容在电动汽车中的一个显著应用是将其用作再生制动回馈能量储存单

元，与动力电池组成联合体共同工作。该组合可以将蓄电池的高比能量和超级电容的高比功率的优点结合在一起，提高再生制动效率，也避免再生制动对蓄电池可能造成的损害，被认为是解决未来电动汽车电源问题的最佳途径。

日本是将超级电容应用于混合动力电动汽车的先驱，超级电容是近年来日本电动车动力系统开发中的重要领域之一。本田的 FCX 燃料电池-超级电容混合动力汽车（见图 4-26）是世界上最早实现商品化的燃料电池轿车，该车已经在 2002 年在日本和美国的加州上市。FCX 采用了新型质子交换膜形式的燃料电池模块，用超级电容加燃料电池的电能供应方式能够让 FCX 迅速达到较大的功率，弥补了燃料电池车起动和加速性能差的缺点，测试结果表明起动时间由原来的 10min 缩短到 10s。超级电容只提供车辆加速和爬坡时所需的峰值功率，同时回收车辆制动时的回馈能量，电量不足时则利用燃料电池带动电机时的多余功率来补充。

图 4-26　FCX 燃料电池-超级电容混合动力汽车

在以内燃机做主能源的混合动力电动车方面，日产汽车公司于 2002 年 6 月 24 日生产了安装有柴油机、电机和超级电容的并联混合动力卡车。该车是基于日产柴油机汽车公司 4 吨级的 Condor 卡车设计而成，由额定功率为 152kW 的发动机和 55kW 的永磁电机驱动，安装有日产公司开发的新型超级电容器。在汽车起动时使用电机，在汽车时速稳定时使用柴油机。该卡车使用三组共 384 个超级电容单元，每组由 128 个 1500F/2.7V 单元串联构成，总储能量为 583W·h。与日产柴油机汽车公司以往生产的柴油机汽车相比，该混合动力卡车可减少燃料成本 50%，减少二氧化碳排放量 33%，减少氧化氮排放量 50%。装备超级电容的混合动力电动公交车已经成为日本国家的攻关项目。日产公司推出了天然气-超级电容混合动力客车，其发动机与发机组成的电力系统和超级电容系统分别带动一个电机，可以分别或者同时驱动后轴。该车的燃油经济性是原来传统天然气汽车的 2.4 倍。

瑞士的 PSI 研究所给一辆 48kW 的燃料电池车安装了储能 360W·h 的超级电容组。超级电容承担驱动系统在减速和起动时的全部瞬态功率，以 50kW 的 15s 额定脉冲功率协助燃料电池工作。牵引电机额定连续功率为 45kW，峰值功率为 75kW，采用 360V 直流电源。大众 Bora 实验车进行的燃油消耗测试结果表明其油耗少于 7L/100km，而相同重量的 BMW7 系列油耗则为 10.7L/100km。1996 年俄罗斯的 Eltran 公司研制出采用超级电容作电源的电动汽车，采用 300 个电容串联，充电一次可行驶 12km，时速为 25km/h。

美国在超级电容混合动力汽车方面研究也取得了一定进展，美国 Maxwell 公司所开发的超级电容器已在各种类型电动汽车上都得到良好应用。美国 NASALewis 研究中心研制的混合动力客车采用超级电容作为主要的能量存储系统。2003 年，美国宾夕法尼亚州立大学研制了采用蓄电池和超级电容混合储能的实验样车，蓄电池直接接在直流母线上，超级电容挂在拖车上，通过电流双象限 DC/DC 变换器接至母线，用于吞吐动态能量。21 世纪初美国北部能量研究中心（NTCER）针对蓄电池和超级电容混合储能的电动汽车提出了一种多功能 DC/DC 变换器。直流母线通过接触器（Contactor）与两种储能体之间以电流双象限变换器相连，可以实现某一储能体与直流母线的能量交换。西安交通大学提出了一种超级电容-蓄电池复合电源系统，主回路核心是一台双向 DC/DC 变换器，具有能量双向流动，以及升、降压功能。通过控制双向 DC/DC 变换器中开关器件的开通/关断，可实现超级电容的升/降压充、放电功能。

国内对以超级电容为唯一能源的电动汽车研究取得了一定的进展，例如由黑龙江省科委组织，哈尔滨工业大学和巨龙集团研制的超级电容电动公交车（见图 4-27），可容纳 50 名乘客，最高速度为 20km/h，采用直流电机，其额定功率为 60kW，峰值功率为 90kW，电容总数为 600 个，工作电压为 160～320V，电容组总重量为 1.8t，充电时间为 12～15min。2004 年 7 月我国首部"电容蓄能变频驱动式无轨电车"在上海张江投入试运行。该公交车利用超级电容比功率大和公共交通定点停车的特点，当电车停靠站时在 30s 内快速充电，充电后就可持续供能，时速可达 44km/h。2005 年 1 月上海交通大学与山东烟台市签署协议，共同投资开发超级电容公交电车，计划在烟台福山区建一条 12km 示范线，在福山高新技术产业区建立年产 1 万辆新型环保超级电容公交车生产基地。此外，超级电容作为再生能量回馈单元在燃料电池电动车中也有所应用。

图 4-27 哈尔滨工业大学研制的超级电容电动公交车

2016年提出了一种带超级电容的燃料电池电动汽车动力装置，电动汽车加速时，超级电容给驱动电机供电；电动汽车制动时，驱动电机运行在发电模式，功率变换器运行在整流模式，制动产生的电能充入到超级电容器中。电动汽车正常行驶时，驱动电机运行在电动模式，功率变换器运行在逆变模式，燃料电池堆给驱动电机供电。电动汽车加速行驶时，驱动电机运行在电动模式，功率变换器运行在逆变模式，超级电容器给驱动电机供电。

参 考 文 献

[1]　胡安生. 汽车新动力发展趋势的研究（上）[J]. 汽车工业研究，2005：81-8.

[2]　江泽民. 中国能源问题的思考 [J]. 中国能源，2008，30（4）：5-19.

[3]　电动汽车重大专项总体组 电动汽车重大专项办公室. "十五" 国家高技术研究发展计划（863计划）电动汽车重大专项进展 [J]. 汽车工程，2003，25（6）：533~536.

[4]　Evren O，Ben Z，Joel A，et al. Power distribution control coordinating ultracapacitors and batteries for electric vehicles [C]. Boston，MA，US，Proceedings of the 2004 American Control Conference，2004：4716-4721.

[5]　（日）松本廉平. 汽车环保新技术 [M]. 曹秉刚，康龙云，贾要勤，等译. 西安：西安交通大学出版社，2005.

[6]　陈清泉. 现代电动汽车技术 [M]. 北京：北京理工大学出版社，2002.

[7]　胡骅，宋慧. 电动汽车 [M]. 北京：人民交通出版社. 2003.

[8]　Chan C C，Wong Y S. The State of the Art of Electric Vehicles Technology. [C]. Proceedings of The 4th International Power Electronics and Motion Controls Conference（IPEMC 2004），2004.

[9]　（日）电气学会，电动汽车驱动系统调查专门委员会. 电动汽车最新技术 [M]. 康龙云，译. 北京：机械工业出版社，2008.

[10]　Wan Ramli，Wan Daud，Kamaruzzaman Sopian. Challenges and Future Developments in Proton Exchange Membrane Fuel Cells [J]. Renewable Energy，2006，31：719-727.

[11]　李兴虎. 电动汽车概论 [M]. 北京：北京理工大学出版社，2005.

[12]　Yan Xinxiang，Dean Patterson，Byron Kennedy. A Multifunctional DC-DC Converter For an EV Drive System [C]. EVS16，Beijing，1999.

[13]　孙逢春，程夕明. 电动汽车能量存储技术概况 [J]. 电源技术，2001（2）：47-51.

[14]　Bo Yuwen，Xinjian Jiang，Dongqi Zhu. Structure Optimization of the Fuel Cell Powered Electric Drive System [C]. PESC'03. IEEE 34th Annual Conference. 2003：1391-1394.

[15]　欧阳明高. 我国节能与新能源汽车技术发展战略与对策 [J]. 中国科技产业，2006（2）：8-13.

[16]　宋慧. 电动汽车高能电池 [J]. 世界汽车，1997（2）：24-26.

[17]　勾长虹，杜津玲. 铅酸蓄电池充电接受能力及充电方式选择 [J]. 电源技术，1996，20（6）：243-247.

[18]　王兆安，黄俊. 电力电子技术 [M]. 4版. 北京：机械工业出版社，2002.

［19］ Carter B, Matsumoto J, Prater A. Lithium-ion battery performance and charge control ［C］. Energy Conversion Engineering Conference, 1996：363-368.

［20］ 吴宇平, 万春荣, 姜长印, 等. 锂离子二次电池. ［M］. 北京：化学工业出版社, 2002：336-349.

［21］ 郭炳煜, 徐徽, 王先友, 等. 锂离子电池 ［M］. 2版. 长沙：中南大学出版社, 2002：10-41.

［22］ Bentley W F, Heacock D K. Battery Management Considerations for Multichemistry Systems ［J］. IEEE AES Systems Magazine, 1996 (5) 23-26.

［23］ 陈全世, 齐占宁. 燃料电池电动汽车的技术难关和发展前景 ［J］. 汽车工程, 2001, 23 (1)：361-364.

［24］ Bo Yuwen, Xinjian Jiang, Dongqi Zhu. Structure Optimization of the Fuel Cell Powered Electric Drive System ［C］. PESC'03. IEEE 34th Annual Conference, 2003：391-394.

［25］ 刘任先, 陈定宙. 飞轮储能电池的发展与应用 ［J］. 电池工业, 2003 (5)：221-224.

［26］ 董天午, 董栋. 电动汽车用非常规动力源 ［J］. 电气时代, 2001 (7) 1-3.

［27］ Raymond Beach, David A Christopher. Flywheel Technology Development Program for Aerospace Applications ［J］. IEEE AES Systems Magazine, 1998 (6)：9-14.

［28］ Belhomme R T, Buchheit N, Gorgette F. Power Quality Improvement Case Study of the Connection of Four 1.6 MVA Flywheel Dynamic UPS Systems to a Medium Voltage Distribution Network ［C］. Transmission and Distribution Conference and Exposition, 2001 (1)：253-258.

［29］ G Bitterly J. Flywheel Technology：Past, Present, and 21st Century Projects ［J］. IEEE Aerospace and Electronic Systems Magazine, 1998, 13：13-16.

［30］ Georges M Fadel, Jinhua Huang. Heterogeneous Flywheel Modeling and Optimization ［J］. Material and Design, 2000 (21)：111-125.

［31］ Dong-Jin Kim Sung Kyu Ha, Tae-Hyun Sung. Optimum Design of Multi-ring Composite Flywheel Rotor Using a Modified Generalized Plane Strain Assumption ［J］. International Journal of Mechanical Sciences, 2001 (43)：993-1007.

［32］ Gregory C, Walsh James A, Kirk Lou P. et al. The Open Core Composite Flywheel ［C］. Proceedings of the 32nd Intersociety on Energy Conversion Engineering Conference, IECEC-97, 1997.

［33］ 申屠年, 赵渠森. 先进复合材料制造技术 ［J］. 高科技纤维与应用, 2000 (2)：8-13.

［34］ Chen Q Y, et al. Designing and Testing of High Tc Superconducting Magnetic Bearing for Flywheel Energy Storage Applications ［C］. 29th Intersociety Energy Conversion Engineering Conference, 1994, 3.

［35］ 卫海岗 蒋书运, 沈祖培. 飞轮储能技术研究的发展现状 ［J］. 太阳能学报, 2000 (10)：427-433.

［36］ 程明. 新能源与分布式电源系统 （下）［J］. 电力需求侧管理, 2003, 8 (5)：43-47.

［37］ Jay Apt Rahul Walawalkar, Rick Mancini. Economics of Electric Energy Storage for Energy Arbitrage and Regulation in New York ［J］. Energy Policy, 2006 (9)：1-11.

［38］ 白志峰. 电动汽车超级电容-蓄电池符合电源系统开发及其 H_∞ 鲁棒控制研究 ［D］. 西

安：西安交通大学，2006.

[39] 张炳力，等. 超级电容在混合动力电动汽车中的应用 [J]. 汽车实验与研究，2003（5）：48-50.

[40] Ortuzar M，Dixon J，Moreno J. Design，Construction and Performance of a Buck-boost Converter for an Ultracapacitor-based Auxiliary Energy System for Electric Vehicles ［C］. Industrial Electronics Society，2003. IECON'03. The 29th Annual Conference of the IEEE. Volume 3，2-6 Nov. 2003：2889-2894.

[41] 陈朗. 超级电容在城市轨道交通系统中的应用 [J]. 都市快轨交通，2008，21（3）：76-79.

第5章 新能源汽车的能源管理

新能源汽车驱动系统中各种辅助能量装置的电器特性往往有很大差异，如何使这种由各种能量装置构成的混合动力系统能够稳定的、可靠的、高效的工作，成为提高新能源汽车动力性能的关键问题。各种电池多能源的分配控制是一个关键技术，其对汽车经济性、动力性及部件寿命有很大影响。对新能源汽车多能量分配方案的优化控制将成为推动新能源汽车发展的重要方面，具有重要的社会意义及经济效益。

不同形式能量混合后必须要经过能源管理才能有效地给车辆提供动力，能源管理工作是新能源汽车的核心工作，没有有效的能源管理就没有新能源汽车。换言之，车辆行驶提出的扭矩需求必须经过能源管理模块，根据车辆动力混合方式、部件、策略的不同，合理地将能量需求分配到不同的驱动系统中去。

通过对纯电动汽车和混合动力汽车的能源管理系统进行研究和分析，最后通过对燃料电池混合动力汽车能源管理优化控制的研究，建立合适的控制模型来克服燃料电池动态响应慢的弱点，快速跟随车辆随时变化的行驶状态；合理分配车辆提出的动力需求使燃料电池和辅助电池都工作在较为理想的工作区间，使车辆获得最佳的动力性能；建立合理的能量反馈机制以提高车辆的续航能力。从中可以看出，能源管理在新能源汽车中起到了核心控制的作用。关于新能源汽车的结构与组成在第2章中已进行了介绍，此处不予赘述，仅对新能源汽车能源供给系统的管理系统、能量回收系统和能源管理系统中的电气设备进行相关介绍。

5.1 能源管理系统的功用

对新能源汽车动力系统能源转换装置的工作能量进行协调、分配和控制的软硬件系统称为能源管理系统。能源管理系统的硬件由一系列传感器、控制单元 ECU 和执行元件等组成，软件系统的功能主要是对传感器的信号进行分析处理，对能源转换装置的工作能量进行优化分析，并向执行元件发出指令。因此，可以说新能源汽车能源管理系统的功能是满足汽车基本技术性能（如动力性、驾驶平稳性等）和成本等要求的前提下，根据各部分的特性及汽车的运行工况，实现能量在能源转换装置（如发动机、电机、储能装置、功率变换模块、动力传递装置、发电机和燃料电池等）之间按最佳路线流动、使整车的能源利用效率达到最高。

不同种类的电动汽车其能源转换系统构成不同，因而其能源管理的软、硬件系统装置构成就不同。蓄电池电动汽车的能源转换装置仅由电机/发电机、蓄电池、功率变换模块及动力传递装置等组成，能源传递路线主要有蓄电池到车轮（行驶）和由车轮到蓄电池（能量回收）两条，因而其能源管理系统最为简单，其主要任务是在满足汽车动力性需求的前提下，使蓄电池储存的能量得到最有效的利用，并能使汽车的减速和制动能量得到最大限度的回收，使汽车的能量效率最大。纯燃料电池电动汽车（指无储能装置的 FCV）也与此类似。混合动力燃料电池汽车和混合动力电动汽车，其能量转换装置通常有发电装置（如发动机/发电机或燃料电池）、能量储存装置（蓄电池、超级电容等）、功率变换模块、动力传递装置、充放电装置等。其能量传递路线有四条：由发电装置到车轮的动力传递路线、由蓄电池到车轮、由发电机装置到能量储存装置、由车轮到能量储存装置（能量回收）的能量流动路线。

为了使新能源汽车具有良好的力学性能、电驱动性能及合理的能量分配等，新能源汽车的能源管理系统必须对能量系统的工作进行有效检测和控制，使新能源汽车的能量进行最佳流动，以实现最大限度的利用能量，提高汽车的经济性能。因此，可以说能源管理系统是电动汽车整车设计的一个重要环节。

5.2　纯电动汽车的能源管理系统

相对于混合动力汽车，一般情况下纯电动汽车的能源储存单元容量要求的更大，能源管理系统稳定性要更好、可靠性要强，系统反应速度需要更快。

5.2.1　纯电动汽车能源管理系统的组成

纯电动汽车能源管理系统的基本结构如图 5-1 所示。输入能源管理系统电控单元（ECU）的参数有各电池组的状态参数（如工作电压、放电电流和电池温度等）、车辆运行状态参数（如行驶速度、电机功率等）和车辆操纵状态（如制动、起动、加速和减速等）等。能源管理系统具有对检测的状态参数进行实时显示的功能。ECU 对检测的状态参数按预定的算法进行推理与计算，并向电池、电机等发出合适的控制和现实指令等，实现电池能量的优化管理与控制。

5.2.2　电池荷（充）电状态指示器

电池荷（充）电状态指示器是能源管理系统的一个重要组成部分。电动汽车蓄电池中储存有多少电能，还能行驶多少里程，是电动汽车行驶中必须知道的重要参数。与燃油汽车的油量表类似的仪表就是电池荷（充）电状态指示器，它是能

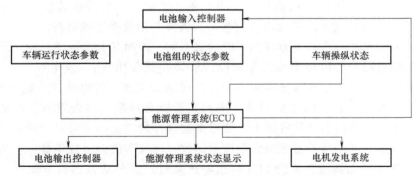

图 5-1 纯电动汽车能源管理系统的基本结构

源管理系统的一个重要装置。因此，在电动汽车中装备满足这一需求的仪表就是电池荷（充）电状态指示器。

基于化学原理的蓄电池是一个非常复杂的系统。电池性能取决于极板材料、电解溶液浓度、反应温度、充电状态、放置时间等诸多因素。充、放电时呈现明显的非线性和非常小的动态内阻，并且随着充电次数的增加，各特性参数均有变化。电池能够放出电量的多少与充电状态、放电方式有关。由于上述原因，对能源管理系统的参数进行准确检测。预测和设计一个先进的、有效的能源管理系统难度很大。

计算静态剩余电量时，应考虑电池放电电流、温度、电池老化和自放电等对容量的影响。剩余电量的预测可采用检测电压和内阻，进一步计算电量的方法。在实验室中，电量预测的精度可达到5%，但在电动汽车运行过程中，其指示精度难以长时间满足要求。

5.2.3 电池管理系统

电池管理系统是能源管理系统的一个子系统。电动汽车电池携带的能量是有限的，也是非常宝贵的。为了增加电动汽车的续驶里程，对电池系统进行全面的、有效的管理是十分重要的。蓄电池管理系统在汽车运行过程中需完成任务多种多样。其主要任务是保持电动汽车蓄电池性能良好，并优化各蓄电池的电性能和保存、显示测试数据等。具体来讲，可以归纳为表 5-1 中的五个方面。

表 5-1 蓄电池管理系统的主要任务

任务	测试仪	零部件
防止过充电	电压、电流、温度测试仪	充电器
防止过放电	电压、电流、温度测试仪	电动机控制
温度控制及平衡	温度测试仪	加热及制冷装置、温度平衡单元
能源系统信息提示	电压、电流及温度、充电状态、剩余容量测试仪	显示器
电池状态测试及显示	电压、电流及温度测试仪	显示器、PC 总线分析软件

（1）防止蓄电池过充电　在充电期间，蓄电池管理系统应能连续测量电池组的各个蓄电池的电压、温度等参数，并能根据检测得到充电状态、电池的电压、温度等参数，调整充电参数，控制充电器，并尽量使所有蓄电池的状态一致，在充电过程结束时，应能及时停止充电，防止电池过充电。

（2）防止蓄电池过放电　蓄电池过度放电将导致使用寿命缩短。因此，在放电期间，蓄电池管理系统应能监控电池的放电状态，并控制蓄电池组的放电过程，在每个蓄电池深度放电之前，停止放电过程，避免电池的过放电，使电能达到最佳利用。在放电结束时，蓄电池管理系统给出电机控制单元的最大放电电流的参考值，使蓄电池的电压保持在正常的范围内。

（3）温度控制及平衡　蓄电池的充电容量对温度特别敏感，电池组的各蓄电池应有相同的工作温度。因此，温度平衡系统变成了蓄电池管理系统的一部分。蓄电池管理系统应能测量各蓄电池的温度，并能通过加热和制冷方式控制蓄电池温度。

（4）能源系统信息提示　在电动汽车行驶中，为了使驾驶员能及时了解汽车可行驶的极限里程数和充电所需的时间等，蓄电池管理系统应能检测蓄电池的剩余容量等，并显示能源系统的有关信息。并对车上用电系统进行管理，以期到达电能的合理分配使用，最终实现节能、增加续驶里程的目的。

（5）电池状态测试及显示　为了保持蓄电池的优良性能，蓄电池管理系统应实时检测电池状态。根据驱动系统性能、电池温度、使用的时间等预测和显示剩余容量；提供蓄电池性能参数，存储整个过程中的数据并传给计算机；可对获得的蓄电池信息进行分析，提供电池的诊断、故障分析信息，以便于及时维护和更换，检测所有特性参数，为发现较差的蓄电池提供信息，便于早期发现容量已衰减的电池得到及时维护，对于电池不一致性严重的产品，这种功能非常重要。

5.3　混合动力汽车的能源管理系统

由燃料电池或者燃油发动机以及太阳电池与储能装置组成的混合动力汽车，其能量传递路线有四条。在每一条能量流动路线上的能量流的开始时刻、关闭时刻和大小等对整车的性能都有重要影响。能源管理系统属于车辆控制系统的一部分，应在车辆控制系统选定的工作模式下，对能量流的分配进行优化和最佳控制。

能源管理系统与车辆其他系统的关系可用图 5-2 所示的长安混合动力汽车的系统结构示意图予以说明。该车的动力源（能源）传递路径有四条，第一条途径是传统的四缸电喷发动机到轮胎；第二条途径是动力电池到轮胎；第三条途径是轮胎到动力电池组，在汽车下坡或制动工况时，由集成的发电机/电机 ISG（Integrated Starter and Generator）将汽车的再生或制动的能量存储在动力电池；第四条是由发电装置 ISG 到动力电池组。ISG 通过控制器和驱动器进行控制，电池能量管理系统对电池组的荷电状态进行控制。发电机由电控单元（ECU）和电子油门进行控制。混合动力系统中所有的控制子系统，通过 CAN 总线向多能源动力总成管理系统发送子系统运行信息，同时接受多能源总成管理系统的控制命令，混合动力系统的控制协调通过多能源总成管理系统实现。

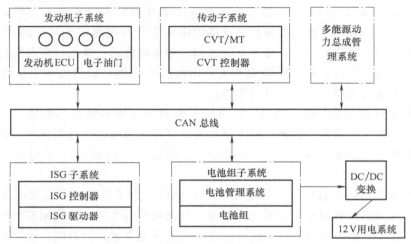

图 5-2　长安混合动力汽车的系统结构

MT（Manual Transmission）—手动换档变速器　CVT（Continuously Variable Transmission）—无极变速器

混合动力电动汽车的能源管理系统十分复杂，并且随系统组成的不同而呈现出很大差异。此处仅对其中比较简单的，由内燃机和储能装置组成的串联式混合动力汽车为例给予说明。

串联型混合动力汽车的发动机与汽车行驶工况没有直接联系，系统从外界获取能量的途径主要有三条，即由燃料化学能转变来的电能、由电网充入蓄电池的电能和回收的制动及减速能量。系统消耗的能量除了驱动车轮的动力能量外还有电机自身的损耗、电池充放电过程中的损耗、发动机/发电机组的损耗等。能源管理系统的目标是使发动机在最佳效率区和排放区工作，并尽量减少系统本身损耗，以实现最高的能量转换效率。串联型混合动力汽车的发动机能源管理系统的控制策略有多种，如"恒温器型"控制策略和"功率跟踪型"控制策略等。

"恒温器型"控制策略也称为开关型控制策略，其特点是让发动机开机后恒定地工作于效率最高点。为了保证良好的蓄电池组充放电工作性能，预先设定蓄电池充放电状态（State Of Charge，SOC）的最大值与最小值。当蓄电池的 $SOC = SOC_{min}$ 时，发动机工作并向蓄电池充电；当 $SOC = SOC_{max}$ 时，发动机便停止向蓄电池充电。

图 5-3 为"恒温器型"控制策略系统控制流程图，系统软件主要由系统初始化模块、数据采集模块、数据分析模块和数据显示模块组成。SOC_{max} 和 SOC_{min} 的数值分别设定为 80% 和 60%。系统主要功能包括监控电池组工作状况；根据电池

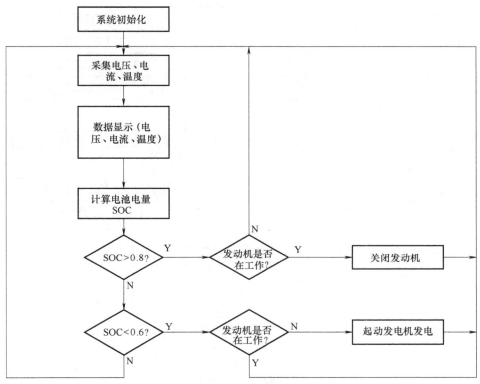

图 5-3 "恒温器型"控制策略系统控制流程

组电量自动起动或关闭发电机组,对电池组进行或停止充电;控制发电机控制器,监控和管理电机控制器。

"恒温器型"控制策略的优点是保证了发动机的最佳工作条件,因而发动机的热效率高、有害排放少。其主要不足是蓄电池充放电频繁,加上发动机起动、停止时的动态损耗,系统总的损失功率增大,抵消了由发动机工作于最高效率工况所带来的部分好处。

"功率跟踪型"控制策略的特点是由发动机全程跟踪车辆功率需求,仅在蓄电池 $SOC = SOC_{max}$ 且仅由蓄电池提供的功率能满足车辆需求时,发动机才停机或怠速运行。这种策略优点是可以采用小容量的蓄电池,使汽车的质量减轻,行驶阻力减小;另外,由于蓄电池充放电次数减少,因而系统内部损失减少。其主要缺点是发动机必须工作在较大的工况范围运行,发动机的平均热效率较低,有害排放较多。

图 5-4 所示为"功率跟踪型"混合动力汽车的能源管理系统的一个实例,该系统用于 WG6120HD 式混合动力城市公交车。在能源管理系统中建有公交线路数据库,并设定相应的营运控制模式。汽车运行中,对图中所示的各种信号进行实时采集,并对采集的数据进行分析处理,结合汽车的行驶状况,对各动力部件发出控制指令。系统中发动机的控制采用了功率跟踪的方式,即使发动机的输出功率响应

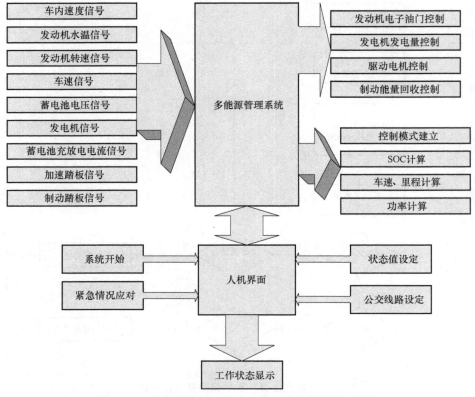

图 5-4　"功率跟踪型"混合动力汽车的能源管理系统

车辆需求功率的波动，进行自适应调整。发动机在相应控制模式设置的上下限进行自适应功率跟踪，以保证车辆动力性和发动机的负荷率。

5.4　FHEV 能源管理系统结构设计

在本小节中将分析燃料电池混合动力汽车（Fuel-cell Hybrid Electric Vehicle，FHEV）的各能量源的特性并进行了选型，然后据此比较、分析了目前存在的几种动力系统构成方案。根据整车能源管理的要求，设计了一种合适的 FHEV 能源管理系统结构。进而加深对新能源汽车能源管理系统有个更加直观的认识。

5.4.1　FHEV 能量源特性分析

1. 燃料电池特性分析

燃料电池带负荷后的输出电压-电流特性曲线如图 5-5 所示。从图中可以看出，燃料电池在加负荷的起始阶段，电压 U_{fc} 下降很快，并且随着负荷的增加，电流（功率）增大，输出电压也随着曲线以比普通电池大得多的斜率 R 下降，就是说燃料电池的输出特性相对较软。

燃料电池汽车作为一种交通工具，必须具有较强的机动性，以适应不同的路况正常行驶，如上坡、下坡、加速、减速、转弯、起停、制动等。这样燃料电池汽车的驱动功率就不可避免地会产生波动，这与燃料电池的输出特性相矛盾。当系统需求功率增加时，燃料电池输出功率增加，此时系统母线电压下降很快，不利于驱动电机发挥功率。当系统母线电压高的时候，输

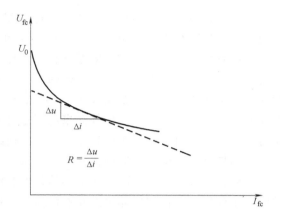

图 5-5　燃料电池带负荷后的输出特性示意图

出电流又很小，输出的功率也小，满足不了系统的功率需求；另一方面，若输出功率频繁波动会大大降低燃料电池的效率，反过来又影响其机动性。

因此，燃料电池不太适合作为单一的直接驱动电源，需要在燃料电池与汽车驱动之间加入稳压装置。一般使用 DC/DC 变换器（将在 5.4.2 节中具体讲解），让燃料电池和 DC/DC 变换器共同组成供电装置对外供电，从而稳定输出电压。此外还有必要引入辅助能源来覆盖功率波动、提高峰值功率，以改善燃料电池输出功率瞬态特性，降低燃料电池成本。

2. 车辆辅助能源的选择及其特性分析

（1）常见的车用辅助能源介绍　蓄电池可以作为燃料电池混合动力车的辅助动力源。动力电池的主要性能指标是比能量（Wh/kg），比功率（W/kg）和使用寿命等。作为动力电池，需要满足以下要求：①比能量高，它是保证电动汽车能够达到合理里程的重要指标；②比功率大，它涉及电动车的加速性能和爬坡能力；③连续放电率高，自放电率低；电池要能够适应快速放电的要求，自放电率要低，能长期存放；④免维护、电池循环使用寿命长；⑤安全可靠，利于回收避免污染。因此，对比了众多的蓄电池，采取镍氢（Ni-MH）蓄电池是较为合适的。镍氢蓄电池早在 1992 年就投放市场，属于碱性电池，其比能量达到 75～80Wh/kg，比功率达 160～230W/kg，循环寿命超过 600 次，并具有化学性质稳定，无毒性、无致癌物质等特点。资料显示该电池曾装在几种电动汽车上使用，其中一种车一次充电可行驶 345km，有一辆车一年中行驶了 8 万多公里。估计随着镍氢蓄电池技术的发展，其比能量可超过 80Wh/kg。循环使用寿命可超过 2000 次。丰田的三代混沌系统均采用镍氢电池，可见镍氢电池的安全性，可靠性和其寿命已经有着相当的保证。

超级电容具有广泛的用途。与燃料电池等高能量密度的物质相结合，超级电容器能提供快速的能量释放，满足高功率需求，从而使燃料电池可以仅作为能量源使

用。目前，超级电容器的能量密度可高达 20kWh/kg，已经开始抢占传统电容器和电池之间的这部分市场。超级电容器的 ESR 值很低，从而可以输出大电流，也可以快速吸收大电流。同化学充电原理相比，超级电容器的工作原理使这种产品的性能更稳定，因此超级电容器的使用寿命更长，它无疑是一个很理想的电源。当然，超级电容由于原理上的因素也存在一定的缺点，由于漏电流的存在，需要旁路电阻来控制整个单元的漏电流；另外如果电压超过单元的额定电压，将会缩短单元的使用寿命。对于高可靠性超级电容器来说，如何维持电压在要求的范围内是关键的一点，必须控制充电电压，以确保它不超过每个单元的额定电压。

此外，超高速飞轮也可以作为储能装置在混合动力电动汽车中使用。它采取旋转的转子储能，用作辅助能量源具有能量高，比功率大的特点。可以使主能源工作于高效率区，提高了整个系统的能量利用效率。在混合动力传动方案中，飞轮的选择要考虑飞轮壳体和附件的重量，合理选择工作转速范围，飞轮转子的最大比能量，与主能源和功率输出装置一起工作时，满足飞轮能量效率特性的最佳转子负荷特性设计等。

（2）镍氢蓄电池的工作特性　目前，镍氢蓄电池的单体额定电压为 1.2V，有圆筒形和方形两种结构。圆筒形是由片状的正极板和负极板夹上隔板卷绕后，装入容器中而成；方形是由中间夹有隔板的正极板和负极板叠加后，装入容器中而成。本系统中采用的是方形电池，体积小，有利于车上安装。为了确保镍氢蓄电池工作的可靠性，在蓄电池的顶端一般都装有排气阀。当电池内部压力达到一定程度时，就向外排气，避免电池在使用不当（如以过大电流充、放电等）时发生爆裂。在使用 Ni-MH 电池时，需注意以下两点：一是要确保电池和所连接的整机安全；二是要注意合理地进行充、放电，以获得高于电池额定值的可靠性和充放电寿命，尤其要防止过充电，通常采用检测和控制充电状态的方法防止电池过充电。

由于镍氢蓄电池具有较高的比能量（60～70Wh/kg）、较高的比功率（150～250W/kg）、寿命长（500～1000 次循环）、材料来源丰富（特别是我国的稀土资源丰富）、环保特性、放电曲线平坦（与 Ni-Cd 蓄电池类似）和快速充电性能（与 Ni-Cd 蓄电池类似）等优点，被认为能满足电动汽车使用的近期目标。但目前阻碍其应用的一个重要问题是初始成本高，而且有记忆效应和充电发热严重等问题。

5.4.2　FHEV 混合动力结构及方案设计

燃料电池由于其特性曲线较软的特点，不适宜作为电动汽车的唯一驱动能源，必须采用辅助能源与之配合，才能构成整个燃料电池电动汽车的动力系统。而动力蓄电池由于其各方面都具有成为车载辅助能源的优势，完全可以能与燃料电池匹配构成多能源动力系统为整车提供能量。与能量相互匹配必须要有相关的通信系统 CAN 总线。

1. 不同的连接结构

由于燃料电池和辅助动力电池提供的都是电功率，它们将各自的功率输出到直流母线上去，然后通过电机带动传动系。因此从实质上来说它是一个并联的系统。当然，在并联方案上也有很多不同的拓扑结构：

（1）镍氢蓄电池组并联直连混合方案　燃料电池经单向 DC/DC 变换器后与 Ni-MH 电池组直接并联，并通过电机控制器为电机提供电能（见图 5-6）。控制方案一般采用功率取电方式，通过相应工况下的踏板信号给定负荷的功率需求，使单向 DC/DC 斩波控制燃料电池的输出功率，并与镍氢蓄电池组并联，共同向电机供电。

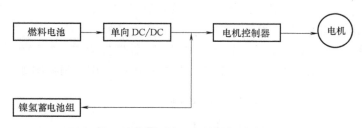

图 5-6　镍氢蓄电池组并联直连混合方案

引入的单向 DC/DC 变换器，将燃料电池的输出电压和系统电压分开，功率母线上的电压可以设定的较高，一方面在固定输出功率下可以降低驱动系统电流值，有利于延长各功率元器件的寿命；另一方面更高的系统电压可以充分满足动力电池的充电需要。最重要的是，单向 DC/DC 的引入可以有效地解决燃料电池输出电压受功率变化影响较大的缺点。

（2）并联混合方案　该方案在前一方案的基础上，在镍氢蓄电池组与直流母线间也增加了一个双向 DC/DC 转换器，对辅助能源的输出加以控制，这是考虑了镍氢蓄电池特性后为使其安全稳定工作的改进方案（见图 5-7）。

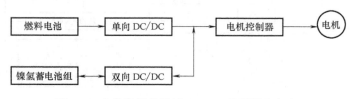

图 5-7　主辅能源均通过 DC/DC 并联混合方案

但是此方案仍采用功率取电方式工作，因此并未对上一方案有实质改进，并且增加的一套双向 DC/DC 转换器降低了镍氢蓄电池组的能量转换效率也增加了系统开发的成本。

（3）燃料电池并联直连混合方案　该方案的燃料电池与电机控制器之间能量是单向流动的，镍氢蓄电池的输出能量可以通过能源管理单元输送到母线上。电机回馈能量通过能源管理单元后由镍氢蓄电池组吸收（见图5-8）。

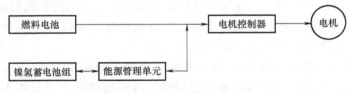

图5-8 燃料电池并联直连混合方案

我们可以看到，这种方案利用能源管理单元中的主要部件双向功率变换器来实现控制，从成本及其拓扑结构的复杂程度以及工程实现上来说，不如第一种方案对控制策略修改更加方便，对系统的设计、改造更加高效。

2. 能量流动与 CAN 总线

由于燃料电池电动汽车运行的特殊情况，在控制方面有一些特殊的要求，从能量（功率）流的角度出发，FCEV 能量流控制系统的工作原理框图如图5-9所示。

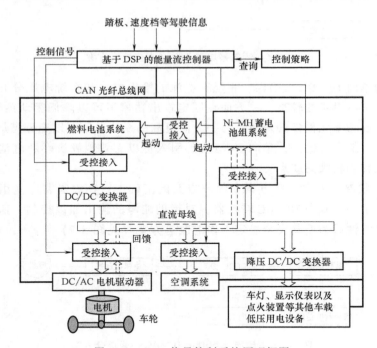

图 5-9 FCEV 能量控制系统原理框图

能源管理系统主要由能量流控制器、燃料电池、Ni-MH 电池组、DC/DC 变换器和 CAN 总线等几个主要部分组成，粗线箭头表示能量流动的方向，粗实线为 CAN 总线通信网络，细实线箭头表示控制信号及输入信号流向，虚线箭头表示再生制动时的能量回馈方向。燃料电池和镍氢蓄电池组采取这种并联的组合结构，既可以让燃料电池长时间、高效、稳定向外供电，又能发挥镍氢蓄电池组响应快、能量回馈容易的特点，以弥补燃料电池由于成本和体积等因素导致最大功率难以提高的不足和无法实现再生能量回收的缺陷。同时也使系统结构简单明了，利于进一步开发和利用。

3. CAN 总线

如果把上述能量流控制器比作人的"大脑"，那么 CAN 总线就是人的"中枢神经"，大部分控制命令和状态信息都要通过 CAN 总线传送和接收。

控制器区域网络（Controler Area Network，CAN）属于现场总线的范畴，它是一种有效支持分布式控制或实时控制的串行通信网络。CAN 总线最初是由德国BOSCH 公司为解决汽车监控系统中的诸多复杂技术和难题而设计的数字信号通信协议，它属于总线式串行通信网络，ISO 于 1993 年 11 月正式颁布了关于高速通信控制器区域网络（CAN）的国际标准（ISO 11898）。由于采用了许多新技术和独特的设计思想，与同类产品相比，CAN 总线在数据通信方面具有可靠、实时和灵活的优点，在汽车电气系统以及其他一些实时控制单元中得到了广泛的应用。

为使设计透明和执行灵活，遵循 ISO/OSI 标准模型，CAN 总线结构划分为两层：物理层和数据链路层（包括逻辑链路控制子层 LLC 和媒体访问控制子层MAC）。其中物理层类似于 RS-485，LLC 子层为数据传递和远程数据请求提供服务；MAC 子层的功能主要是传送规则，即控制帧结构、执行仲裁、错误检验、出错标定和故障界定等。

CAN 总线的主要特点：

1）CAN 为多主总线，网络上的任意节点在任意时刻都可以主动地向其他节点发送信息，不分主从、方式灵活；

2）通信介质可以用双绞线、同轴电缆或光纤等；

3）CAN 支持优先级处理，网络节点依据优先权进行总线访问，以满足和协调不同的实时性要求；

4）基于优先权的无破坏性仲裁，按优先级高低顺序通信，节省总线冲突仲裁时间，避免网络瘫痪；

5）通信速率最高可达 1Mbit（40m），最长传递距离达 10km（速率≤5kbit）；

6）网络节点目前可达 110 个，报文标志符 2032 种（CAN2.0A），扩展标准（CAN2.0B）中报文标志符几乎不受限制；

7）短帧数据结构，传输时间短、抗干扰能力强、检错效果好，网络节点在错误严重的情况下可以自动关闭输出功能，脱离网络。

CAN 总线有两种标准，即 CAN2.0A 和 CAN2.0B，目前广泛使用的是CAN2.0B 标准。CAN2.0B 包含标准信息帧（11bitID）和扩展信息帧（29bitID）两种格式，CAN2.0B 网络中有 4 种不同类型的帧：数据帧、远程帧、出错帧和超载帧，最常见的是数据帧和远程帧每种帧有其相应的帧格式。美国汽车工程师协会（SAE）已经针对载货车和大客车制定了 SAE J1939 协议，但是作为拥有更多电子设备的轿车，却还没有统一的应用层协议。

CAN 总线自诞生之后就被广泛地应用于工业控制领域，特别是在汽车行业中，有着其特殊的优越性：CAN 总线可以很方便地将分布于汽车内不同位置的监测模块所采集到的信息送给中央处理器进行处理，并且中央处理器可方便地通过 CAN 总线向各控制节点发送控制命令，实现对整车的控制；将 CAN 总线应用于汽车控制系统中，有利于促进系统的智能化，提高其可靠性，获得较好的性价比。目前，基于 CAN 总线的车辆控制系统已经被 BMW、福特等世界上多家大型汽车制造商所采用，它已经成为当今车辆控制系统发展的潮流与趋势。

5.4.3　FHEV 能源管理系统结构设计

驾驶员通过方向盘和踩踏板来控制车辆行驶。踏板命令的大小决定了车辆行驶的转矩需求。将目标转矩和实际转矩的差值作为一个重要的输入参数，通过能源管理系统可对燃料电池发动机的输出功率进行控制，进而将其转化成电机的输出转矩。这样，实际上整个系统是通过对输出转矩的闭环控制来实现整车能源管理的功率分配。当需求转矩大于实际转矩时，车辆表现为加速行驶；当需求转矩等于实际转矩时，车辆表现为巡航行驶；当需求转矩小于实际转矩时，车辆表现为减速行驶；当需求转矩小于零时，车辆进行减速制动状态。通过分析，可以看到对车辆电机转矩的控制可以达到控制车辆行驶状态的目的。并且，车辆在不同行驶状态下的能源管理目标不尽相同。

当车辆处于驱动模式时，燃料电池发动机是单向、向外输送功率的；当车辆处于制动模式时，由于燃料电池不支持能量的双向流动，因此燃料电池发动机就与直流母线断开了，由辅助动力电池接收电机回馈的能量。

据此，我们提出针对这两类情况采取不同的能源管理系统结构。

1. 驱动模式下能源管理系统结构设计

在驱动模式下（见图 5-10），系统首先采集踏板命令将它解释成为需求转矩，然后通过闭环回路采集电机的实际转矩，得到转矩差值。再结合道路类型、SOC 状态以及电机当前转速等信息，通过模糊神经网络控制器得到燃料电池发动机的输出功率增量。最后采集燃料电池发动机实际输出功率。得到的燃料电池发动机总输出功率的控制命令发送给 DC/DC，由 DC/DC 将能量输出到直流母线上，与镍氢蓄电池并联为电机提供能量。

在这里，系统的实际输入量为需求转矩；系统的输出量为 FC 的给定功率，将它传送给 DC/DC，就可以按控制策略实现能源管理。

2. 制动模式下能源管理系统结构设计

当转矩需求为负时，车辆处于减速制动模式。电机工作在第二象限，处于发电状态。此时，电机将能量回馈到直流母线中。由于燃料电池发动机只能单向传输能量，因此辅助镍氢蓄电池成为回收能量的唯一储能部件。然而，当车辆负荷过大

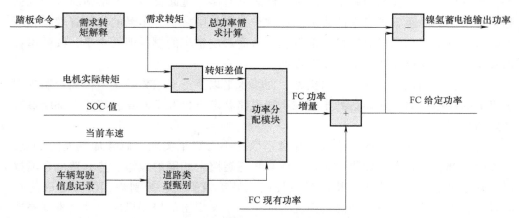

图 5-10　FHEV 驱动模式下的能源管理系统结构

时，电机的回馈能量达到上限，过小的再生制动转矩不能满足制动转矩的需要。为了使车辆及时制动，保障行车安全，还需要通过机械摩擦制动来共同完成制动过程。由于我们普遍使用的是前轮驱动的车辆，不加调整的在驱动轮和非驱动轮上施加制动力矩会导致车辆侧滑，因此需要在驱动轮上和非驱动轮上按要求进行机械制动转矩的分配模块（见图 5-11）。

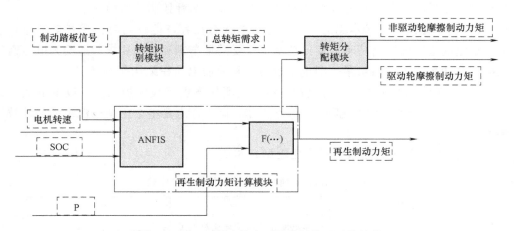

图 5-11　FHEV 制动模式下的能源管理系统结构

在这里，系统的输入为制动踏板信号；系统的输出为再生制动力矩 T，将它送给电机控制器就可以按控制策略实现能量的回收。

5.4.4　FHEV 能源管理模式研究

1. 基于工况的控制策略研究

很多文献都是针对单一的道路类型进行策略的设计和研究。简单的采取这种思路，会形成单一的控制规则集，这种控制思路忽略了道路类型、拥堵情况以及驾驶趋势等给车辆能源管理带来的影响。在这种控制规则之下，车辆的能源管理系统不可能对能量分配和消耗进行最优的管理，从而影响整车的燃料消耗水平、续驶里程以及车辆在不同道路条件下的动态性能。

因此，我们提出了基于道路类型、拥堵水平以及行车趋势的多个模糊控制规则子集下的控制思路。从而达到车辆在不同道路状态下以及不同驾驶趋势下都能够有良好的表现。

例如，在高速路上的加速减速都是采取的小力矩来实现，而且加减速的特点，持续时间都有其特点。如果一味地采取与普通道路上相同的策略，势必造成车辆提速、减速过猛（这是由于力矩的模糊控制论域等级不变，控制规则不变造成的），同时也会无谓地增加更多的燃料消耗。而采取本文提出的控制思路，就会根据高速路上的行车特点和驾驶趋势判断，给出合适的力矩变化的领域等级，同时在向适应的控制规则下进行能量的控制和管理，以图燃料消耗量降低、乘坐舒适感提升、车辆行驶更加安全可靠。

2. 基于控制对象的控制策略研究

通过对车辆的控制目标的分析，可以看到 FHEV 是两个能量源匹配，进行能量流动的。因此，以谁为主进行控制成为一个问题。目前，按燃料电池和蓄电池之间分配的控制策略来分，可分为功率跟随式和开关式两种控制策略模式。

1）功率跟随式的基本思路：当电池荷电状态在容许范围内时，燃料电池应在某一设定的范围内输出功率，输出功率不仅要满足车辆驱动的要求，还要为电池组充电，该功率称为均衡功率（对电池进行了补充使电池在最佳荷电状态）。

2）开关式的基本思路：对燃料电池氢气消耗量进行最优控制，即以最低氢气消耗为目标调节燃料电池在某一工作点工作，该工作点是整个燃料电池组的最佳效率点。

FHEV 能源管理控制策略模式比较见表 5-2。

表 5-2　FHEV 能源管理控制策略模式比较

	控制目标	优　点	缺　点
功率跟踪模式	蓄电池处于荷电最佳状态	蓄电池处于浅循环充放电工作状态；可以延长电池工作寿命；能及时为车辆提供足够的辅助动力	燃料电池的工作点在一定范围内进行调节，增加对燃料电池发动机系统的控制难度
开关工作模式	燃料电池处于效率最佳状态	燃料电池工作点固定；不需要考虑蓄电池的充放电状态，控制策略设定相对简单	蓄电池处于较深的充放电循环，影响电池工作寿命；当 SOC 较低时可能不能满足车辆的功率需求，影响车辆的动态性能

5.5　动力锂离子电池管理系统的总体方案设计

5.5.1　锂离子电池的外特性

锂离子电池的外特性是指锂离子电池电压、充放电电流、使用寿命、过充、过放及过温现象，这些外特性是研究和开发动力锂离子电池充电器及其管理系统的基础。

1. 锂离子电池电压

锂离子电池的开路电压与电池的正负极材料、电池的充电状态有关，目前锂离子电池的额定电压为 3.7V（有的产品为 3.6V）。充满电时的终止充电电压与电池阳极材料有关，石墨的阳极材料为 4.2V；焦炭的阳极材料为 4.1V。锂离子电池的终止放电电压为 2.5~2.75V（由生产厂家给出工作电压范围或给出终止放电电压，各厂参数略有不同）。低于终止放电电压继续放电称为过放，过放对电池会有损害[14]。单体锂离子电池与镍镉、镍氢蓄电池电压的对比见表 5-3。

表 5-3　单体锂离子电池与镍镉、镍氢蓄电池电压的对比

	充电终止电压/V	额定电压/V	放电终止电压/V
镍镉蓄电池	1.43	1.2	1.11
镍氢蓄电池	1.43	1.2	1.11
锂离子电池	4.2	3.7	2.75

由表 5-3 可知单体锂离子电池电压相当于镍镉、镍氢蓄电池电压的 3 倍。为了得到同样的端电压需要锂离子电池的数目只是镍镉、镍氢蓄电池数目的 1/3。

但是锂离子电池对过充电和过放电十分敏感，所以它要求精密的充放电电路以保证充电的安全。终止充电电压精度允差为额定值的±1%（例如，充 4.2V 的锂离子电池，其允许误差为±0.042V），若充电电压过高将会影响电池寿命，甚至造成过充现象，对电池造成永久性的损坏；若充电电压过低，又会使充电不完全，电池的容量得不到最大的发挥，使电池的可使用时间变短。

2. 锂离子电池的充放电电流

锂离子电池对充放电的最大电流都有一定的限制，所以充电时电流应根据电池生产厂家的建议，并要求有限流电路以免发生过电流。一般常用的充电率为 0.25C，在大电流充电时往往要检测电池温度，以防止过热损坏电池或产生爆炸。

同样，锂离子电池也不适合用作大电流放电，过大电流放电时会降低放电时间（内部会产生较高的温度而损耗能量），同时对电池的组成物质造成损坏、减少电池容量和使用寿命。因此，电池生产厂家会给出最大放电电流，一般限制在 2C 左右，在使用中应小于最大放电电流。

3. 锂离子电池的使用寿命

锂离子电池和其他电池一样，也存在使用寿命的问题。在使用正确的前提下，其容量也会随着循环次数慢慢减少，造成这一现象的原因主要有以下两点：

1）负极材料（石墨）中的锂逐渐被电解质氧化，造成可使用的锂离子数目减少；

2）在循环中，正极材料的老化，使晶状结构慢慢遭到破坏，可容纳的锂离子数目减少。

4. 锂离子电池的过充、过放及过温现象

1）过充现象：当加在锂离子电池两端的电压超过 4.5V 时，就会发生过充现象。过充时，负极的石墨嵌入的锂离子完全饱和，锂将在负极沉积下来，形成锂枝晶，使电池的容量减少；同时电池继续从正极抽取过量的锂离子，造成正极材料的活性降低，也会使电池的容量减小。

2）过放现象：是电池电压低于放电终止电压后，仍继续放电使电池电压继续降低。过放时，电极产生晶枝，电路迅速短路。虽然此时由于电池已经完全放电，不会造成安全方面的问题，但是电池液已经遭到了不可恢复的破坏，不能再继续使用了。

3）过温现象：锂离子电池对温度有一定要求，电池生产厂家会给出充电温度范围、放电温度范围及保存温度范围。若超过给定的温度则发生过温，过温时，锂离子电池中的活性物质与电解液可能会发生化学反应，产生更多的热量。而电解质中存在可燃的有机溶剂成分。在这种情况下，电池温度将失去控制，越来越高，最终导致电池燃烧，甚至爆炸。

根据以上分析的锂离子电池外特性，可将锂离子电池的充电过程分两个阶段进行，首先用恒流充电到 4.2V±0.05V，即转入 4.2V±0.05V 恒压的第二阶段充电，恒压充电电流会随着时间的推移而逐渐降低，待充电电流降到恒流充电电流的 0.1 倍时，表明电池已充到额定容量的 93% 或 94%，此时可认为基本充满，如果继续充下去，充电电流会慢慢降低到零，电池完全充满。当然，为防止对过放的电池进行大电流的恒流充电，要先检测各单体锂离子电池的端电压，若发生过放现象，则要以恒流充电电流的 0.1 倍对电池进行预充电，直到其端电压上升到终止放电电压以上再进行大电流的恒流充电。

5.5.2　锂离子电池的管理系统

根据上面介绍的锂离子电池外特性可知，锂离子电池对充放电电流、充放电截止电压、充放电过程中的温度等都有苛刻的要求，所以对锂离子电池设计性能优良的管理系统很有必要。而以电动自行车、电动摩托车和电动汽车的车载动力电池为代表的动力锂离子电池对管理系统要求就更加苛刻了，因为动力锂离子电池管理系统不仅要考虑到每个单体锂离子电池的外特性，不能让任何一个单体锂离子电池过

充或者过放，而且还必须考虑到在动力锂离子电池组进行充放电时各个单体锂离子电池之间的电压均衡问题，所以这就对电池管理系统提出了更高的要求。所以动力锂离子电池管理系统主要由以下两个单元组成：

1）对动力锂离子电池运行状态的各种参数进行检测并执行相应动作以实现对电池的保护单元；

2）对动力锂离子电池组中各单体锂离子电池充放电时的电压进行均衡的单元。

1. 总体方案的选取

下面研究开发的动力锂离子电池充电器及管理系统，是针对高尔夫球车的动力锂离子电池而设计的，容量为30Ah，14节串联，3.7V/节，额定电压为51.8V。动力锂离子电池充电器及管理系统的总体结构示意图如图5-12所示。

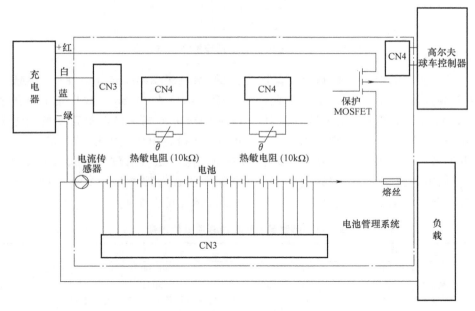

图 5-12　动力锂离子电池充电器及管理系统总体结构示意图

由图5-12可知，本系统分为充电器和管理系统两部分。充电器的作用是将220V/50Hz的市电转化为动力锂离子电池所需要的电压并提供足够的功率；管理系统如图5-12中点画线框所示，其作用是实时检测电池的运行状态（电池电压、电流和温度），根据电池的运行状态做出相应的保护和执行动作，并将电池的运行状态参数提供给充电器和电子控制单元（ECU），从而使充电器和控制器做出相应的动作。

2. 动力锂离子电池管理系统的分析和总体设计

对于电池管理系统，需要监测电池的电压、电流和温度，根据这些所测的数据对电池进行过电压、过电流和过温保护，并根据所测得的电流值和电压值利用安时法和开路电压法对电池的荷电状态（SOC）进行预测。动力锂离子电池管理系统总体方案如图5-13所示。

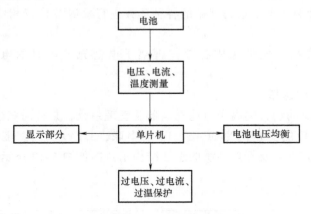

图5-13　动力锂离子电池管理系统总体方案

　　本设计所用的电池是杭州万向集团生产的IMP160/240/265（51.8V、30Ah），由14节容量为30Ah的单体电池串联而成，额定电压为51.8V，截止充电电压为58.8V，充电方式为先恒流再恒压，即CC/CV的充电方式。该电池正常的充电方式是在20℃±5℃时，充电电流大小为0.25C（7.5A），单体电池达到4.2V后，当充电电流减小为0.025C（0.75A）时，则停止充电。正常的放电方式是在20℃±5℃时，放电电流大小为0.25C（7.5A），当单体电池达到减小到2.8V，则停止放电。所以针对该电池的电池管理系统的各项设计指标见表5-4。

表5-4　电池管理系统的各项设计指标

主　要　指　标	对　应　数　值
充电器输入电压	30~60V
待充锂蓄电池容量	30Ah
单体间的平衡性	最高单体电压和最低单体电压之差不超过0.1V
单体电池放电限制电压	2.80V±0.05V
单体电池上限保护电压	4.20V±0.05V
静态工作电流	<160mA
电池过温度报警值	50℃
电流采样误差	<0.3A
电压检测误差	<0.01V
工作温度	−20~+50℃
相对湿度	0%~90%
存储温度	−25~+70℃

3. 电池状态参数检测电路分析与设计

　　对电池状态参数的监控主要是检测电池的电压、电流和温度，并对出现异常的电压、电流和温度执行必要的措施。具体方案选择如下：

（1）对电池电压的检测 根据上一章可知锂离子电池对电压的要求特别苛刻，尤其是对过充电压的要求误差不超过1%，也就是不能超过0.042V；而且要对动力锂离子电池组的每个单体锂离子电池电压进行均衡，所以必须对每个单体锂离子电池的电压进行实时检测。针对本设计的14节单体电池串联组成的动力锂离子电池，从使用简单的角度去考虑，采用了比较器直接测量法测得每个单体电池的端电压。因为选用的单片机只有4个A/D转换口，所以在14个单体电池电压进入单片机之前要选择两个多路开关，让单片机的一个A/D转换口巡回地读出这14个单体电池的电压。

（2）对电池充放电电流的检测 为了防止在充放电过程中以过大的电流对电池进行充放电，而且要根据安时法预测电池的SOC，所以必须对电池的电流进行检测。考虑到用安时法预测电池的SOC时需要的电流的准确度较高，采用日本田村电子株式会社生产的高精度电流传感器L18P。L18P电流传感器成本低、免校正，内置温度补偿电路体积小，在电路板上安装方便。测量DC额定电流为1~60A，最大电流为9~180A，供电电源为±15V，输出电压信号为±4V，在3~30A时准确度为0.5%，30~60A时准确度为1%。

（3）对电池温度的检测 根据第1章锂离子电池外特性可知，电池必须在合适的温度条件下储存和工作，所以必须对电池的温度进行检测。而本设计有14节单体电池，必须对每一节电池进行温度检测，即用14个热敏电阻对电池温度进行检测，然后再通过两个三位的多路开关，让单片机的一个A/D转换口巡回地读出这14个测电池温度的参数，和测电池电压的方法相似。从实用简单的角度考虑，选用高精度的AT502F3470FA热敏电阻，AT502F3470FA是负温度系数的热敏电阻，测温范围为-40~125℃，准确度为1%。

4. 电池电压均衡分析和方案设计

由于组成动力锂离子电池中，各单体电池电压在生产和使用过程中会或多或少地存在差异，为了延缓这种电压差异随着电池的使用越来越大，所以必须在充放电过程中，对其进行电压均衡，即在充电过程中让电压高的电池电压升高得尽量慢，在放电过程中让电压低得电池电压降低得尽量慢。

目前的电池电压均衡方法有能量消耗型和非能量消耗型，能量消耗型的电池电压均衡主要是指电阻放电法，非能量消耗型的电池电压均衡有飞速电容法和能量转化法。

从实用性和简易性角度出发，采用能量消耗型的电阻放电法，其电路原理图如图5-14所示，其工作的基本原理是，充电过程中，当检测到某一节电池的电压高于平均值0.05V时则闭合该开关S对电池进行充电均衡；在放电过程中，当检测到某一节电池的电压低于平均值0.05V时则闭合开关S，通过放电电阻的分流使该节电池相对放电电流减小，减缓该节电池放电电压的下降速度以达到与其他电池的

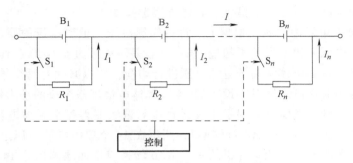

图 5-14　电阻放电法电压均衡电路原理图

电压均衡。

5. 电池荷电状态预测分析和方案设计

电池荷电状态（SOC）是描述电池剩余电量的参数，是电池使用过程中的重要参数。对电池 SOC 预测的前提是对 SOC 有准确的定义。目前较统一的是从电量角度定义 SOC，剩余电量与额定电量的比值。但是本文根据锂离子电池工作电压变化大的特点从能量角度定义 SOC，即 SOC 为

$$SOC = \frac{剩余可用能量}{总的可用能量} \tag{5-1}$$

总的可用能量用额定电压和总的容量相乘而得，剩余的能量用剩余的容量和实时电压相乘而得，剩余的容量用目前较流行的安时法和开路电压校正法相结合得到。

5.5.3　电池管理系统硬件设计

1. 电池管理系统控制芯片介绍

从实用性和经济性角度考虑，应选择 UPD78F9234 芯片作为电池管理系统的控制核心。UPD78F9234 是日本 NEC 公司生产的一款主要应用于汽车电子、家用电器和工业设备的单片机芯片，它具有较高的性价比，具有 30 个引脚，其性能完全能够满足电池管理系统的要求。

2. 外围电路设计

电池管理系统主要是根据电池的各项参数变化情况，对其进行各种各样的控制，所以对电池的各项参数进行采集就显得格外重要。

（1）电压的采集　由于本设计是 14 节单体电池串联而成，要测每个电池的电压，而 UPD78F9234 芯片只有 4 个 A/D 转换通道，所以必须要利用多路开关，在这里采用了 74HC4051 实现对多个单体电池电压的巡检。针对单体电压的测量，为了得到较高的精度，本设计采用差分的方法如图 5-15 所示。

它是由运算放大器组成的减法电路，其中 $R_1 = R_2 = R_3$，每只电池电压 U'_n 对应

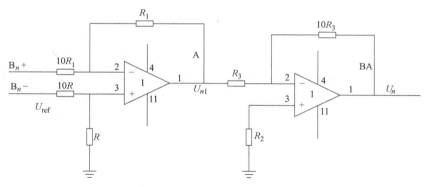

图 5-15　电池电压采样电路

一个减法电路。B_n+为第 n 只电池正极相对于大地的电压，B_n-为第 n 只电池负极相对于大地的电压，根据计算可得

$$U'_n = \frac{R}{10R}(U_n^- - U_n^+) \tag{5-2}$$

$$U_n = -\frac{10R}{R}U'_n \tag{5-3}$$

由式（5-2）、式（5-3）得 $U_n = U_n^+ - U_n^-$，因为多只锂离子电池组的最高电压一般会超过运算放大器的最高电压，所以在减法电路中采用电压衰减，然后进行放大。因为进行放大的倍数相同，所以可将第二个运算放大器放到多路开关 74HC4051 之后以节约成本。

（2）电流的采集　在对电池的 SOC 进行预测时，采用安时法和开路电压法结合的方法，对于用安时法预测 SOC 来说电流的精度是至关重要的，所以这里采用了 L18P 电流传感器，由于其输出范围为 ±4V，而 UPD78F9234 的 A/D 采样口只能采集 0～5V 的信号，所以必须将 ±4V 的信号转变为 0～5V 的信号，即实现：

$$U_0 = \left(1+\frac{5R}{8R}\right)\frac{4R}{4R+9R}\times 5V - \frac{5R}{8R}\times U_{in} = \frac{13}{8}\times\frac{4}{13}\times 5V - \frac{5}{8}\times U_{in}$$
$$= 2.5V - 0.625U_{in} \tag{5-4}$$

可用运算放大器实现式（5-4），其原理图如图 5-16 所示，其中，$R_1 = R_2$。

（3）温度的采集　温度采样的电路图如图 5-17 所示，其中，R_t 是热敏电阻 AT502F3470FA，它具有负温度系数，从而可根据运算放大器的输出电压的变化来判断电池的温度。

（4）过电流、过电压、欠电压、温度保护　当监测到电池有过电流、过电压、欠电压、过温时，单片机会给驱动电路一个信号从而控制电池管理系统内的 MOS-FET 迅速关断保护电池。其驱动电路如图 5-18 所示。

在正常的充放电情况下，电池管理系统是不会给晶体管 V_1 高信号，所以 V_1

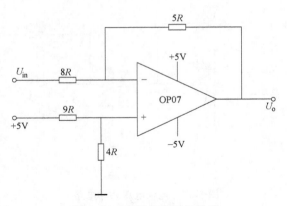

图 5-16 电流信号转换电路

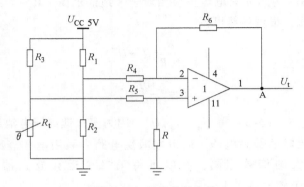

图 5-17 温度采样电路

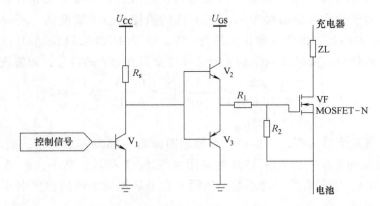

图 5-18 电池管理系统内的 MOSFET 保护驱动电路

是断开的，则 V_2 是导通的，V_3 是截止的，这样 VF 就是导通的，即充电器给电池正常充电；当出现过电流、过电压、欠电压、过温现象时，电池管理系统是会给 V_1 一个高信号，所以 V_1 导通，则 V_2 断开，V_3 导通，这样 VF 就关断了，即充电器和电池断开，这样可以很好地保护充电器和电池。

（5）均衡电路设计　本设计的均衡电路采用电阻放电法，其电路如图 5-19 所示，放电电流设计为 100mA，根据工程实际放电电阻采用三个 100Ω 的电阻并联得到，由式（5-5）、式（5-6）得，所以实际的放电电流为 91~127mA。

$$I_{fmax} \approx \frac{4.2V}{33\Omega} = 127mA \qquad (5-5)$$

$$I_{fmin} \approx \frac{3V}{33\Omega} = 91mA \qquad (5-6)$$

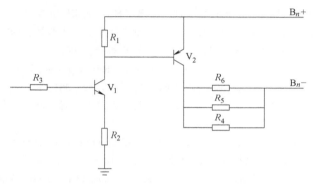

图 5-19　均衡电路

均衡电路如图 5-19 所示，其控制端 R_3 接单片机，B_n+接电池单体的正极，B_n-接电池单体的负极。其中，R_4、R_5、R_6 为三个放电电阻。V_1 为驱动电路。当电池电压与平均值的差值大于 0.05V 时，V_1 在单片机的控制下导通，使 V_2 的基极电平为低，V_2 导通，电池单体通过 R_4、R_5、R_6 放电。

参 考 文 献

［1］　Elias M F M，Nor K M，Rahim N A，et al. Lithium-ion Battery Charger for High Energy Application ［C］. Power Engineering Conference，2003：283-288.

［2］　Qiu Ruizhen，Shi Yunhai，Qin Xingcai. High Power Lithium Ion Battery Used for Electric Bicycle ［C］. The Sixth China International Battery Fair，（CIBF2004），Beijing，2004：528-534.

［3］　Deli Hao，Boliang Wang，Xikang Feng，et al. Development of Li-ion Battery for Electric Vehicle ［C］. Power Engineering Conference. Beijing，2004：CD-ROM.

［4］　科普技术汇编-锂离子电池技术 ［G/OL］. http：//www. yzinfo. gov. cn.

［5］　闫俊美，杨金贤，贾永忠. 锂蓄电池的发展与前景 ［J］. 盐湖研究，2004（4）：58-62.

［6］　Akira Yoshino. Recent Developments on the Lithium Ion Battery Technology in Japan ［C］. Proceedings of the China International Battery Fair 2001，Beijing，2003：121-122.

［7］　Chatzakis J，Kalaitzakis K，Voulgaris N C，et al. Designing a New Generalized Battery Management System ［J］. IEEE Transactions, Industrial Electronics, 2003, 50 （5）: 990-999.

［8］ Freeman D. Battery Managenment Tackles Alternative Battery Technologies in Advanced Portable Systems ［C］. WESCON/94. 'Idea/Microeletronics'. Conference Record, 2004: 303-308.

［9］ 王兆安, 黄俊. 电力电子技术 ［M］. 北京: 机械工业出版社, 2004: 111-114.

［10］ Cheng KWE, Choi WF. Development of Intelligent Rapid Batteries Charger ［C］. Power Electronics System and Applications, 2004. 2004 First International Conference on 9-11 Nov. 2004: 243-246.

［11］ Chan C C. The 21st Century Green Transportation Means-Electric Vehicles ［M］. Beijing: Tsing Hua University Press, 2000.

［12］ 陈清泉, 孙逢春, 祝嘉光. 现代电动汽车技术 ［M］. 北京: 北京理工大学出版, 2002.

［13］ 万沛霖. 电动汽车的关键技术 ［M］. 北京: 北京理工大学出版社, 1998.

［14］ 胡骅, 宋慧. 电动汽车 ［M］. 北京: 人民交通出版社, 2002.

［15］ Nadal M, Barbir F. Development of a hybrid fuel cell/battery powered electric vehicle ［J］. International Journal of Hydrogen Energy. 1996, 21 （6）: 497-505.

［16］ Wakefield E H. 电动汽车发展史 ［M］. 叶云屏, 孙逢春, 译. 北京: 北京理工大学出版社, 1998.

［17］ Chan C C, Chau K T. An Overview of Power Electronics in Electric Vehicles ［J］. IEEE Transactions on Industrial Electronics, 1997, 44: 3-13.

［18］ Shimizu H, Harada J, Bland C, et al. Advanced Concepts in Electric Vehicle Design ［J］. IEEE Transactions on Industrial Electronics, 1997, 44: 14-18.

［19］ Rajashekara K. History of Electric Vehicles in General Motors ［J］. IEEE Transactions on Industry Applications, 1994, 30: 897-904.

［20］ Chan C C. The Present Status and Future Trends of Electric Vehicles ［M］. Beijing: Beijing Institute of Technology Press, 2001.

［21］ Ford P2000. Ford Motor Company, 2000.

［22］ Daimler-Benz NECAR 3. Daimler-Benz, 1997.

［23］ Linden D. Handbook of Batteries and Fuel Cell ［M］. New York: McGraw-Hill, 1984.

［24］ Vermeulen I F. Characterisation of PEM Fuel Cells for Electric Drive Trains. Proceeding ［C］. the 12th International Electric Vehicle Symposium, 1994: 439-448.

［25］ 林维明. 燃料电池系统 ［M］. 北京: 化学工业出版社, 1996.

［26］ Reisner D E, Cole J H, Klein M. Bipolar nickel-metal hydride battery for Hybrid EV ［C］. Conference on Applications & Advances, 1999.

［27］ 陈清泉, 詹宜巨. 21 世纪的绿色交通工具——电动车 ［M］. 北京: 清华大学出版社, 2000.

［28］ 余志生. 汽车理论 ［M］. 北京: 机械工业出版社, 2000.

第6章 电池包能量均衡管理技术

成组的动力电池之间在生产和工作过程中会产生不一致性，这种现象会给电池组的整体容量和使用寿命带来负面影响，因此，采用均衡管理技术尽可能减轻电池之间的不一致性，是提升电动汽车动力电池组整体容量并延长其使用寿命必不可少的措施。本章围绕电动汽车动力电池组均衡管理的问题，从荷电状态估计、热管理和电压均衡技术三个方面展开讨论。

6.1 电池荷电状态估计技术

在电池管理系统（Battery Management System，BMS）的所有功能当中，动力电池荷电状态（State Of Charge，SOC）在线估计一向被当作 BMS 的核心技术，因为它的准确与否不仅直接关系到电池充/放电策略和能量均衡策略的合适与否，还关系到电池的稳定运行和使用寿命。然而，电池 SOC 并不能通过测量直接得到，甚至于想要在电池运行时实现准确的估计都很具挑战，因为这一指标同时受到电池温度、放电倍率、老化程度、自放电以及制造差异等诸多因素的影响。

6.1.1 荷电状态的定义

SOC 用来反映电池的剩余容量，数值上等于剩余容量与电池容量之比，常用百分数表示，取值范围为 0~1，当 SOC = 0 时表示电池完全放电，当 SOC = 100% 时表示电池完全充满。对于 SOC，美国先进电池联合会（United States Advanced Battery Consortium，USABC）将其定义为

$$\mathrm{SOC} = \frac{Q_{\mathrm{res}}}{Q_{\mathrm{rated}}} \times 100\% \tag{6-1}$$

式中　Q_{res}——给定测试条件下的电池剩余容量；

　　　Q_{rated}——相同特定条件下的电池额定容量。

然而，这一定义在运用中却因为存在固有缺陷而削弱了其实际参考意义。首先，剩余容量 Q_{res} 与 Q_{rated} 均为特定测试条件下的数值，即要求 Q_{res} 的测定方法需与额定容量 Q_{rated} 的测试条件一致，包括测定温度、放电倍率等。而电动汽车实际

运行时电池电流随着输出功率的变化一直处于动态变化中，且温度也不会保持在厂商给定的参考温度下，因此会造成 Q_{res} 与 Q_{rated} 的数值比较并不处于同一维度，由此计算出的 SOC 参考意义下降。其次，电池的实际可用容量会随着温度、放电倍率、老化程度等因素而出现较大幅度的变化，若衡量 SOC 采用固定不变的额定容量值，其计算结果必然不能反映出电池的实际剩余电荷量。

为克服以上不足，越来越多的学者开始采用电池实际容量为参照来衡量电池 SOC，即

$$SOC = \frac{Q_{res}}{Q_{ava}} \times 100\% \qquad (6\text{-}2)$$

式中　Q_{ava}——电池可用容量。

再将式（6-2）适当变换，得到如下形式：

$$SOC = \left(1 - \frac{Q_{dis}}{Q_{ava}}\right) \times 100\% \qquad (6\text{-}3)$$

式中　Q_{dis}——电池已放出电量。

6.1.2　荷电状态估计的难点与挑战

虽然 SOC 的准确估计对于 BMS 乃至电动汽车而言都非常重要，但却一直是电池管理领域的难点，其原因在于存在多重因素对电池的深刻影响及叠加。除了电池电压、电流和温度时刻处于动态变化过程外，电池老化、自放电以及电信号的测量误差等也会给 SOC 的评估带来困扰。

（1）电池老化　电池内阻的增加和电池容量的衰减是电池老化最主要的两个特征。老化的出现来源于阳极（或阴极）的物质结构变化；温度也会对老化过程产生影响：高温会加速老化，低温也会对老化带来负面影响，尤其是充电时。内阻的增大是由于电极的结构性变化和固体电解质膜增厚引起的。随着老化进程的发展，电池的实际可用容量不断下降，为 SOC 的评估带来困难。

（2）温度变化　温度对于锂离子电池的影响是比较大的，对使用者而言这些影响主要反映在电池容量上。高温时电解质的黏度会降低，从而加强了锂离子的迁移效应，加速了扩散，此时的电池不但放电容量高于额定容量，而且充入的电量也更高。图 6-1 展示了不同温度和不同充电倍率对电池循环周期的影响，其结果表明锂离子电池充电最优温度范围是 $15 \sim 50\,^\circ\text{C}$。与电池老化类似，温度的变化也会改变电池实际可用容量，同时会对电池内部量化参数带来偏差，从而影响 SOC 估计的准确度。

（3）迟滞效应　极化电阻对电池端电压的重大影响，使得电池电压在充电时比放电时高，这种被称之为动态迟滞特性的现象导致了 SOC 与准确值之间的偏差，电池内部参数中，浓差极化内阻和电化学极化内阻是造成这一现象的主要因素。迟滞效应使得直接从电池端电压准确估计 SOC 成为不可能，因此在数学建模过程中

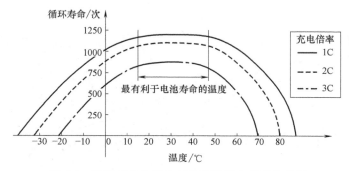

图 6-1 锂离子电池寿命与温度和充电倍率的关系

必须考虑造成迟滞效应的电池参数，并依据实际情况对这些参数进行更新。

（4）自放电 电池自放电是一种电池贮存过程中容量因为内部化学反应而减少的正常现象，对 SOC 的估算会产生影响，一般通过存储期间的电量损失来描述，影响自放电量的因素包括环境温度、循环次数和存储时间。短时间内自放电造成的电量损失可忽略不计，但长时间停放后的车辆，其电量损失会造成 SOC 初始值不准确，若不加以修正会造成 SOC 估计值较实际值偏高。

（5）充放电倍率 充放电倍率是指充放电电流与额定容量的比值。电池不会一直运行在固定的充放电倍率下，由于放电电流增大时电池内部活性物质作用受限，会造成电池可用容量减小，因此充放电倍率也会对 SOC 估算带来影响。图 6-2a 所示即为同一镍钴铝酸锂三元电池在不同倍率放电时可放出电量的对比，可见放电倍率对可用容量带来的影响不容忽视，否则估计出的 SOC 结果参考意义会降低。此外，过放和过充会缩短电池寿命并加速电池的衰退，因此电池会按一定方式设计以使其工作在可接受的范围。但是，即便在这个范围内，充放电倍率也会造成性能衰减速度的不一致。图 6-2b 所示即为长期以不同倍率放电的镍钴铝酸锂电池的容量衰减情况对比，可见即便在电池厂商推荐的放电倍率范围内，电池容量衰减速度差别也非常大。电动汽车在实际使用过程中，其输出功率根据道路实时情况不断变化，受车重及驾驶习惯的影响，不同电动汽车的动力电池放电倍率的平均水平也有很大差距，因此电池衰退程度也不同。另一方面，采用大倍率电流充电或设置较高的恒压充电截止电流都会使电池实际充入的电量减少，这同样会降低电池实际可用容量。从以上分析可见，电池充放电倍率大幅增加了 SOC 准确估计的难度。

不同于实验室环境，电动汽车实际运行过程中，除了以上列举的因素外，严寒、酷热、传感器精度、电磁干扰甚至于路面引起的振动都可能带来无法预料的影响，而安装于不同区域的电池性能衰退程度也会有区别，这些共同造就了 SOC 准确估计是复杂而具有挑战性的。

6.1.3 荷电状态估计的经典评估方法

在已有的大量文献中，全世界相关领域的学者们提出了许多评估电池荷电状态

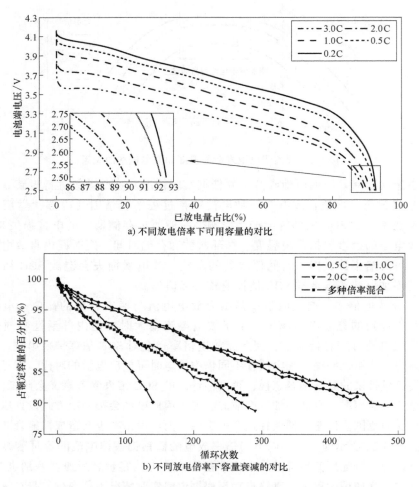

a) 不同放电倍率下可用容量的对比

b) 不同放电倍率下容量衰减的对比

图 6-2 三元锂离子电池放电倍率对可用容量和衰减速度的影响

的方法。随着时间的向后推移，新出现的 SOC 估计方法虽然呈现出越来越复杂的特点，但几乎都建立于几种经典的评估方法之上，如库仑计量法、开路电压法和内阻法等。

（1）库仑计量法（Coulomb Counting Method） 这一方法以已知的电池剩余电量状态为基础，对一段时间内电池充入或放出的电荷进行统计。其基本原理是在电池充放电过程中，通过电流对时间积分，计算出电池充入或放出的电量，将此电量除以电池当前状态的可用容量，再与电池初始 SOC 进行相应的加减运算即可得出当前状态 SOC 值。其数学表达式为

$$\text{SOC}(t) = \text{SOC}(t_0) - \frac{1}{C_a} \int_{t_0}^{t} \eta_i I_L(t) \, dt \tag{6-4}$$

式中　SOC(t)——t 时刻的 SOC；

　　　SOC(t_0)——初始 SOC；

　　　　$I_{\mathrm{L}}(t)$——t 时刻的电流值；

　　　　　η_{i}——库仑效率；

　　　　　C_{a}——电池当前可用容量。

　　库仑计量法是最简单的 SOC 估算方法，其计算量低所以易于实现。然而，由于噪声、温度、电流等不确定干扰和变动的存在，这种开环算法会有较大的误差。同时，此种方法无法获得初始 SOC 值，虽然可以由存储器记录汽车上一次熄火前的 SOC 数据，但电池自放电现象会改变电池剩余电量，因此带来初值不准问题。另外，估算的准确性很大程度上依赖电流传感器的精度，传感器测量误差也会带来估算的累积误差。因此，单纯采用库伦计量法无法满足电动汽车准确估计 SOC 的要求，要提高准确度还需与其他方法结合使用，不断校正 SOC 估计结果。

　　（2）开路电压法（Open Circuit Voltage Method）　由于 SOC 与锂离子电池活性物质嵌入量关系密切，而开路电压就是嵌入量的外在表现，因此电池的开路电压（Open Circuit Voltage，OCV）可不受充电或放电状态的影响，与 SOC 有着相对固定的关系。图 6-3 所示为镍钴铝酸锂三元电池的 SOC-OCV 对应曲线，通过拟合得到的函数关系式 SOC = f（U_{OCV}），即可由开路电压值求得 SOC。此外，也可通过插值法根据固定的 SOC-OCV 点结合 OCV 值求出 SOC。

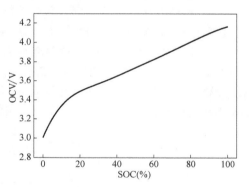

图 6-3　锂离子电池寿命与
温度和充电倍率的关系

这一方法看似方便，但实际却难以直接应用在电动汽车上。电池经过充分静置后内部达到平衡状态时其端电压才可近似看作开路电压，这需要在工作电流为零的状态下保持几十至上百小时，否则测出的端电压与开路电压相差很大，因此这一方法在处于运行状态的电动汽车上并不适用。

　　（3）内阻法（Internal Resistance Method）　锂离子电池在使用过程中，随着 SOC 的变化其内阻就发生改变，直流内阻法就是利用电池电压和电流来测量电池内阻。短时间内（小于 10ms）的电流变化也会引起电压的变化，而电压变化量和电流变化量的比值就是直流内阻值，其可以用来描述电池容量。这一小于 10ms 的时间间隔是为了保证电阻特性的获取，同时减小内部化学反应的影响，一旦这一时间较长，计算出的内阻值就会有误差。此外，此法只有在放电结束时才有较好的适用性和精度较高的 SOC 估算值。由于数值在毫欧级别，内阻的准确性很难保证，且在 SOC 的较大范围内（30%～80% 之间）其内阻的变化很小。因此，直流内阻法也难以在电动汽车实际运行中用于 SOC 估算。

6.1.4 锂离子电池模型的建立

要实现动力电池的 SOC 估计，无论采用滤波算法、非线性观测器法或是由此衍生出来的一些混合算法，都必须建立在能准确描述电池运行特性的电池模型之上。常用的电池模型可划分为电化学模型（Electrochemical Model）和等效电路模型（Equivalent Circuit Model，ECM）。与 ECM 相比，电化学模型更为清楚地描述了电池内部的电化学反应机理，但是由于涉及了较多的未知参数和大量的偏微分方程，这类模型存在参数辨识工作量大、精确辨识困难、对温度和 SOC 高度敏感等缺点，极大增加了运算的复杂度，鉴于以上原因，其更适合于电池设计或电芯生产等方面的分析。而 ECM 主要利用电阻和电容等电气元件来描述电池特性，并不考虑电池内部的化学成分以及相应的化学反应。因此，凭借模型参数少、便于运算等优点，ECM 更适合于车载系统、储能系统等应用场合。

在众多的 ECM 中，双极化（Dual Polarization，DP）模型（亦称二阶 RC 模型）已在不少研究中被证明是最能准确描述电池内部动态过程的一种。DP 模型包含一个电压源、一个内阻和两个 RC 网络，其结构如图 6-4 所示。其中，U_{OCV} 代表电池开路电压，R_0 用于描述电池欧姆内阻，两个 RC 网络分别用于描述电池内部浓差极化和电化学极化。根据基尔霍夫电压定律，DP 模型中的电压关系可描述为

$$
\begin{cases}
\dot{U}_{\text{p1}} = -\dfrac{1}{C_{\text{p1}} R_{\text{p1}}} U_{\text{p1}} + \dfrac{1}{C_{\text{p1}}} I_{\text{L}} \\[2mm]
\dot{U}_{\text{p2}} = -\dfrac{1}{C_{\text{p2}} R_{\text{p2}}} U_{\text{p2}} + \dfrac{1}{C_{\text{p2}}} I_{\text{L}} \\[2mm]
U_{\text{L}} = U_{\text{OCV}} - I_{\text{L}} R_0 - U_{\text{p1}} - U_{\text{p2}}
\end{cases}
\tag{6-5}
$$

式中　　R_{p}、C_{p}——RC 网络的电阻、电容常数；

U_{OCV}——SOC 的函数，即 $U_{\text{OCV}} = f(\text{SOC})$，这一函数可通过将实验获取的 SOC-OCV 数据拟合得到。

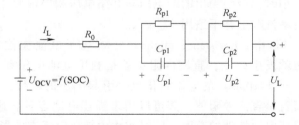

图 6-4　锂离子电池的 DP 模型

要进行 SOC 估计，式（6-5）中有两组参数需要预先知晓：①DP 模型的阻容参数，包括 R_0、R_{p1}、C_{p1}、R_{p2} 和 C_{p2}；②OCV 与 SOC 之间的关系式，即 $U_{\text{OCV}} =$

$f(\text{SOC})$。

1. 阻容参数的辨识

锂离子电池从充电或放电状态切换至静置状态后，端电压会有一个较快的瞬时变化和一个缓慢地向稳态过渡的过程，前者可视为由欧姆内阻引起，后者可视为由极化电阻和极化电容引起。图 6-5 所示为镍钴铝酸锂三元电池以 1.0C 放电在 SOC = 50% 处的电压响应曲线，其中，U_1 表示断电前瞬间的电压值，U_2 表示断电 0.1s 后的电压值，U_3 表示静置 1800s 后的电压值，三个电压值对应的时刻分别为 t_1、t_2 和 t_3，对应的电流分别为 I_1、I_2 和 I_3。

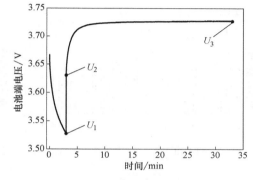

图 6-5　放电结束静置 30min 的电压响应曲线

将断电后瞬间所产生的电压变化视为欧姆内阻引起的压降，则欧姆内阻大小为

$$R_0 = \frac{U_2 - U_1}{I_2 - I_1} \qquad (6-6)$$

根据基尔霍夫定律和二阶电路的全响应原理，有

$$U_L = U_{OCV} - IR_0 - IR_{p1}\,e^{\frac{-(t-t_1)}{R_{p1}C_{p1}}} - IR_{p2}\,e^{\frac{-(t-t_1)}{R_{p2}C_{p2}}} \qquad (6-7)$$

将 $a = IR_{p1}$、$b = R_{p1}C_{p1}$、$c = IR_{p2}$ 和 $d = R_{p2}C_{p2}$ 代入式（6-7）有

$$U_L = U_{OCV} - IR_0 - a\,e^{\frac{-(t-t_1)}{b}} - c\,e^{\frac{-(t-t_1)}{d}} \qquad (6-8)$$

对式（6-8）进行拟合，即可辨识出 R_0、R_{p1}、C_{p1}、R_{p2} 和 C_{p2}。

2. OCV 曲线的获取

由于电池的极化效应，电池端电压在恒流间歇放电（Constant Current Intermittent Discharge，CCID）实验的间歇静置阶段会升高，而在恒流间歇充电（Constant Current Intermittent Charge，CCIC）实验的间歇静置阶段会降低。长时间的静置达到稳定状态后可测出 OCV，但这一做法不仅大大延长了实验时长，电池自放电导致 SOC 降低带来的影响也不能忽略，因此一般采用平均值法测量 OCV，即分别用 CCID 实验和 CCIC 实验来测取两组电压数据，再将两组数据求平均值，这一平均值可近似视为对应点的 OCV 值。用此法测取 OCV 数据时一般不采用大电流进行实验，因为电流太大时电池迟滞效应会更加显著，在静置时间相同时 OCV 数据的误差会更大。另外，OCV 数据点之间一般相隔 10% 或 5% 的 SOC。镍钴铝酸锂三元电池以 0.2C 倍率电流进行 CCID 和 CCIC 实验得到的电压和电流曲线如图 6-6 所示，CCID 实验中曲线每小段的最高点和 CCIC 实验中曲线每小段的最低点为静置 30min

后的平衡电位，这两组数据的平衡电位曲线如图 6-7 所示。相同 SOC 处的平衡电位平均值即为该点的 OCV 值。需要注意的是，在 SOC = 0 处不存在 CCIC 电压数据，在 SOC = 100% 处不存在 CCID 电压数据，因此这两个点的 OCV 分别取 CCID 实验和 CCIC 实验静置数小时后的平衡电位。

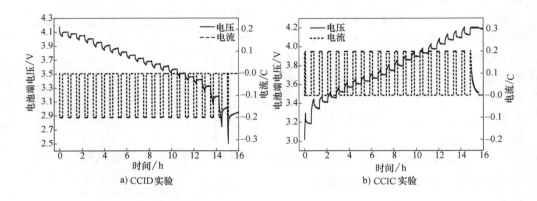

a) CCID实验　　　　　　　　　　　　b) CCIC实验

图 6-6　CCID 和 CCIC 实验的电压曲线和电流曲线

3. SOC-OCV 函数式的建立

在锂离子电池模型中，OCV 是一个非常重要的参数，其不仅直接影响 ECM 中阻容参数的辨识，也会对模型和 SOC 估计的精度产生重要影响。式（6-5）中的函数 U_{OCV} =f（SOC），一般通过实验获取的 SOC-OCV 数据拟合得到。

在描述 SOC 与 OCV 关系时，最常见的方法是采用幂函数多项式，其形式如下：

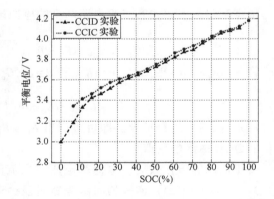

图 6-7　CCID 和 CCIC 实验测得的平衡电位曲线

$$U_{OCV} = a_n SOC^n + a_{n-1} SOC^{n-1} + \cdots + a_1 SOC + a_0 \tag{6-9}$$

式中　　　　　　　n——多项式阶次；

a_n、a_{n-1}、$\cdots$、a_0——多项式系数。

一般认为，高阶次意味着更高的 SOC 估计精度，低阶次意味着更高的运算效率和更低的成本，但事实上高阶次会让拟合曲线为最大限度接近已知数据点而过度扭曲，进而导致 OCV 计算值与实际值的偏差增大，最终影响 SOC 估计精度。此外，过高的阶次甚至可能导致龙格（Runge）现象造成曲线振荡。经验表明，综合来看，幂函数取 6 阶最为合适。

　　另一种比较理想的方式是采用高斯函数多项式进行拟合。在统计学和概率论中，高斯函数是正态分布的密度函数，根据中心极限定理，它是复杂总和的有限概率分布。此外，高斯函数的导数可以用埃尔米特（Hermite）函数来表示，在计算积分时也十分方便，因此被广泛应用于自然科学、社会科学、数学和工程学等许多领域。高斯函数多项式的形式如下：

$$U_{OCV} = \sum_{i=1}^{n} a_i e^{-(SOC-b_i)^2/c_i} \qquad (6\text{-}10)$$

　　增加多项式的项数会增加运算量，而在高斯多项式的项数大于 3 时，继续增加项数，精度提升幅度很小，所以式（6-10）中 n 取 3 综合性能最佳。

　　图 6-8 所示为高斯函数多项式与幂函数多项式的对比，图中可见，基于 10 阶幂函数多项式的 SOC-OCV 曲线与 OCV 实测数据点最为接近，甚至为了最大限度接近某些数据点而造成曲线过度扭曲，这一情况导致计算的 OCV 值与实际值之间存在较大偏差。而基于 3 阶幂函数多项式却大幅偏离已知数据点，误差也比较大。实验表明，在应用于滤波算法估计 SOC 时，采用高斯三项式构建的 $U_{OCV} = f(SOC)$ 能取得最好的精度。

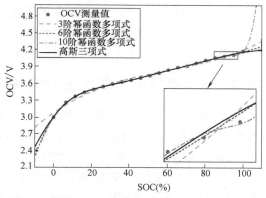

图 6-8　不同 $U_{OCV} = f(SOC)$ 函数式的 OCV 曲线对比

4. 状态空间方程的建立

　　根据前述的 SOC 定义和电池模型中的电压关系的分析，将式（6-4）和式（6-5）联立，可得到如下的模型方程：

$$\begin{cases} \dot{U}_{p1} = -\dfrac{1}{C_{p1}R_{p1}}U_{p1} + \dfrac{1}{C_{p1}}I_L \\[2mm] \dot{U}_{p2} = -\dfrac{1}{C_{p2}R_{p2}}U_{p2} + \dfrac{1}{C_{p2}}I_L \\[2mm] U_L = U_{OCV} - I_L R_0 - U_{p1} - U_{p2} \\[2mm] SOC(t) = SOC(t_0) + \dfrac{1}{C_a}\int_{t_0}^{t} \eta_i I_L(t)\,dt \end{cases} \qquad (6\text{-}11)$$

将式（6-11）离散化后可得式（6-12）所示的状态空间方程：

$$
\begin{cases}
\begin{pmatrix} U_{p1,k+1} \\ U_{p2,k+1} \\ SOC_{k+1} \end{pmatrix} =
\begin{pmatrix} e^{-T/\tau_1} & 0 & 0 \\ 0 & e^{-T/\tau_2} & 0 \\ 0 & 0 & 1 \end{pmatrix}
\begin{pmatrix} U_{p1,k} \\ U_{p2,k} \\ SOC_k \end{pmatrix} +
\begin{pmatrix} R_{p1}(1-e^{-T/\tau_1}) \\ R_{p2}(1-e^{-T/\tau_2}) \\ \dfrac{\eta_i T}{C_a} \end{pmatrix} I_{L,k} +
\begin{pmatrix} v_{1,k} \\ v_{2,k} \\ v_{3,k} \end{pmatrix} \\[4mm]
[U_{L,k}] = [1 \quad 1 \quad 0] \begin{pmatrix} U_{p1,k} \\ U_{p2,k} \\ SOC_k \end{pmatrix} + [R_0]I_{L,k} + [U_{OCV,k}] + [w_k]
\end{cases}
\tag{6-12}
$$

式中　　　　T——采样时间；

τ_1、τ_2——2个 RC 网络的时间常数；

$v_{1,k}$、$v_{2,k}$ 和 $v_{3,k}$——过程噪声；

w_k——量测噪声。

由于辨识得到的阻容参数和 OCV 数据约为每 10%SOC 或 5%SOC 一组，在状态估计过程中所有参数需随 SOC 实时变化。为使模型方程更加准确，可对阻容参数 R_0、R_{p1}、C_{p1}、R_{p2} 和 C_{p2} 采用分段插值法来获得数据间隔处不同 SOC 对应的参数值，对 U_{OCV} 则用函数 $U_{OCV}=f(SOC)$ 来计算不同 SOC 处的 OCV 值。

6.1.5　基于自适应容积卡尔曼滤波的 SOC 估计方法

为准确地估计动力电池 SOC，近年来研究者们提出了许多新方法和理论，目前最常见的方法是滤波算法和学习算法。以神经网络为代表的学习算法可以在不知道电池内部结构参数和初始 SOC 值的情况下得出 SOC 估计结果，但要准确估计 SOC 必须有足够多的数据进行训练，庞大的实验数据会显著增大训练时间和成本。在综合考量成本、效果与实用性等因素下，滤波算法似乎成为了更适合工程实际应用的方案。这类方法通过预估计的 SOC 值来输出模拟电压，通过将模拟电压与实测电压进行比较来修正 SOC，从而实现对 SOC 的估计。

卡尔曼（Kalman）滤波器作为滤波算法中最为著名的一类，因为适中的运算量和出色的处理不确定性误差的能力，逐渐成为了状态估计和参数估计的通用技术方法。卡尔曼滤波的本质是使信号或状态的最优估计值与相应的真实值误差的方差最小。卡尔曼滤波能克服 SOC 估计中的噪声干扰、测量误差和初始误差等，并且在计算复杂度和准确度方面都比较适中。对锂离子电池进行 SOC 估计时常采用如图 6-4 所示的 DP 模型这一被不少文献证明了是最能准确描述电池内部动态过程的电池模型，由于其为非线性模型，相应地也需要运用非线性卡尔曼滤波算法来处理相关问题。

最早出现的非线性卡尔曼滤波算法是扩展卡尔曼滤波（Extended Kalman Filter，

EKF）算法，利用线性化技巧将其转化为一个近似的线性滤波问题。EKF 的基本思想是：对一般的非线性系统，首先围绕滤波值 $\hat{x}$ 将非线性函数 $f(\ast)$ 和 $h(\ast)$ 展开成泰勒（Taylor）级数并略去二阶以上项，形如

$$\begin{cases} x_{k+1} \approx \hat{A}_k x_k + f(\hat{x}_k, u_k) - \hat{A}_k \hat{x}_k + v_k \\ y_k \approx \hat{C}_k x_k + h(\hat{x}_k, u_k) - \hat{C}_k \hat{x}_k + w_k \end{cases} \tag{6-13}$$

式中　　$\hat{A}_k = \dfrac{\partial f(x_k, u_k)}{\partial x_k}\bigg|_{x_k = \hat{x}_k^+}$；

$\hat{C}_k = \dfrac{\partial h(x_k, u_k)}{\partial x_k}\bigg|_{x_k = \hat{x}_k^-}$。

得到近似的线性化模型后，应用线性卡尔曼滤波完成对目标的滤波估计。

EKF 的有效性在不少文献中都已得到证明，但其采用偏微分和一阶泰勒级数展开的方法来将非线性方程线性化，不可避免地引入了较大的误差，造成滤波精度下降甚至可能发散。对于高度非线性系统，EKF 采用的线性化方法造成的误差会更大。对于非连续可微的非线性函数，EKF 的应用也会受到限制。此外，EKF 线性化过程中需要计算状态方程和观测方程的雅可比（Jacobian）矩阵，也被认为在实际应用中增加了计算复杂度且不易实现。

为提高处理非线性问题的卡尔曼滤波的精度，近年来采用概率密度函数进行线性化的西格玛（Sigma）点卡尔曼滤波逐渐成为处理 SOC 估计的主流，这类方法按某种规则选取一定数量的 Sigma 点集，再将 Sigma 点集代入非线性函数得到其函数值点集来获得变换的均值和协方差，以对非线性函数的概率密度分布进行近似的方式来处理非线性问题，从而获得更高的计算精度。

本节将介绍一种特殊的非线性滤波器，它采用球面-径向容积准则选取采样点，并引入自适应律，大幅提高了 SOC 估计的精度和鲁棒性，这一算法即自适应容积卡尔曼滤波（Adaptive Cubature Kalman Filter，ACKF）。接下来将详细介绍这一算法。

对于如下所示的非线性离散时变系统

$$\begin{cases} \boldsymbol{x}_{k+1} = f(\boldsymbol{x}_k, u_k) + w_k = \boldsymbol{A}\boldsymbol{x}_k + \boldsymbol{B}u_k + w_k \\ \boldsymbol{y}_k = h(\boldsymbol{x}_k, u_k) + v_k = \boldsymbol{C}\boldsymbol{x}_k + \boldsymbol{D}u_k + v_k \end{cases} \tag{6-14}$$

式中　　　　$\boldsymbol{x}_k$——状态向量；

u_k——已知的外部输入；

$\boldsymbol{y}_k$——量测向量；

f、h——非线性状态函数和非线性量测函数；

$\boldsymbol{A}$、$\boldsymbol{B}$、$\boldsymbol{C}$ 和 $\boldsymbol{D}$——描述系统动态过程的矩阵并可能是时变的；

w_k、v_k——过程噪声和观测噪声，且满足以下条件：

$$\begin{cases} E(w_k) = Q_k \\ E(v_k) = R_k \\ \mathrm{Cov}(w_k, v_j) = 0 \end{cases} \quad (6\text{-}15)$$

即假设 w_k 和 v_k 为均值为 0、相互独立的高斯白噪声，并且协方差分别为 Q_k 和 R_k。

1. 初始化

当 $k = 0$ 时，初始状态的数学期望和协方差分别为

$$\begin{cases} \hat{x}_0 = E(x_0) \\ P_0 = E[(x_0 - \hat{x}_0)(x_0 - \hat{x}_0)^{\mathrm{T}}] \end{cases} \quad (6\text{-}16)$$

同时，初始过程噪声协方差和观测噪声协方差分别为 Q_0 和 R_0。

2. 时间更新

当 $k = 1, 2, 3, \cdots, n$ 时，首先要选取采样点。根据五阶容积准则的原理，容积点按式（6-17）选取：

$$\begin{cases} \xi_i = \hat{x} + \sqrt{nP_{k-1}}\, e_i \\ \xi_{i+n} = \hat{x} - \sqrt{nP_{k-1}}\, e_i \end{cases}, \quad i = 1, 2, \cdots, n \quad (6\text{-}17)$$

式中　n——状态矢量 x 的维度；

$\quad P_{k-1}$——第 $k-1$ 步估计得到的状态误差协方差；

$\quad e_i$——第 i 个元素为 1 的单位向量。

式（6-17）得到的 $2n$ 个容积点的权重均为

$$w_i = 1/2n, \quad i = 1, 2, \cdots, 2n \quad (6\text{-}18)$$

之后，这些容积点通过下式传播：

$$X_{i,k\,|\,k-1} = f(\xi_{i,k-1}), \quad i = 1, 2, \cdots, 2n \quad (6\text{-}19)$$

状态预测值的估计由下式计算：

$$\hat{x}_{k\,|\,k-1} = \sum_{i=1}^{2n} \omega_i X_{i,\,k\,|\,k-1} \quad (6\text{-}20)$$

误差协方差矩阵的预测值的估计由下式计算：

$$P_{k\,|\,k-1} = \sum_{i=1}^{2n} \omega_i (X_{i,k\,|\,k-1} - \hat{x}_{k\,|\,k-1})(X_{i,k\,|\,k-1} - \hat{x}_{k\,|\,k-1})^{\mathrm{T}} + Q_{k-1} \quad (6\text{-}21)$$

式中　Q_{k-1}——第 $k-1$ 步估计得到的过程噪声协方差矩阵。

3. 量测更新

通过下式计算基于状态预测值的容积点：

$$\begin{cases} \xi_{i,k\,|\,k-1} = \hat{x}_{k\,|\,k-1} + \sqrt{nP_{k\,|\,k-1}}\, e_i \\ \xi_{i+n,k\,|\,k-1} = \hat{x}_{k\,|\,k-1} - \sqrt{nP_{k\,|\,k-1}}\, e_i \end{cases} \quad i = 1, 2, \cdots, n \quad (6\text{-}22)$$

这 $2n$ 个容积点的权重计算同式（6-18）。

量测值的预测通过下式计算：

$$\hat{y}_{k|k-1} = \sum_{i=1}^{2n} \omega_i h(\xi_{i,k|k-1}) \tag{6-23}$$

量测协方差矩阵由下式计算：

$$P_{yy,k|k-1} = \sum_{i=1}^{2n} \omega_i (h(\xi_{i,k|k-1}) - \hat{y}_{k|k-1})(h(\xi_{i,k|k-1}) - \hat{y}_{k|k-1})^{\mathrm{T}} + R_{k-1}$$

$$\tag{6-24}$$

式中　R_{k-1}——第 $k-1$ 步估计得到的测量噪声协方差矩阵。

交叉协方差矩阵由下式计算：

$$P_{xy,k|k-1} = \sum_{i=1}^{2n} \omega_i (\xi_{i,k|k-1} - \hat{x}_{k|k-1})[h(\xi_{i,k|k-1}) - \hat{y}_{k|k-1}]^{\mathrm{T}} \tag{6-25}$$

卡尔曼增益由下式计算：

$$K_k = P_{xy,k|k-1} P_{yy,k|k-1}^{-1} \tag{6-26}$$

状态估计由下式计算：

$$\hat{x}_k = \hat{x}_{k|k-1} + K_k(y_k - \hat{y}_{k|k-1}) \tag{6-27}$$

式中　y_k——第 k 个采样时间的测量输出。

其对应的误差协方差由下式更新：

$$P_k = P_{k|k-1} - K_k P_{yy,k|k-1} K_k^{\mathrm{T}} \tag{6-28}$$

4. 噪声协方差的更新

创新协方差矩阵由下式计算：

$$H_k = (1/M) \sum_{i=k-M+1}^{k} (y_k - \hat{y}_{k|k-1})(y_k - \hat{y}_{k|k-1})^{\mathrm{T}} \tag{6-29}$$

式中　M——移动估计窗口的大小。

过程噪声协方差通过下式更新：

$$Q_k = K_k H_k K_k^{\mathrm{T}} \tag{6-30}$$

测量噪声协方差通过下式更新：

$$R_k = H_k - CP_k C^{\mathrm{T}} \tag{6-31}$$

式中　C——式（6-14）中的系统矩阵。

以上就是 ACKF 算法的整个过程，将其应用于前述的模型方程，可知式（6-12）中，$U_{p1,k+1}$，$U_{p2,k+1}$ 和 SOC_{k+1} 为第 $k+1$ 步的状态矢量；$U_{L,k}$ 为第 k 步的量测矢量；$I_{L,k}$ 为系统输入；v_k 和 w_k 分别为过程噪声和量测噪声。

基于 ACKF 算法的 SOC 估计的结构框图如图 6-9 所示。整个运行过程被分为三个部分，包括在线数据测量、模型参数更新和 SOC 估算。在线数据测量部分以平行四边形框表示，这部分工作通过传感器在每个采样周期对负载电流、电池端电压和环境温度等进行测量实现。模型参数估计部分以椭圆形框表示，参数的更新以数据测量结果和 SOC 估算结果为依据并实时更新。值得注意的是，在第一步计算时，所有参数按照由端电压测量值粗略估计的 SOC 值进行参数的初始化，在图中以虚线表示；而在其他计算步次中，参数按照 ACKF 算法的步骤实时更新。SOC 估计部分以长方框表示，动力电池的 SOC 按照 ACKF 算法进行估算，算法执行过程中，采样点按容积准则选取，噪声协方差矩阵根据自适应律不断更新，而每一步次结束前对新的状态向量、误差协方差和噪声协方差进行存储，以供下一步次计算时调用。

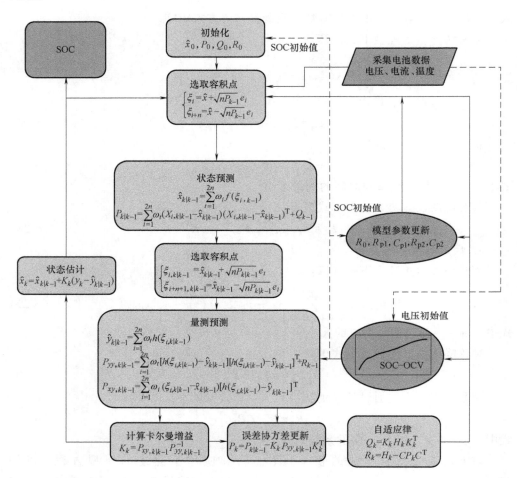

图 6-9　基于 ACKF 算法的 SOC 估计器

为全面地分析和评判前述的 SOC 估计方法，本文采用全球统一轻型车辆循环测试（Worldwide harmonized Light Vehicles Test Cycle，WLTC）进行验证。WLTC 是全球统一轻型车测试规程（Worldwide harmonized Light vehicles Test Procedures，WLTP）的一部分；其测试周期长，包含不同等级的速度部分；此外，该测试还将车辆的滚动阻力、档位、车重、拥堵时间和热车时间等融入进了测试，被认为是最接近实际驾驶情况的工况测试。WLTC 有三个等级的循环工况，其中，WLTC-Class 3 的测试最为全面，一个循环共 1800 s，包含低速、中速、高速和超高速四个阶段，其速度曲线如图 6-10 所示，本文选用这一等级的测试。

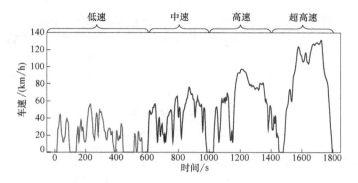

图 6-10　WLTC-Class 3 的速度曲线

需要指出的是，由于 WLTC 测试中同时包含充电与放电过程，为防止电池电压高于充电截止电压，本文的 WLTC 测试实验均从 SOC=90% 处开始，直至电池电压下降到放电截止电压为止。同时，考虑到电动汽车动力电池正朝着更高的能量密度发展，实验中选用镍钴铝酸锂（$LiNiCoAlO_2$，NCA）三元材料电池进行验证。

为更好地检验算法应对电动汽车实际运行中的复杂情况，在测得的电压和电流数据中加入了测量噪声，这些噪声使得测量电流的最大绝对误差达到 0.5A，测量电压的最大绝对误差达到 0.15V。

图 6-11 所示为 WLTC-class 3 测试中 SOC 估计结果，从图中可见，采用 ACKF 算法可使 SOC 估计结果具有明显更好的精度，其最大绝对误差和平均绝对误差分别为 2.721% 和 0.599%；相比之下，无迹卡尔曼滤波算法的这两项指标分别为 3.544% 和 0.755%。这一结果证明了 ACKF 在应对噪声干扰时的优越性。

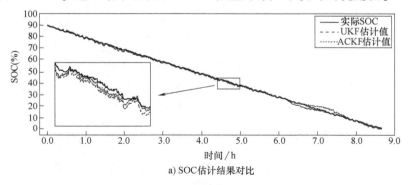

a) SOC估计结果对比

图 6-11　不同算法应对噪声干扰的检验

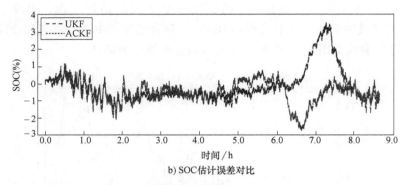

b) SOC估计误差对比

图 6-11　不同算法应对噪声干扰的检验（续）

　　噪声干扰仅仅是电动车运行过程中动力电池面临的主要问题之一，实际上 SOC 的计算初值问题也不容忽视。虽然电动汽车在起动时可根据电池端电压大小进行粗略计算初始 SOC，但电池极化效应和自放电现象的存在，使得这一方法计算出的 SOC 值可能存在较大误差。若 SOC 估计过程中无法修正初始误差，则会造成整个放电过程中此误差始终存在。因此，除了验证算法的抗干扰能力，还应检验其对 SOC 初始误差的矫正能力。

　　图 6-12 所示为出现较大初始误差且同时存在较大测量噪声时的算法结果对比，

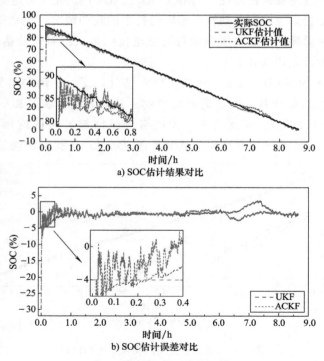

a) SOC估计结果对比

b) SOC估计误差对比

图 6-12　算法应对初始误差的检验

从图中可见，SOC 初始误差达到 30%，但经过短时间的运算算法的估计结果就能收敛到实际值附近。以 4% 误差线为参考，前述的 ACKF 算法仅需要 700 步的运算就可将误差收敛至 4% 以内，而无迹卡尔曼滤波算法需要 868 步的运算才能收敛至 4% 以内，可见这一算法对错误结果的矫正速度很快。另外，虽然初始误差的存在使得前期 SOC 误差较大，但在整个约 8.6h 的测试中，ACKF 算法的平均 SOC 误差仅 0.746%。

当然，由于每一步次的计算中都需要对过程噪声协方差和测量噪声协方差进行更新运算，与传统的 EKF 和 UKF 算法相比，ACKF 的运算量也相对更大，占用的资源更多。

6.2 电池热管理技术

电动汽车动力电池在续航里程、循环寿命和环境适应性等方面与传统内燃机车尚存在较大差距，由于锂离子电池体系对温度十分敏感，而温度对电池性能有着显著影响，温度过高或过低都会影响电池寿命，严重时甚至引发安全事故。因此，有效的电池热管理（Battery Thermal Management，BTM）对于提高动力电池的安全性、工作效率以及电池组整体寿命不可或缺。

6.2.1 电池热管理的必要性

自电动汽车投入市场以来，对动力电池安全性的担忧就从未停止过，随着电动汽车保有量的持续增加，电动汽车起火事故也在不断攀升。根据已报道的数据统计，2020 年全国共发生电动汽车烧车事故 124 起，其中夏季事故数量占全年事故的 49%，南方地区事故数量占全国事故总数的 66%，可见，气温是导致车辆自燃的一个重要因素。图 6-13 所示为 2020 年 4 月深圳某充电站内一辆电动汽车起火造成多辆电动汽车损毁的事故现场。此外，根据 2019 年国家监管平台监控的事故统计数据来看，绝大多数事故发生在动力电池 SOC 较高的状态。

图 6-13　2020 年 4 月深圳某充电站内电动汽车燃烧事故

事实上，电池热管理的意义不仅仅在于监控电池的温升情况并采取阻断措施，更多的时候在于给动力电池提供一个适宜的温度区间。在目前的锂离子电池体系下，电池材料性能和内部工作机制表现出较强的温度依赖性，因此合适的温度区间不仅可以最大限度地发挥电池性能，还能保障电池的安全性，降低事故发生概率。

锂离子电池的最佳温度区间为 $15\sim35℃$，与人类的温度习性相似。

以下从三个方面分析动力电池热管理系统（Battery Thermal Management System，BTMS）需要具备的三个功能：

（1）散热　锂离子电池在充电和放电过程中都会产生热量引起自身温度升高，虽然一定程度的升温能提高电池功率特性，但高温带来的负面影响更多，如加速电池老化、增加自放电。相关研究显示，电池温度达到 $55℃$ 时虽然不会引起发热失控，但会严重降低电池循环寿命和功率特性，并且会增加更多的自放电损失。若电池过热使热量不断累积，会造成固体电解质界面膜放热分解，之后会产生燃烧气体和氧气，进一步为电池的燃烧和爆炸提供条件，最终导致事故发生。因此，对电池进行有效散热是热管理的基本功能之一。

（2）加热　低温环境会使锂离子电池正负极的动力学条件变差、电解液黏度上升、电导率下降等，从而大幅降低锂离子电池的性能，例如充电能力下降、容量和功率降低、循环倍率性能变差等。相关研究显示，在 $-20℃$ 时，锂离子电池能放出的容量仅为室温时的 31.5% 左右；在 $-40℃$ 时，其功率和能量密度分别为 $20℃$ 时的 1.25% 和 5%。除此之外，低温下工作同样会加速锂离子电池的老化，低温充电容易导致负极析锂。因此，电池热管理也必须具备加热功能。

（3）均温　由于成组的电池被视为一整体，电池组的性能和可靠性都取决于最弱的一个单体电池，而电池特性对温度非常敏感，因此当电池单元间温差较大时，电池组的整体性能会明显降低。另一方面，由于生产工艺的限制，单体电池之间本身也存在先天的差异，这些内部差异造成电池工作中产生的温升存在差异，温差会加剧电池单元间老化的不一致，进一步加剧电池单元间的性能差距，降低电池组整体性能和寿命。因此，动力电池需尽可能降低温度在空间上的不一致性，通常要求将电池单元间的温差控制在 $5℃$ 以内。

由以上分析可见，过高和过低的温度都会缩短电池寿命并威胁电池的安全性，甚至造成永久性损坏，并且电池单元间的温差会增大电池单元间性能的差异，影响电池组的整体容量特性、功率特性和循环寿命。因此，对于电池热管理而言，其目的就是将电池温度控制在一定范围内，并最大程度减小电池之间的温度差异，保证动力电池的高效和安全运行。近年来，对续航里程的追求使得动力电池能量密度不断提高，从磷酸铁锂电池到三元材料电池，再到三元电池的高镍化，能量密度的提升带来的是更为严峻的热安全性问题，这给电池热管理提出了更高的要求。

6.2.2　单元级的电池热管理

锂离子电池充电和放电时内部会产生热量，电池产生的热量可分为可逆热和不可逆热两大类。以充电过程为例进行分析，充电时产生的不可逆热可表示为

$$Q_{\mathrm{irr}} = (U_{\mathrm{bat}} - U_{\mathrm{OCV}})I_{\mathrm{L}} \tag{6-32}$$

式中　Q_{irr}——电池内部产生的不可逆热；

$\quad\quad U_{bat}$——电池电压；

$\quad\quad U_{OCV}$——电池的开路电压；

$\quad\quad I_{L}$——电流。

电池内部产生的不可逆热中有相当一部分来自电池的阻抗产热，这部分热量可表示为

$$Q_{joule} = I_{L}^{2} R \tag{6-33}$$

式中　Q_{joule}——电池阻抗产热；

$\quad\quad R$——电池电阻。

可见，此部分热量与电流的二次方成正比，因此采用高倍率电流充电时会产生更多不可逆热。

充电过程中产生的可逆热源自电化学反应中可逆的熵变，可逆热量可依下式计算：

$$Q_{rev} = I_{L} \frac{T \cdot \Delta S}{nF} \tag{6-34}$$

式中　Q_{rev}——电池内部产生的可逆热；

$\quad\quad T$——绝对温度；

$\quad\quad \Delta S$——电化学反应中的熵变；

$\quad\quad n$——参与电化学反应的电子的化学计量数；

$\quad\quad F$——法拉第常数。

研究表明，电流倍率较低时，可逆热是电池热量的主要来源；而在电流倍率较高时，不可逆热则成为电池热量的主要来源。因此，电池在高倍率运行下尤其需要注意散热问题。

电池结构对电池散热也有不同影响。目前的锂离子电池从结构和形状主要可分为圆柱形电池、方形电池和软包电池三类，其中，圆柱形电池由于在直径方向上存在隔膜等导热效果较差的材料，因此电芯的中间位置是电池内部温度较高的部位；方形电池和软包电池由于极耳位置电流密度较大，因此电池极耳附近区域温度较高，并且正极极耳比负极极耳温度更高。图6-14所示即为不同结构的电池内部热量分布示意图，从中可见，圆柱形电池从表面到直径方向温度逐渐上升，当电流倍率很高时，电芯与表面温差甚至达到20K左右；而方形电池和软包电池则由于电流的不均匀分布，导致电流密度较高的极耳附近累积更多热量，并且正极极耳附近温度明显高于负极极耳。

电池内部温度局部高温会显著增加局部区域的电流密度，造成枝晶生长并最终形成短路。为避免电池内部温差过大，应及时将电池内热量进行有效传递。电池的热传递方式主要有热传导、对流换热和辐射换热三种方式。对于单体电池内部而言，热辐射和热对流的影响很小，热量传递主要通过热传导实现。图6-15所示为

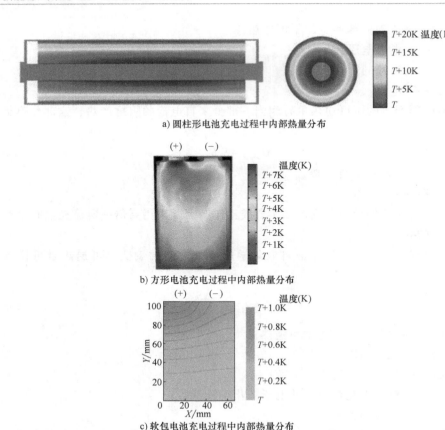

a) 圆柱形电池充电过程中内部热量分布

b) 方形电池充电过程中内部热量分布

c) 软包电池充电过程中内部热量分布

图 6-14　三种类型电池内部热量分布示意图

四种内置式热管理方案，其中，图 6-15a 通过在电极区域内置微通道，使电解液作为载冷质在通道内流动，从而带走电池内部过剩的热量使电池冷却；图 6-15b 所示为在集流体内置微通道，并将其作为蒸发器件来带走电池热量；图 6-15c 为针对圆柱形电池设计的冷却方案，通过在电池轴向中心内置通道，在通道中通过液体或气体介质的流动来降低电池内部温度；图 6-15d 为采用交流电加热电池的方案，利用电池自身内阻的欧姆热实现快速升温，通过变换交流电的频率和幅值可控制加热速率。设置微通道通过液体或气体来管控电池内部温度的方法可以很快地起到散热效果，但是需要改变电池构造，在实际应用中操作性不强。而通过交流电加热电池的方案需要添置附加设备，并且交流电的产生也需要消耗能量，这一方案在实际应用中也非常受限，从绝大多数时候来看，对电池散热的需求比对加热的需求更旺盛。因此，内置式热管理并非目前电池热管理的主要方式。

6.2.3　模块级的电池热管理

为使电池工作于最适宜温度范围 15~35℃之间，并尽可能缩小电池之间的温

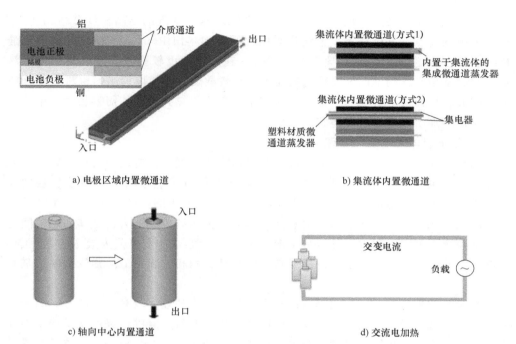

a) 电极区域内置微通道

b) 集流体内置微通道

c) 轴向中心内置通道

d) 交流电加热

图 6-15 四种单体电池内置式热管理方式

差，目前主要采用外置式传热介质来控制电池温度，原因在于外置式热管理比内置方式实用性更强，结构更灵活，也易于与其他系统连接。外置式电池热管理系统按传热介质可分为气体介质、液体介质和相变材料三种：气体介质主要通过显热的方式进行热交换；液体介质根据是否发生气-液相变可分为显热和潜热两种形式；相变材料主要通过固-液相变时的吸热恒温特性实现温控效果。

1. 基于空气的电池热管理

以空气为介质的电池热管理可分为自然对流和强制对流两种方式。自然对流属于被动式热管理，仅通过电池向外辐射和表面的空气吸热形成对流散热，这一方式结构简单，但要求电池耐温性好，因此适用范围较小。强制对流是利用主动式部件产生气流并横掠电池表面，从而形成强制对流换热。如图 6-16 所示，有单向对流（见图 6-16a、b）和往复式（见图 6-16c）对流两种方式。用以散热的冷却气体可由汽车的空

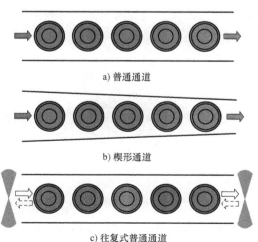

a) 普通通道

b) 楔形通道

c) 往复式普通通道

图 6-16 基于空气的 BTMS 串联冷却结构

调系统产生，也可独立使用一个制冷循环系统。基于空气的 BTMS 具有结构简单、成本低廉的优点，并已在不少电动汽车中使用，如丰田 Prius、日产 Leaf 和比亚迪 E6 等。但由于空气的热容和导热系数较低，在环境温度较高，或是以高倍率电流运行时，基于空气的 BTMS 很难对电池进行有效散热，即使增加风速也难以带来明显的降温，反而会增大噪声。此外，采用空气作为传热介质往往需要较大的电池间隙，从而增加了电池系统的体积。

2. 基于液体的电池热管理

与空气相比，液体传热介质的冷却效率远高于空气，而电池组可以更紧凑，并且噪声水平也更低。根据介质与电池的接触情况可分为直接接触和间接接触两大类：直接接触是将电池直接浸没在液体工质中，对工质的阻燃性和绝缘性要求较高；间接接触一般通过金属将电池和液体隔离，为提高传热能力，金属和电池间可能增加热界面材料。根据工作过程中液体是否发生气-液相变可分为液-液单相和液-气两相方式，单相方式一般以冷板或口琴管实现，两相方式可通过热管或制冷剂直冷实现。

直接冷却可使电池整个表面与冷却介质接触，冷却效率较高。一般为提高冷却效率，优先选择导热率高、热容量高的冷却介质，并需要兼顾良好的化学稳定性和阻燃性等。为避免短路，必须选择电介质作为冷却介质，如去离子水、硅基油或矿物油等。但是，直接接触方式对液体工质的要求较高，因此在量产的 EV 中基于液冷的间接冷应用相对更广泛。间接冷却一般采用金属板材将电池与冷却液相隔离，通过冷板间接将电池和液体的热量进行交换。图 6-17 所示为方形电池的间接接触式液体介质热管理示意图，图 6-17a 将冷板置于单体电池的间隙，使电池和冷板大面积接触从而实现高效传热；图 6-17b 将冷板置于电池模组之间，这种方式与前者相比传热效率有所下降，但系统复杂度也随之降低，并且空间利用率也大幅提升。间接冷却对液体工质要求不高，一般采用水或者水和乙二醇的混合物。

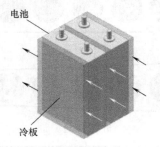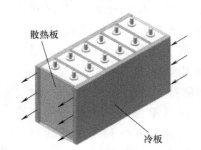

a) 液体通道置于电池间隙　　　　　　　　b) 液体通道置于电池模组之间

图 6-17　间接接触式液体介质热管理

与直接冷却相比，间接冷却虽然具备很多优势，但在具体应用中依然存在一些困扰，例如圆柱形电池的有效接触、电池间温度差异等。图 6-17 所示的间接接触式液体介质热管理方法针对的是方形电池，其几何形状的特点使其接触面积较大，有利于传热，而圆柱形电池与冷板的接触面小，不利于传热，因此还需采取一些特别的方式增大接触面积。图 6-18 所示为针对圆柱形电池的间接液体冷却常见的两种散热结构，图 6-18a 所示为蛇形管结构，这种结构一定程度上增加了接触面积，并且结构简单；图 6-18b 所示为冷却套结构，这一设计使电池外表面与冷却液套充分接触，其散热效果更好，但成本更高。在电池温度均衡性方面，液冷也存在风冷面临的问题（见图 6-16），即采用单向对流时，出口附近电池温度比入口附近电池温度更高。为提升圆柱形电池的散热效果并最大限度保证电池温度的一致性，特斯拉公司采用了蛇形散热片加双向对流的方式，其基本结构如图 6-19 所示。其单体电池采用 W 型结构进行排列，这样就使圆柱形电池与散热片接触面积进一步增大；而左右散热通道的液体流向相反，也进一步减小了上下电池间的温度不均衡。

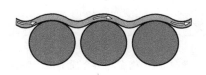 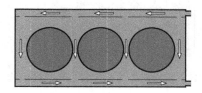

a) 蛇形管　　　　　　　　　　　　　　　　b) 冷却套

图 6-18　圆柱形电池间接液体冷却的散热结构

3. 基于相变材料的电池热管理

在空气冷却介质和液体冷却介质外，近年来相变材料作为电池冷却介质引起了众多研究机构的广泛关注。相变是在外界条件发生变化时物相的相互转换，相变材料（Phase Change Material，PCM）在液化/固化过程中能吸收/释放大量潜热从而保持温度稳定，利用这一材料的吸热恒温特性，可有效控制目标器件的温度和温差。图 6-20 所示为相变材料介质的温度特性示意图，由于相变潜热很大，因此可以较长时间保持目标器件的温度恒定。PCM 按相变方式分为固-固 PCM、固-液 PCM、固-气 PCM 和液-气 PCM 四类，其中固-液 PCM 具有容积储热密度大、温度波动幅度小和体积变化小等优点。固-液 PCM 按材料属性可分为无机相变材料（如水合盐、共晶盐、金属及其合金等）、有机相变材料（如脂肪酸、醇和正烷烃等）和复合相变材料：无机 PCM 的固有缺点是腐蚀性强，存在过冷和相分离；有机 PCM 的缺点是潜热相对较低、导热率小，并且材料发生固-液相变后存在泄露问题；复合 PCM 是将单一 PCM 与其他功能材料进行复合，使之能够克服原有单一 PCM 的诸多缺点，在众多复合 PCM 中，基于高分子载体的复合 PCM 制备方法简单，组分之间相容性好，并且可在较大范围内调节材料的储热和力学性能，因而具有广泛的应用前景。图 6-21a 所示为广东工业大学张国庆教授团队开发的铜网增强型"三明治"结构相变材料，其铜网骨架能有效增强材料导热系数和机械强度，裸露在外的翅片可有效解决二次散热问题，而石蜡/膨胀石墨定型相变材料有着优

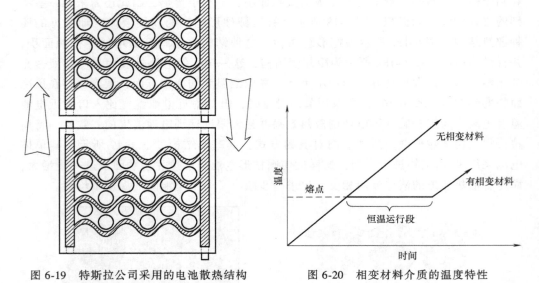

图 6-19　特斯拉公司采用的电池散热结构　　　图 6-20　相变材料介质的温度特性

异的温控性能。图 6-21b 所示为该团队提出的热管/相变材料耦合的热管理系统，这一方案结合了热管的超导热特性和相变材料的高蓄热能力，在大倍率电流的循环工况下可将电池温度有效控制在 50℃ 以下。

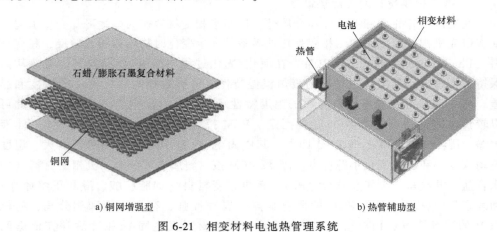

a) 铜网增强型　　　　　　　　　　　　b) 热管辅助型

图 6-21　相变材料电池热管理系统

6.3　电池电压均衡技术

由于电池个体间存在先天差异，且运行时的外部环境也存在差异，因此成组使用的动力电池容量状况和劣化状况都会存在不一致现象，这不仅会造成电池组整体容量和寿命的减小，还可能引发安全问题。因此，对电池进行有效的能量均衡就是BMS 系统必须具备的另一重要功能。

6.3.1　电池均衡的意义

作为新能源汽车的动力来源，电池组是影响新能源汽车性能的关键部件。由于单个电池不能满足新能源汽车的动力需求，故需要将多个电池进行串联和并联，以提供足够的电压和电流。例如，特斯拉公司的 Model S 纯电动汽车采用 7104 个电池作为电池组，其中每 74 个电池并联以提供足够的电流，每 96 个电池串联以提供400V 的电压。但是，电池组中的各个电池在电池容量、电池内阻以及自放电率等参数上会存在差异，这种差异被称为电池的不一致性，主要由以下两个因素造成：①由于电池生产工艺的影响，即使同一批电池也会在出厂时存在不一致性；②在电池的使用过程中，不同的温度以及不同的充放电倍率也会加大这种不一致性。

电池的不一致性会对电池组的可用容量及使用寿命产生非常不利的影响。如图6-22 所示，在电池组充电时，由于某个电池电压较高，导致该电池容量充满时电池组即停止充电，此时其他电池并未充满，电池组未达到实际的可用容量；在电池组放电时，由于某个电池电压较低，导致该电池容量放完时电池组即停止放电，此时其他电池并未放完，电池组也未达到实际的可用容量；在电池组使用过程中，由于某个电池内阻较大，导致在充放电倍率较大时产生过多的热量，甚至引发起火、爆炸等安全问题。

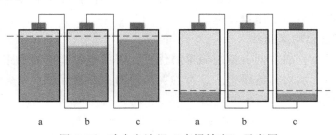

图 6-22　动力电池组"木桶效应"示意图

因此，在电池使用过程中对电池组进行有效的均衡管理不仅可以提升电阻的整体容量，还能延长电池寿命，提高动力电池的安全性，对于搭载动力电池组的电动汽车具有重要意义。

6.3.2　被动均衡技术

被动均衡技术是指将能量进行被动耗散的均衡技术，通过消耗电压较高的电池的多余能量来实现电池电压的均衡，一般采用一个耗散元件作为分流来分流或消耗掉一个电池中多余的能量。由于成本较低、控制简单以及易于实现的特点，被动均衡在电池组的均衡中得到了较为广泛的应用。图 6-23 为电池组典型的被动均衡拓扑。在该拓扑中，对电池组中的每个电池都并联一个电阻，以耗散其多余的能量。该拓扑以电池组中各个电池的电压作为均衡变量，通过对电压的采集和分析，以判断是否达到均衡阈值。当各个电池的电压满足均衡条件时，将电池组中电压最高的电池向其并联电阻放电，以耗散多余的能量。

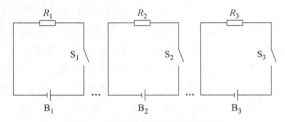

图 6-23　典型的被动均衡拓扑

被动均衡电路成本最低、控制简单，并且易于模块化、易于扩展。然而，被动均衡将多余的能量转化为热量，而不是存储起来，这导致能量被大量浪费，同时还增加了电池组热管理的负担，并大大减少了电池组的可用容量。

6.3.3　主动均衡技术

主动均衡电路是运用储能元件，将能量较高的电池的多余能量转移到储能元件中，然后再转移到能量较低的电池中去。由于其并不耗散能量，现已成为均衡技术的主要研究方向。国内外研究人员提出的各种主动均衡拓扑按照储能元件的不同可分为电容型、电感型与变压器型电路。

1. 电容型主动均衡拓扑

得益于体积小、成本低、控制简单的优点，开关电容型均衡电路被广泛地应用与串联电池组的主动均衡电路中。这类均衡拓扑的主要缺点在于开关损耗大，存在较大的电流尖峰。

图 6-24 为典型的电容型主动均衡拓扑。在该拓扑中，电池组中每两个相邻电池之间都并联一个电容，以转移其多余的能量。该拓扑无需电压采集电路，只需控制同一开关组的左、右两个开关管交替导通，即可完成电池组的主动均衡。当开关组中左开关管导通时，电容 C_1 并联在电池 B_1 两端，电容 C_2 并联在电池 B_2 两端，电容 C_{n-1} 并联在电池 B_{n-1} 两端，此时电池对相应电容进行充放电，具体取决于电池电压与相应电容电压的大小；当开关组中右开关管导通时，电容 C_1 并联在电池 B_2 两端，电容 C_2 并联在电池 B_3 两端，电容 C_{n-1} 并联在电池 B_n 两端，此时电容对相应电池进行充放电，具体取决于电池电压与电容电压的大小。经过多次的左、右开关管交替导通，最终可实现电池组的主动均衡。该拓扑可进行任意数量电池的扩展，但在电池数量较多时，其均衡速度变慢。事实上，除了少部分能量直接从某一电池转移到其相邻电池以外，大部分能量需要经过多次转移，才能完成从某一电池到其他电池的转移。

为提高均衡速度，有学者提出了一种双层电容型主动均衡拓扑，如图 6-25 所示，该拓扑在典型的电容型主动均衡拓扑基础上增加了一层电容，以实现多个电池与多个电池之间的能量转移。例如，当开关组中左开关管导通时，电容 C 并联在多个电池 $B_1 \sim B_{n-1}$ 两端，此时多个电池对电容 C 进行充放电，具体取决于多个电池的总电压与电容 C 电压的大小；当开关组中右开关管导通时，电容 C 并联在电池 $B_2 \sim B_n$ 两端，此时电容 C 对多个电池进行充放电，具体取决于多个电池的总电压与电容 C 电压的大小。相比于典型的电容型主动均衡拓扑，该拓扑具有更快的均衡速度。但是，在电池数量较多时，其均衡速度依然不够理想。

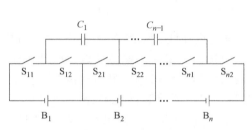

图 6-24　典型的电容型主动均衡拓扑

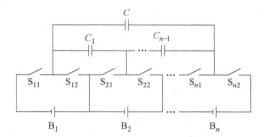

图 6-25　双层电容型主动均衡拓扑

2. 电感型主动均衡拓扑

开关电感型主动均衡拓扑可以实现能量的双向流通，且具有较高的转换效率与较大的均衡电流。然而，开关电感型拓扑的半导体开关管工作在硬开关状态下，存在大量的开关损耗与电磁干扰。此外，此类拓扑需要较多电感线圈，体积较大，而且往往需要比较复杂的开关阵列以及比较复杂的控制算法。

图 6-26 为典型的电感型主动均衡拓扑。在该拓扑中，电池组中每两个相邻电池之间都串联一个电感，以转移其多余的能量。该拓扑以电池组中各个电池的电压作为均衡变量，通过对电压的采集和分析，以判断是否达到均衡阈值。当电池组中每两个相邻电池之间的电压满足均衡条件时，其对应电感的左、右两个开关管交替导通，即可完成电池组的主动均衡。例如，若

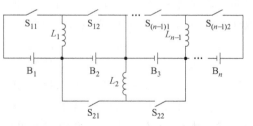

图 6-26　典型的电感型主动均衡拓扑

电池 B_1 的电压高于电池 B_2 的电压，则左开关管先导通，电池 B_1 与电感 L_1 并联，电感电流上升，电感 L_1 储存能量；然后左开关管关断、右开关管导通，电感 L_1 与电池 B_2 并联，电感电流下降，电感 L_1 释放能量。经过多次的左、右开关管交替导通，最终可实现电池组的主动均衡。该拓扑可进行任意数量电池的扩展，但在电池数量较多时，其均衡速度变慢。事实上，除了少部分能量直接从某一电池转移到其相邻电池以外，大部分能量需要经过多次转移，才能完成从某一电池到其他电池的

转移。

为提高均衡速度，有学者提出了单电感型主动均衡拓扑。如图 6-27 所示，该拓扑只使用一个电感来完成电池组的主动均衡。这一拓扑以电池组中各个电池的电压作为均衡变量，通过对电压的采集和分析，以判断是否达到均衡阈值。当各个电池的电压满足均衡条件时，将电池组中电压最高的电池通过电感向其他电池转移能量。例如，若电池 B_1 的电压最高，则选择开关管 S_{12}、S_{21}，使电池 B_1 与电感相连。当开关管 S_{12}、S_{21} 导通时，电池 B_1 与电感并联，电感电流上升，电感储存能量；当开关管 S_{12}、S_{21} 关断时，电池组通过续流二极管与电感并联，电感电流下降，电感释放能量。经过多次的开关管导通与关断，完成电压最高电池向其他电池的能量转移，最终可实现电池组的主动均衡。相比于典型的电感型主动均衡拓扑，该拓扑克服了能量只能通过相邻电池之间转移的缺点，实现更快的均衡速度。但是，该拓扑不能实现电压最高电池与电压最低电池之间的直接能量转移。

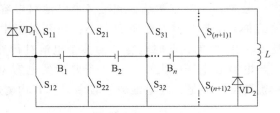

图 6-27　单电感型主动均衡拓扑

3. 变压器型主动均衡拓扑

基于变压器型的均衡拓扑有较快的均衡速度以及较高的集成度，但是该类拓扑往往需要一个开关阵列配合一个变压器工作，或者需要一个多二次绕组的变压器，为每一个单体电池配备相同的绕线线圈。

图 6-28 所示为典型的变压器型主动均衡拓扑，这一拓扑只使用一个变压器来完成电池组的主动均衡。该拓扑以电池组中各个电池的电压作为均衡变量，通过对电压的采集和分析，以判断是否达到均衡阈值。当各个电池的电压满足均衡条件时，该拓扑有两种工作模式可以选择：①将电压最高的电池通过变压器向整个电池组转移能量；②将整个电池组通过变压器向电压最低的电池转移能量。该拓扑具有较快的均衡速度和较高的集成度，但并不易于进行电池数量的扩展。

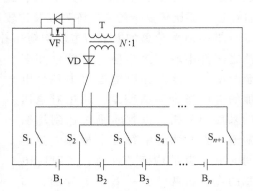

图 6-28　典型的变压器型主动均衡拓扑

4. 并行结构的主动均衡拓扑

上述几种典型的主动均衡拓扑在电池组电池数量较少时，均能够有效地完成电池组的主动均衡，以减小电池组的不一致性问题。然而，在电池组电池数量较多时，上述几种典型的主动均衡拓扑均会降低均衡速度。其原因在于，这几种典型的主动均衡拓扑中所有的均衡器都以串行结构的方式连接。因此，从某个电池到其他电池的能量转移只有一个均衡路径，故主动均衡拓扑的均衡速度受限于此均衡路径上单个均衡器的均衡能力。

为了增加主动均衡拓扑的均衡路径，以提高主动均衡拓扑的均衡速度，有学者提出了一种并行结构的主动均衡拓扑 PAE，如图 6-29 所示。在该拓扑中，均衡器以并行结构的方式连接，构成多层均衡结构。其中，在第一层中，每两个电池之间都连接一个均衡器，负责这两个电池之间的能量转移；在第二层中，以两个电池为一组，在每两组之间也都连接一个均衡器，负责这两组之间的能量转移；在第三层中，以四个电池为一组，同样在每两组之间连接一个均衡器，负责这两组之间的能量转移；以此类推，该拓扑具有多层均衡结构，不同层的均衡器之间互不影响。故该拓扑从某个电池到其他电池的能量转移有多个均衡路径，使得均衡速度得到提高。

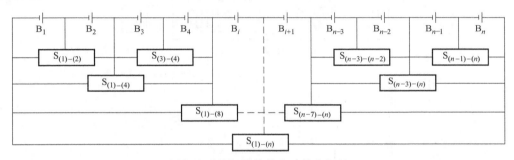

图 6-29　并行结构的主动均衡拓扑

6.3.4　分层式双向无损主动均衡拓扑

为提高串联电池组尤其是串联电池数较多地电池串得均衡速度，本小节介绍一种基于 buck-boost 变换器的分层式双向无损主动均衡拓扑，该拓扑应用分层均衡的思想，增加可并行工作的均衡路径数量。其均衡电路由两层子电路并联组成，每层电路包括多个由 buck-boost 变换器组成的均衡子电路，每个均衡子电路可以同步地均衡其对应的单个或者多个电池。另外，该拓扑允许均衡路径与均衡阈值的动态调整。

图 6-30 为分层式双向无损均衡电路系统原理图，由图可见，串联电池组被均分为 N 个电池模组，每个电池模组包含 n 个单体电池。N 个电池模组被分为上下两个部分，其分割点标记为 K。如果 N 是偶数，那么 $N=2K$；如果 N 是奇数，那么 $N=2K-1$。每个电池模组标记为 M_i，每个电池模组配有一个均衡子电路 E_i，其功能是控制 M_i 与其他电池模组之间的能量传递。每个电池模块中的 n 个单体电池，被分为上下两部分，分割点为 k。如果 n 是偶数，那么 $n=2k$；如果 n 是奇数，那么 $n=2k-1$；每个单体电池配有一个均衡子电路 S_i，它负责单体电池 B_i 与该模组

内其他电池之间的能量传递。

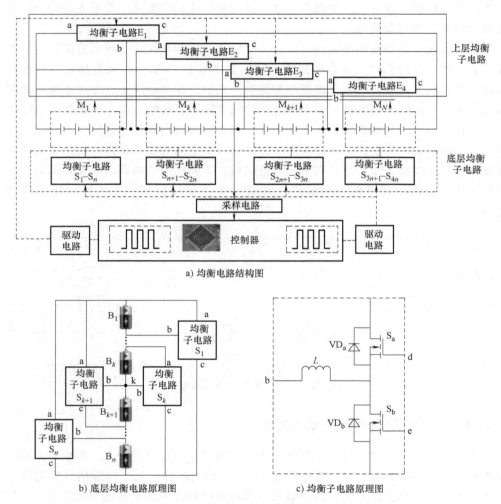

a) 均衡电路结构图

b) 底层均衡电路原理图

c) 均衡子电路原理图

图 6-30　分层式双向无损均衡电路的原理图

均衡子电路 E_i 和 S_i 均由 buck-boost 变换器组成，可实现能量的双向传输。所有均衡子电路 E_i 组成上层均衡电路，用以实现电池模组之间的均衡；所有均衡子电路 S_i 组成底层均衡电路，用以实现各电池模组内单体电池之间的均衡。每一个均衡子电路 E_i 和 S_i 都可以根据需求独立工作，由此增加了每个电池模块内部或电池模块之间可并行工作的均衡路径，可以实现电池模块内部或电池模块间的快速均衡。另外，底层和上层均衡电路也是并行连接，可以同步工作。该分层式双向无损主动均衡拓扑可以实现串联电池组的快速均衡，尤其是对较长的电池串。

1. 均衡原理

基于变压器型的均衡拓扑有较快的均衡速度以及较高的集成度，但是该类拓扑往往需要一个开关阵列配合一个变压器工作，或者需要一个多二次绕组的变压器，为每一个单体电池配备相同的绕线线圈。

（1）底层均衡电路的工作原理　以四节串联电池为例阐释底层均衡电路的工作原理：步骤一，采样电路检测各电池电压，确定电压最高与最低的电池；步骤二，控制电压最高的电池对应的均衡子电路，将能量从该电池传递到同一模组的其他电池中去；与此同时，控制电压最低的电池所对应的均衡子电路，将能量从该模组内的其他电池传递到能量最低的电池中去。假设在电池模组 M_1 中，单体电池 B_1 电压最高，B_4 电压最低，其两个连续的控制步骤如图 6-31 所示。

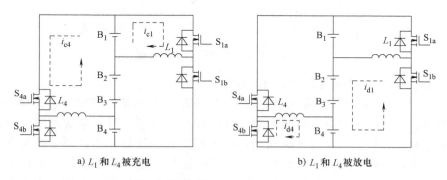

a) L_1 和 L_4 被充电　　　　b) L_1 和 L_4 被放电

图 6-31　底层均衡电路的工作原理

步骤一：L_1 和 L_4 充电。

如图 6-31a 所示，导通开关管 S_{1a} 和 S_{4a}，单体电池 B_1 向电感 L_1 充电，串联电池 B_1、B_2 和 B_3 向电感 L_1 充电。电感 L_1 和 L_4 随着电感电流 i_{L_1} 和 i_{L_4} 的线性增长而储能，电能被转化成磁能储能在电感中。

步骤二：L_1 和 L_4 放电。

如图 6-31b 所示，关断开关管 S_{1a} 和 S_{4a}，电感 L_1 通过 S_{1b} 的体二极管续流，给电池 B_2、B_3 和 B_4 充电；电感 L_4 通过 S_{4b} 的体二极管续流，给电池 B_4 充电，电压最高的电池和电压最低的电池同时被均衡。均衡电流不仅仅流过 B_1 和 B_4，还流过了 B_2 和 B_3，此举与其他拓扑相比，加速了电池之间的均衡过程。

（2）上层均衡电路的工作原理　以四个串联电池模组为例，阐述上层均衡电路的工作原理。假如电池模组 M_2 端电压最高，电池模组 M_3 电压最低。如图 6-32a 所示，导通开关管 S_{18a} 和 S_{19a}，电池模组 M_2 向电感 L_{18} 充电；电池模组 M_1、M_2 向电感 L_{19} 充电。电感 L_{18} 和 L_{19} 随着电感电流 $i_{L_{18}}$ 和 $i_{L_{19}}$ 的线性增长而储能，电能被转化成磁能储能在电感中。然后，如图 6-32b 所示，关断开关管 S_{18a} 和 S_{19a}，电感 L_{18} 通过 S_{18b} 的体二极管续流，给电池模组 M_3 和 M_4 充电；电感 L_{19} 通过 S_{19b} 的体二极管续流，给电池模组 M_3 充电，电压最高的电池模组和电压最低的电池模组同时被均衡。进一步地，均衡电流不仅仅流过 M_2 和 M_3，还流过了 M_1 和 M_4，此举与其他拓扑相比，更是加速了电池之间的均衡过程。

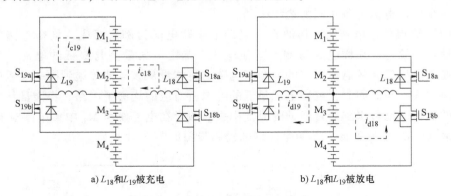

a) L_{18}和L_{19}被充电　　　　　　　　b) L_{18}和L_{19}被放电

图 6-32　上层均衡电路的工作原理

2. buck-boost 自举电容驱动供电电路

每一个 buck-boost 变换器均包含两个 MOSFET，当电池数量较多时，均衡拓扑中的 MOSFET 多数不共地，即需要较多的隔离驱动电路，每一路隔离驱动均需要一路隔离电源为其供电。为解决驱动电路体积庞大，器件较多，功率密度低的问题，可采用自举电容，从电池串本身获取不同电压等级的隔离电压，为 buck-boost 均衡电路中的 MOSFET 提供驱动供电，从而减少隔离电源模块，提高集成度，提高功率密度。

如图 6-33 所示，在 buck-boost 变换器的上管 S_a 的漏极与源极两端并联一个二极管串电容支路。自举电路由一个自举电容 C_{boot} 和一个二极管 VD_{boot} 串联组成，二极管阴极与电容相连，阳极与 buck-boost 变换器上管 S_a 的漏极相连，电容的另一端与 S_a 的源极相连。自举电容 C_{boot} 两端电压 $U_{CC_1\text{-}GND_1}$ 作为开关管 S_a 的隔离驱动二次侧的供电电源，buck-boost 自身电压 $U_{CC_2\text{-}GND_2}$ 作为开关管 S_b 的隔离驱动二次侧

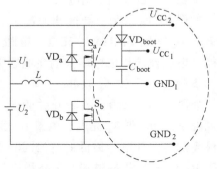

图 6-33　buck-boost 变换器自举电路原理图

的供电电源。其原理为：静止状态下，S_a 与 S_b 均关闭，C_{boot} 会根据漏电流建立电压。工作状态时，任意开关管导通，GND_1 的电位会在 GND_2 与 U_{CC_2} 之间转换，当 GND_1 电位与 GND_2 电位相等时，$U_{CC_1} = U_{CC_2} - U_{VD}$（$U_{VD}$ 为二极管正向压降）；当 GND_1 电位与 U_{CC_2} 相等时，$U_{CC_1} = 2U_{CC_2} - U_{VD}$。即 $U_{CC1\text{-}GND_1} = U_1 + U_2 - U_{VD}$，$U_{CC_2\text{-}GND_2} = U_1 + U_2$。其电压等级符合隔离驱动芯片的二次侧供电电压要求。

图 6-34 所示为采用隔离电源模块供电的驱动电路原理图，图 6-35 为采用自举电压电路供电的驱动电路原理图。

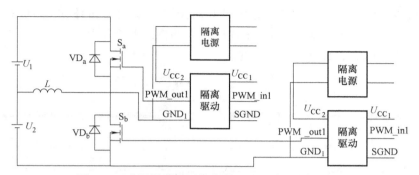

图 6-34 采用隔离电源模块供电的驱动电路原理图

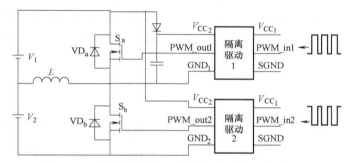

图 6-35 采用自举电压电路供电的驱动电路原理图

3. 实验结果

由于电压可通过测量直接获得，均衡实验中以电压作为均衡指标实施均衡。电池组有 16 节电池，被分为 4 个电池模块以构成上层均衡电路，每个电池模块中包含 4 节电池以构成下层均衡电路。16 节电池的初始电压见表 6-1。为展示本节所述的分层式双向无损均衡电路的均衡效果，将其与前述的并行结构的主动均衡拓扑PAE 进行系统对比。

表 6-1 16 节电池的初始电压　　　　　　　　（单位：V）

M	M_1		M_2		M_3		M_4	
V_M	15.646		15.617		15.676		15.587	
B	B_1	B_2	B_3	B_4	B_5	B_6	B_7	B_8
V_B	3.961	3.935	3.909	3.871	3.955	3.897	3.930	3.864
M	M_1		M_2		M_3		M_4	
V_M	15.646		15.617		15.676		15.587	
B	B_9	B_{10}	B_{11}	B_{12}	B_{13}	B_{14}	B_{15}	B_{16}
V_B	3.922	3.858	3.948	3.889	3.852	3.942	3.916	3.877

图 6-36 呈现的是 PAE 与分层式双向无损主动均衡拓扑在均衡仿真中 16 节电池

的电压轨迹。由图 6-36b 可见，分层式双向无损主动均衡拓扑在 0.7125s 结束均衡；而在图 6-36a 中，PAE 在 0.9969s 时结束均衡。两个拓扑中，4 个电池模组之间的均衡速度远快于底层的均衡速度。

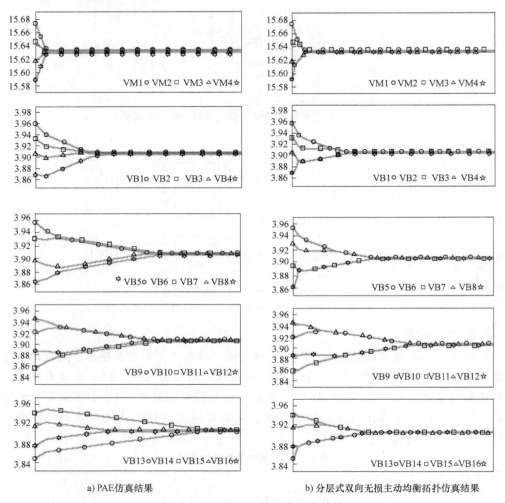

a) PAE仿真结果　　　　　　　　　　　b) 分层式双向无损主动均衡拓扑仿真结果

图 6-36　16 节电池的均衡仿真结果

在图 6-36a 中，均衡速度最慢的电池模组是 M_4，其均衡时间是 0.9969 s，它的均衡推迟了 PAE 整体的均衡进程。在图 6-36b 中，均衡速度最慢的模组是 M_3，它的均衡时间是 0.7125s，这也是分层式双向无损主动均衡拓扑整组均衡的最终时间。在模组 M_1 中，分层式双向无损主动均衡拓扑的均衡速度高于 PAE；在模组 M_2 和 M_3 中，PAE 的均衡时间相同。分层式双向无损主动均衡拓扑在 M_3 中的均衡时间稍长于 PAE，但是在 M_2 中却比 PAE 短。

整组电池串的均衡时间取决于均衡速度最慢的电池模组，每个电池模组的均衡时间又与初始化电压分布有关。分层式双向无损主动均衡拓扑有着比 PAE 更快的均衡速度，是因为在不同的初始化电压分布顺序中，分层式双向无损主动均衡拓扑的均衡时间比 PAE 的均衡时间波动小，且分层式双向无损主动均衡拓扑的平均均衡时间（均衡时间的数学期望）小于 PAE。例如，模组 M_4 需要 0.9969s 结束均衡，但是在分层式双向无损主动均衡拓扑中，均衡时间只需要 0.4332s。可见，相比于传统的电感型均衡拓扑，分层式双向无损主动均衡拓扑具有更快、更稳定的均衡速度。

参 考 文 献

[1] Sun H, Yong G, Hu L, et al. Measuring China's New Energy Vehicle Patents：A Social Network Analysis Approach [J]. Energy, 2018, 153：685-693.

[2] Shaukat N, Khan B, Ali S M, et al. A Survey on Electric Vehicle Transportation within Smart Grid System [J]. Renewable & Sustainable Energy Reviews, 2018, 81：1329-1349.

[3] Hu X, Zou C, Zhang C, et al. Technological Developments in Batteries：A Survey of Principal Roles, Types, and Management Needs [J]. IEEE Power & Energy Magazine, 2017, 15 (5)：20-31.

[4] Xing Y, Ma E W M, Tsui K L, et al. Battery Management Systems in Electric and Hybrid Vehicles [J]. Energies, 2011, 4 (11)：97-106.

[5] Rahimi-Eichi H, Ojha U, Baronti F, et al. Battery Management System：An Overview of Its Application in the Smart Grid and Electric Vehicles [J]. IEEE Industrial Electronics Magazine, 2013, 7 (2)：4-16.

[6] Rahbari O, Omar N, Firouz Y, et al. A Novel State of Charge and Capacity Estimation Technique for Electric Vehicles Connected to a Smart Grid Based on Inverse Theory and a metaheuristic algorithm [J]. Energy, 2018, 155：1047-1058.

[7] 黄小平, 王岩. 卡尔曼滤波原理及应用：MATLAB 仿真 [M]. 北京：电子工业出版社, 2015.

[8] 王世元, 黄锦旺, 谢智刚. 非线性卡尔曼滤波器原理及应用 [M]. 北京：电子工业出版社, 2015.

[9] Xiong R, Cao J, Yu Q, et al. Critical Review on the Battery State of Charge Estimation Methods for Electric Vehicles [J]. IEEE Access, 2018, 6 (99)：1832-1843.

[10] Chen Z, Fu Y, Mi C C. State of Charge Estimation of Lithium-Ion Batteries in Electric Drive Vehicles Using Extended Kalman Filtering [J]. IEEE Transactions on Vehicular Technology, 2013, 62 (3)：1020-1030.

[11] Xiong R, He H, Sun F, et al. Evaluation on State of Charge Estimation of Batteries With Adaptive Extended Kalman Filter by Experiment Approach [J]. IEEE Transactions on Vehicular Technology, 2013, 62 (1)：108-117.

[12] Linghu J, Kang L, Liu M, et al. Estimation for state-of-charge of lithium-ion battery based on an

adaptive high-degree cubature Kalman filter [J]. Energy, 2019, 189：116204.

[13] Guo X, Kang L, Yao Y, et al. Joint Estimation of the Electric Vehicle Power Battery State of Charge Based on the Least Squares Method and the Kalman Filter Algorithm [J]. Energies, 2016, 9 (2)：100.

[14] Zhang C, Allafi W, Dinh Q, et al. Online Estimation of Battery Equivalent Circuit Model Parameters and State of Charge Using Decoupled Least Squares Technique [J]. Energy, 2018, 142：678-688.

[15] Li X, Wang Z, Zhang L. Co-estimation of Capacity and State-of-charge for Lithium-ion Batteries in Electric Vehicles [J]. Energy, 2019, 174：33-44.

[16] Linghu J, Kang L, Liu M, et al. An Improved Model Equation Based on a Gaussian Function Trinomial for State of Charge Estimation of Lithium-ion Batteries [J]. Energies, 2019, 12：1366.

[17] Asakura K, Shimomura M, Shodai T. Study of Life Evaluation Methods for Li-ion Batteries for Backup Applications [J]. J Power Sources 2003, 119：902-5.

[18] Marongiu A, Nußbaum FGW, Waag W, Garmendia M, Sauer DU. Comprehensive Study of the Influence of Aging on the Hysteresis Behavior of a Lithium Iron Phosphate Cathode-based Lithium Ion Battery-An Experimental Investigation of the Hysteresis. Applied Energy 2016, 171：629-45.

[19] Propp K, Marinescu M, Auger DJ, et al. Multi-temperature State-dependent Equivalent Circuit Discharge Model for Lithium-sulfur batteries. J Power Sources 2016, 328：289-99.

[20] Wu W, Wang S, Kai C, et al. A Critical Review of Battery Thermal Performance and Liquid Based Battery Thermal Management [J]. Energy Conversion and Management, 2019, 182：262-281.

[21] Rao Z, Wang S. A Review of Power Battery Thermal Energy Management [J]. Renewable & Sustainable Energy Reviews, 2011, 15 (9)：4554-4571.

[22] Xia G, Cao L, Bi G. A Review on Battery Thermal Management in Electric Vehicle Application [J]. Journal of Power Sources, 2017, 367 (nov. 1)：90-105.

[23] Tomaszewska A, Chu Z, Feng X, et al. Lithium-ion Battery Fast Charging：A Review [J]. eTransportation, 2019, 1：100011.

[24] 张剑波, 卢兰光, 李哲. 车用动力电池系统的关键技术与学科前沿 [J]. 汽车安全与节能学报, 2012, 3 (2)：87-104.

[25] Yang N, Zhang X, Li G, et al. Assessment of the Forced Air-cooling Performance for Cylindrical Lithium-ion Battery Packs：A Comparative Analysis Between Aligned and Staggered Cell Arrangements [J]. Applied Thermal Engineering, 2015, 80：55-65.

[26] Mohammadian S K, He Y L, Zhang Y. Internal Cooling of a Lithium-ion Battery Using Electrolyte as Coolant Through Microchannels Embedded Inside the Electrodes [J]. Journal of Power Sources, 2015, 293：458-466.

[27] Stuart T A, Hande A. HEV Battery Heating Using AC Currents [J]. Journal of Power Sources, 2004, 129 (2)：368-378.

［28］　Zhao J T, Rao Z H, Huo Y T, et al. Thermal Management of Cylindrical Power Battery Module for Extending the Life of New energy Electric Vehicles ［J］. Applied Thermal Engineering, 2015, 85：33-43.

［29］　Huo Y, Rao Z, Liu X, et al. Investigation of Power Battery Thermal Management by Using Mini-Channel Cold Plate ［J］. Energy Conversion & Management, 2015, 89：387-395.

［30］　Zhao R, Gu J, Liu J. An Experimental Study of Heat Pipe Thermal Management System with Wet Cooling Method for Lithium Ion Batteries ［J］. Journal of Power Sources, 2015, 273：1089-1097.

［31］　Khateeb S A, Farid M M, Selman J R, et al. Design and Simulation of a Lithium-ion Battery with a Phase Change Material Thermal Management System for an Electric Scooter ［J］. Journal of Power Sources, 2004, 128（2）：292-307.

［32］　谭晓军. 电动汽车动力电池管理系统设计 ［M］. 广州：中山大学出版社, 2011.

［33］　Guo X, Kang L, Huang Z, et al. Research on a Novel Power Inductor-Based Bidirectional Loss-less Equalization Circuit for Series-Connected Battery Packs ［J］. Energies, 2015, 8（6）：5555-5576.

［34］　Li W, Kang L, Guo X, et al. Multi-Objective Predictive Balancing Control of Battery Packs Based on Predictive Current ［J］. Energies, 2016, 9（4）：298.

［35］　Lu C, Kang L, Luo X, et al. A Novel Lithium Battery Equalization Circuit with Any Number of Inductors ［J］. Energies, 2019, 12（24）, 4764.

［36］　Lu C, Kang L, Wang S, et al. A Novel Inductor-Based Non-Dissipative Equalizer ［J］. Energies, 2018, 11（10）, 2816.

［37］　Gallardo-Lozano J, Romero-Cadaval E, Isabel Milanes-Montero M, et al. Battery Equalization Active Methods ［J］. Journal of Power Sources, 2014, 246：934-949.

［38］　Daowd M, Omar N, Van den Bossche P, et al. A Review of Passive and Active Battery Balancing Based on MATLAB/Simulink ［J］. International Review of Electrical Engineering-Iree, 2011, 6（7A）：2974-2989.

［39］　Baronti F, Roncella R, Saletti R. Performance Comparison of Active Balancing Techniques for lithium-ion Batteries ［J］. Journal of Power Sources, 2014, 267：603-609.

［40］　Stuart T A, Zhu W. Fast Equalization for Large Lithium Ion Batteries ［J］. Aerospace & Electronic Systems Magazine IEEE, 2009, 24（7）：27-31.

［41］　Kim M Y, Kim C H, Kim J H, et al. A Chain Structure of Switched Capacitor for Improved Cell Balancing Speed of Lithium-Ion Batteries ［J］. IEEE Transactions on Industrial Electronics, 2014, 61（8）：3989-3999.

［42］　Ye Y, Cheng K. An Automatic Switched-Capacitor Cell Balancing Circuit for Series-Connected Battery Strings ［J］. Energies, 2016, 9（3）：138.

［43］　Ye Y, Cheng K W E, Fong Y C, et al. Topology, Modeling, and Design of Switched-Capacitor-Based Cell Balancing Systems and Their Balancing Exploration ［J］. IEEE Transactions on Power Electronics, 2017, 32（6）：4444-4454.

［44］　Wang S, Kang L, Guo X, et al. A Novel Layered Bidirectional Equalizer Based on a Buck-Boost

Converter for Series-Connected Battery Strings［J］. Energies, 2017, 10（7）: 1011.

［45］Cervera A, Evzelman M, Peretz M M, et al. A High-Efficiency Resonant Switched Capacitor Converter with Continuous Conversion Ratio［J］. IEEE Transactions on Power Electronics, 2015, 30（3）: 1373-1382.

［46］Li S, Mi C C, Zhang M. A High-Efficiency Active Battery-Balancing Circuit Using Multiwinding Transformer［J］. IEEE Transactions on Industry Applications. 2013, 49（1）: 198-207.

［47］Phung T H, Collet A, Crebier J C. An Optimized Topology for Next-to-Next Balancing of Series-Connected Lithium-ion Cells［J］. IEEE Transactions on Power Electronics, 2014, 29（9）: 4603-4613.

［48］Yarlagadda S, Hartley T T, Husain I. A Battery Management System Using an Active Charge E-qualization Technique Based on a DC/DC Converter Topology［J］. IEEE Transactions on Industry Applications, 2013, 49（6）: 2720-2729.

［49］Dong B, Li Y, Han Y. Parallel Architecture for Battery Charge Equalization［J］. IEEE Transactions on Power Electronics, 2015, 30（9）: 4906-4913.

［50］王则沣, 康龙云, 卢楚生, 等. 基于软开关的串联电池组均衡拓扑［J］. 电源技术, 2019, 43（10）: 1665-1667+1725.

第7章　新能源汽车充放电系统

新能源汽车的能量管理大体方向的介绍和具体实例分析在第 5 章已经阐述，在这一章将主要集中在新能源汽车的充放电系统，包括蓄电池的充放电原理、能量回收系统的介绍，以及新能源汽车与电网的互动技术和无线充电技术。

7.1　蓄电池充电原理与充电器

无论是对蓄电池电动汽车，还是对燃料电池和蓄电池、内燃机和蓄电池组成的混合动力电动汽车来说，都存在着提高蓄电池的充电效率、缩短充电时间等问题。因此，本节将对蓄电池充电原理与充电器的基本知识做一些简明扼要的介绍。

7.1.1　充电方法

由于蓄电池容量的限制，需要根据具体情况选择不同的充电方式对其进行充电。研究发现，蓄电池充电过程对蓄电池寿命影响最大，放电过程的影响较少。也就是说，绝大多数蓄电池不是"用坏"的，而是"充坏"的。由此可见，采用正确的充电方式对延长蓄电池的使用寿命具有举足轻重的作用。

1. 恒压充电

恒压充电是指充电过程中电源电压保持恒定的充电方法（见图 7-1）。在汽车上，蓄电池采用的就是这种充电方法。

在恒压充电开始时，充电电流很大，根据 $I_C = (U-E)/R$，随着蓄电池电动势 E 的增加，充电电流 I_C 逐渐减小，至充电终止时，I_C 降到最小值，如果充电电压 U 调节适当，当充足电时，I_C 将为零。由于恒压充电过程充电时间短、能耗低，一般充电 4~5h 后蓄电池即可达到额定容量的 90%~95%；如果 U 选择得当，8h 即可完成整个充电过程，且期间不需要照管和调整充电电流。因此，恒压充电适合于蓄电池的补充充电。由于充电电流不可调节，因此恒压充电不适于初充电和去硫

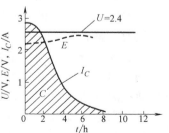

图 7-1　恒压充电特性曲线

化充电。

恒压充电应该注意的一些事项：

1）采用恒压充电时，应注意选择好充电电压，选取标准见表7-1。若充电电压过高，不但充电初期充电电流过大，而且会发生过充电现象，导致极板弯曲、活性物质大量脱落、蓄电池温升过高等；若充电电压过低，则会使蓄电池充电不足，导致容量降低、寿命缩短。

表 7-1　恒压充电电压值　　　　　　　　　　　　　　（单位：V）

蓄电池端电压	充电电压
6	7.5
12	15.0
24	30.0

2）充电初期最大充电电流不应超过 $0.3C_{20}$（C_{20} 为蓄电池 20h 放电率额定容量），即完全充足电的蓄电池在电解液温度为 25℃ 时以 20h 放电率（放电电流为 $0.05C_{20}$）连续放电直到单体蓄电池端电压降到 1.75V 为止时蓄电池所输出的电量；否则应适当降低充电电压，待蓄电池电动势 E 升高后再将充电电压调整到规定值。

3）要求被充蓄电池的端电压完全相同。

2. 恒流充电

恒流充电是指蓄电池充电时充电电流保持恒定的充电方法（见图7-2）。

恒流充电是一种标准的充电方法，有如下四种充电方法：

（1）涓流充电　即维持电池的满充电状态，恰好能抵消电池自放电的一种充电方法。其充电速率对满充电的电池长期充电无害，但对完全放电的电池充电，电流太小。

（2）最小电流充电　指在能使深度放电的电池有效恢复电池容量的前提下，把充电电流尽可能地调整到最小的方法。

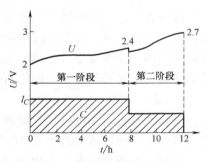

图 7-2　恒流充电特性曲线

（3）标准充电　即采用标准速率充电，充电时间为 14h。

（4）高速率（快速）充电　在 3h 内就给蓄电池充满电的方法，这种充电法需要自动控制电路保护电池不损坏。

由于充电电流 $I_C=(U-E)/R$，随着蓄电池电动势 E 的升高，要保持充电电流 I_C 一定，就必须逐步提高充电电压 U。为缩短充电时间，充电过程分为两个阶段：第一阶段采用较大的充电电流，使蓄电池的容量得到迅速恢复；当蓄电池电量基本充足、单格电池的端电压升到 2.4V、电解液开始产生气泡时，转入第二阶段；第二阶段将充电电流减半后保持恒定，直到电解液密度和蓄电池端电压达到最大值且在 2~3h 内不再上升、蓄电池内部剧烈冒气泡为止。

恒流充电时，被充蓄电池采用串联连接。每个单格蓄电池充足电时需 2.7V，故串联的单格电池数 = 充电机的额定电压/2.7 个。充电电流应按小容量蓄电池选择，待其充足电后应及时摘除，再继续给大容量电池充电。

此充电方法有较大的适应性，可以任意选择和调整充电电流，有利于保持蓄电池的技术性能和延长使用寿命。因此，可以对各种不同情况及状态的蓄电池充电（如新蓄电池的初充电、使用过的蓄电池的补充充电以及去硫充电等），特别适用于小电流长时间的活化充电模式及由多个电池串联的电池组充电，且有利于容量恢复较慢的蓄电池的充电。缺点是整个充电过程时间长、析出气体多、对极板的冲击大、能耗高、效率低（不超过 65%），且整个充电过程必须由专人看管，需经常调节充电电流。

恒流充电应该注意的一些事项：

1）恒流充电是分段进行的，充电时为避免充电后期电流过大，应及时调整充电电流。充电电流的大小、充电时间、转换电流的时间及充电终止电压的选取等，必须严格执行充电规范。

2）充电过程中，每 2~3h 检测一次蓄电池单格电压，如果该电压已达到 2.4V，应及时转入第二阶段充电。

3）当充电过程中电解液温度上升至 40℃ 时，充电电流应减半；继续上升到 45℃ 时应停止充电，待温度降至 40℃ 以下时才可继续充电。

4）充好电的蓄电池电解液的密度应符合规定要求，且各单格电池之间电解液的密度差不得超过 $0.01g/cm^3$。

5）免维护蓄电池不宜采用此法充电。

3. 脉冲快速充电

采用小电流充电，电池内产生的热量可以自然散去，因而温度不会过高；另外，电池内也不会产生过多的气体。其缺点是充电时间太长，无法满足电动汽车的使用要求，特别是临时补充充电的要求，因而可缩短充电时间的快速充电方法就成了研究和开发的热点之一。作为电动汽车的快速充电方法，应能缩短充电时间，可避免充电过程中电解液大量分解析气和温度过高，同时有较高的充电效率。

如前所述，在充电过程的后期，蓄电池两极板间的电位差会高于两极板活性物质的平衡电极电位（每单体蓄电池为 2.1V），这种现象称为极化。极化阻碍了蓄电池充电过程化学反应的正常进行，是造成充电效率低及充电时间长的主要因素。

为了能最大限度地加快蓄电池的化学反应速度，缩短蓄电池达到满充状态的时间，同时保证蓄电池正负极板的极化现象尽量地少或轻，提高蓄电池使用效率，近年来快速充电技术得到迅速发展。

快速脉冲充电可克服充电过程中所产生的极化现象，有效提高充电效率。它是指在大电流充电过程中自动进行短暂停充电并在停充电中自动加入放电脉冲的充电方式。在快速充电时，既不产生大量的气体又不发热，从而达到缩短充电时间的目的。

脉冲快速充电首先利用充电初期极化现象不明显、蓄电池可以接受大电流充电的特点，初期采用 $(0.8 \sim 1)C_{20}$ 的大电流对蓄电池进行恒流充电，使蓄电池容量在短时间内达到60%左右的额定容量；当单体蓄电池端电压达2.4V、电解液开始冒气泡时，控制电路使充电转入脉冲快速充电阶段，即先停止充电25ms（前停充）左右，接着反向脉冲快速充电［反向充电电流的脉宽一般为 $150 \sim 1000\mu s$，脉幅为 $(1.5 \sim 3)C_{20}$ ］，再停止放电25ms（后停充），然后用正向脉冲进行充电。如此周而复始，直至蓄电池充足电为止。其充电电流波形如图7-3所示。

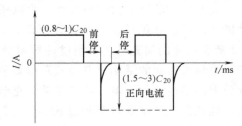

图7-3 脉冲快速充电的电流波形

脉冲快速充电具有充电时间短（一般新蓄电池初充电不超过5h，补充充电只需 $0.5 \sim 1.0h$）、空气污染小、省电节能以及不需专人看管等优点，同时由于脉冲快速充电时化学反应充分，使蓄电池的容量有所增加，故一般在电池集中、充电频繁或应急部门使用快速充电。但是这种充电方法由于充电速度快，析出的气体总量虽然少，但出气率高，对极板活性物质的冲刷力强，使活性物质易脱落；另外，其输出能量较低，能量转换效率也较低，对蓄电池寿命不利。因此，在正常情况下不宜用此法对新启用的蓄电池进行初充电。

脉冲快速充电应该注意的一些事项：

1）脉冲快速充电过程中，电解液温度不得超过45℃。

2）长期存放、极板硫化、每个单格电池电压相差0.2V以上的蓄电池均不能实施脉冲快速充电。

4. 蓄电池间歇充电方法

间歇充电方法指在充电过程中增加一段停歇时间，消除极化作用，是建立在恒流充电和脉冲充电基础上的一种快速充电方法。间歇充电法分为变电流间歇充电法和变电压间歇充电法。变电流间歇充电法其特点是将恒流充电段改为限压变电流间歇充电段，充电前期的各段采用变电流间歇充电的方法，保证加大充电电流，获得绝大部分充电量。充电后期采用定电压充电段，获得过充电量，将电池恢复至完全充电态。通过间歇停充，使蓄电池经化学反应产生的氧气和氢气有时间重新化合而被吸收掉，使浓差极化和欧姆极化自然而然地得到消除，从而减轻了蓄电池的内压，使下一轮的恒流充电能够更加顺利地进行，使蓄电池可以吸收更多的电量。

变电压间歇充电法，与变电流间歇充电方法不同之处在于第一阶段不是间歇恒流，而是间歇恒压。

变电流间歇充电方法更加符合最佳充电的充电曲线。在每个恒电压充电阶段，由于是恒压充电，充电电流自然按照指数规律下降，符合电池电流可接受率随着充电的进行逐步下降的特点。

5. 智能充电方法简介

智能蓄电池充电是集充电、在线监测于一体，对蓄电池组进行充电和容量检测、深度放电后对电池补充充电及对电池组日常维护的一项技术。

采用蓄电池智能化充电方案，能较好地解决普通蓄电池或蓄电池组在充电过程中存在的问题，实现正常模式充电或快速充电。在正常充电模式下，解决串联蓄电池组在充电过程中存在的过充电或充电不足现象；在快速充电过程中，较好地解决蓄电池的发热、能量回收等问题。充电过程无须人工干预，严格按照蓄电池充电特性曲线进行充电，采用"恒流→恒压限流→涓流浮充"智能三阶段充电模式，使每节电池都能够较快地充满电，完全做到全自动工作状态。其原理是在整个充电过程中动态跟踪蓄电池可接受的充电电流，应用 dU/dt 技术，即充电电源根据蓄电池的状态自动确定充电工艺参数，使充电电流自始至终保持在蓄电池可接受的充电电流曲线附近，保持蓄电池几乎在无气体析出的状态下充电，从而保护蓄电池。该方法适用于对各种状态、类型的蓄电池充电，安全、可靠、省时、节能。

智能充电技术的应用，不仅要考虑多充电电压、多充电电流、多充电时间选择，而且要具有温度检测、电流和电压检测功能，尤其是要具备自动判断停止充电功能、自动判断过度充电并报警功能，只有这样，才能有效地提高蓄电池的使用效率。

6. 几种常用充电方法的比较总结

上面简述的这些方法是蓄电池的一些常用的充电方法，下面通过表7-2来对比各种充电方法的优缺点。

表 7-2　各类充电方法优缺点比较

充电方法		优点	缺点
常规充电方法	恒流充电	可以任意选择和调整充电电流,适应性较强,特别适合蓄电池容量恢复的小电流长时间充电	初始充电电流过小,充电后期电流又过大,充电时间长,析出气体多、对极板的冲击较大、能耗较高、效率较低
	恒压充电	充电过程较接近于最佳充电曲线,电解水很少,避免了蓄电池过充、控制装置简单	充电初期电流过大,对蓄电池寿命造成很大影响,且容易使蓄电池极板弯曲,造成电池报废
	阶段充电	析气量少,较其他两种常规充电方法快	不容易控制,前后两端都包含恒流和恒压充电的缺点
脉冲式充电方法		充电过程不产生大量的析气,并且不发热,从而可大大缩短充电时间	快速充电的能量转换效率低,易造成极板活性物质脱落
间歇式充电方法		充电过程析气量少,能量效率高,速度快	控制硬件复杂,难以精确控制
智能充电方法		使用各种状态、类型的蓄电池,充电安全、可靠、节能、省时	实现比较困难

7.1.2　电池的充电过程

理想充电器的实际充电过程应分为预充电、快速充电、补足充电和涓流充电四个阶段。对于长期不用的电池或新电池时，一开始就采用快速充电，会影响电池的寿命。因此，这种电池应先用小电流充电，使其满足一定的充电条件，这个阶段称为预充电。快速充电就是用大电流充电，迅速恢复电池电能。快速充电速率一般在1C以上，快速充电时间由电池容量和充电速率决定。

快速充电结束后，电池并未充足电，为了保证电池充入100%的电量，在快速充电终止后，还应增加补足充电过程。补足充电的速率为0.2C左右，在补足充电过程中，当电池温度上升到55℃时应使充电器自动转入涓流充电过程。

在补足充电结束后，充电器自动转入涓流充电过程。涓流充电可以使电池温度降低，还可以补偿电池因自放电而损失的电量。涓流充电速率可根据电池的自放电特性选择，一般为1/10C、1/20C、1/30C或1/40C等，涓流充电时间约为8h，这样可以保证电池一直处于充足电状态。

7.1.3　新能源汽车蓄电池充电器

根据充电器是装在车内还是车外，充电器可分为车载和非车载两种。车载充电器一般设计为小充电率，它的充电时间长（一般是5~8h）。由于电动汽车车载质量和体积的限制，车载充电器要求尽可能体积小、质量轻（一般小于5kg）。因为充电器和电池管理系统（负责监控蓄电池的电压、温度和荷电状态）都装在车上，所以它们相互之间容易利用电动汽车的内部线路网络进行通信，而且蓄电池的充电方式是预先定义好的。而非车载充电器一般设计为大充电率，没有质量和体积的限制。由于非车载充电器和电池管理系统在物理位置上是分开的，它们之间必须通过电线或者无线电进行通信。根据电池管理系统提供的关于电池的类型、电压、温度、荷电状态的信息，非车载充电器选择一种合适的充电方式为蓄电池充电，以避免蓄电池的过充和过热。

根据给电动汽车蓄电池充电时的能量转换方式的不同，充电器又可以分为接触式和感应式。接触式是将一根带插头的交流动力电缆线直接插到电动汽车的插座中给电池充电，而感应式是通过电磁感应耦合的方式进行能量转换而给电池充电的。接触式充电器具有简单高效的优点；而感应式充电器使用方便，而且即使在恶劣的气候环境下进行充电也无触电的危险。这两种充电器分别适合于户内和户外充电，车载/非车载充电器和接触式/感应式充电器这两种分类方法并不矛盾，原理上车载和非车载充电器都可以是接触或感应式的。

1. 接触式充电器

接触式充电器简单采用插头与金属接触来导电，充分利用了技术成熟、工艺简单和成本低廉的优点。这种充电器有很多的电路结构可以使用，图 7-4 显示了两种基本的充电器电路，两者的区别在于是否带有调节装置。对于在电动汽车上的实际应用，最近开发了一种基于图 7-5 所示充电器电路的微处理器，它对铅酸电池采用多步恒流充电控制。接触式快速充电器可采用类似的电路图，只是充电时不用三相交流电源。

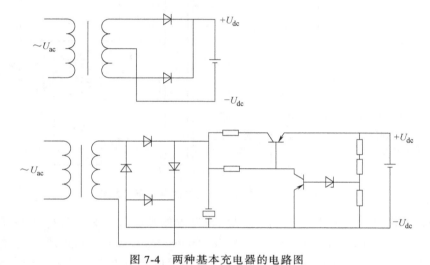

图 7-4 两种基本充电器的电路图

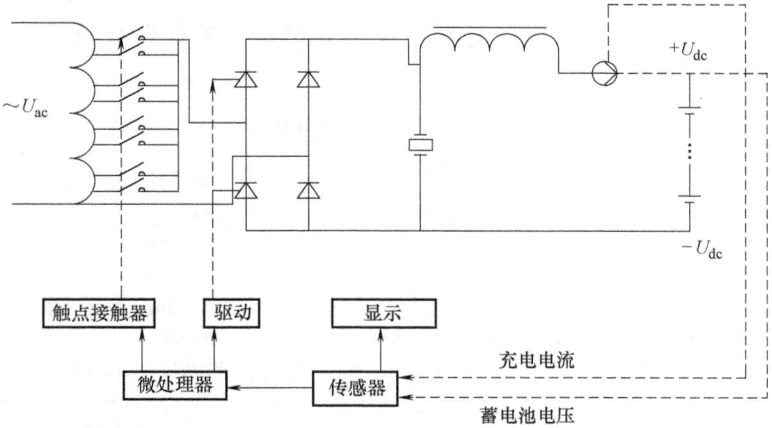

图 7-5 基于微处理器的充电器电路

图 7-6 是电动汽车所用的非车载接触式充电器的典型布置方式，该充电器由一个能够输入的交流电转换为直流电的整流器和一个能调节直流电功率的功率转换器组成，通过把带电线的插头插入电动汽车上配套的插座中，直流电能就输入蓄电池对其充电。充电器设置了一个锁止杠杆以利于插入和取出插头，同时杠杆还能提供一个确定已经锁紧的信号，充电器就不会给电池充电以确保安全。根据非车载充电

器和车上电池管理系统相互之间的通信，功率转换器能在线调节直流充电功率，而且非车载充电器能显示充电电压、充电电流和充电的电能，甚至所需充电费用等。

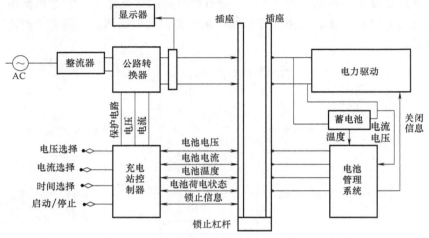

图 7-6　非车载接触式充电器的典型布置方案

根据美国电动汽车协会制定的电动汽车充电器标准（SAE J1772 "SAE Electric Vehicle and Plug in Hybrid Electric Vechicle Conductive Charge Coupler"），接触式充电器分为三个功率等级，见表 7-3，三个功率等级的充电方式以及相应的充电电流从根本上可以满足所有电动汽车的充电要求。目前，许多制造商，诸如 Aero Vironment、EVI、Ford、Norvik 和 SCI Systems 等，都已经开始积极研制符合 SAE J1772 标准的接触式充电器。

表 7-3　接触式充电器等级标准

等级 1：能够方便地利用墙上的公用插座进行充电	120V 单相交流 15A[1] 最大功率 1.44kW
等级 2：私用或公用，要求使用电动汽车专用的供电设备	208~240V 单相交流 30~60A 最大功率 14.4kW
等级 3：安装商业供电设备	208~600V 三相交流 400A 直流 最大功率 240kW[2]

[1] 插座的额定电流（最大连续电流为 12A）；

[2] 标准中所允许的最大值。

2. 感应充电器

感应充电器将电能从充电器感应到电动汽车上，以达到给蓄电池充电的目的。

如图7-7所示，感应充电器是利用高频变压器原理，高频变压器的一次绕组装在离车的充电器上，二次绕组嵌在电动汽车上。充电器将50~60Hz的市电转换成80~300Hz的高频电，然后将高频交流电感应到电动汽车一方。在整流电路的作用下，将高频交流电变换为能够为蓄电池充电的直流电。由于在充电过程中充电器与电动汽车之间无任何金属接触，使得电动汽车的充电更为安全可靠。感应充电方式相对于接触式充电而言有着明显的优点，它可以在任何天气条件下进行安全的充电（包括雨、雪天气或大风天气），其主要缺点是投资成本高，而且充电时不可避免地有感应损耗。

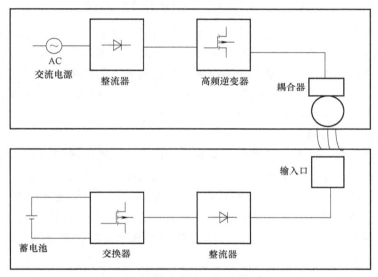

图7-7　感应式充电器的原理图

1995年，美国电动汽车协会公布了SAEJ1773标准——电动汽车感应充电方式实用操作规程。该规程特别指明了感应的一次和二次的铁心和绕组建议使用锰锌铁氧体做铁心材料，该材料制成的铁心在高频（80~300Hz）下损失很小而且磁饱和度大。由于交流电频率高，因而由绕组表面效应引起的损失也很大，所以感应的一次和二次绕组推荐使用绞合线，绞合线由数股相互绝缘的导线组成，从而可以降低表面效应损失。为减少高频逆变器的开关损失，可采用软开关技术，如零电流开关技术（ZCS）或零电压开关技术（ZVS）。图7-8是一种典型的用于感应充电的软开关功率转换器电路图，ZCS的增益逆变器为感应的一次侧和二次侧所共用，而传统的整流器则在充电器一方。感应充电时，蓄电池的电压、电流、温度和SOC等有关信息需要传递给非车载充电器，但由于充电器和车之间没有直接的电连接，所以这些信息一般靠无线电波或者微波来传递。

电磁充电已应用到电动汽车感应充电器的发展中，其功率范围小到1kW，大到120kW。所有充电器的感应连接部分和输入接口都采用SAE J1773推荐的标准。

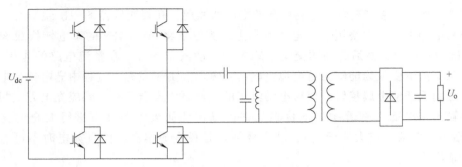

图 7-8 用于感应充电的软开关功率转换器

除此之外，现在出现了用于电动汽车自动充电的感应充电器。这种泊车自动充电的感念是将感应充电器直接装在泊车位中，从而使驾驶人不再为笨重而危险的充电电线而烦恼。这种充电系统的使用非常简单，只要驾驶人确保将车辆正确地停在车位上，就会自动启动为电动汽车的蓄电池充电。在法国，这种感应式自动充电系统已经应用，并由 Praxitele 协会负责检测。

3. 各种充电器举例

常见的蓄电池自动充电器是在充电的同时检测蓄电池电压的大小而实现自动控制的目的。然而，在有充电电流通过时，蓄电池两端电压会偏高，因此根据蓄电池电压的大小很难准确判断它的充电程度。本文介绍的自动蓄电池充电器，其充电电压同基准电压的比较是发生在没有充电电流流过的一段时间内进行的，这样更能准确地反映出蓄电池的充电程度，当蓄电池被充到电压值时，充电器会自动停止充电，防止蓄电池过充电。

下面详细说明三个蓄电池自动充电器的工作原理：

电路如图 7-9 所示，FU 是短路保护管，LED_1 为供电指示，调节 RP_1 可改变 IC_1 的输出电压，RP_2 的中心端为电压比较器 IC_2 的正相输入端提供一参考电压，R_3 为充电电流取样电阻，VD 可防止电池放电，LED_2 是充电状态指示，C_1、C_2 用来防止脉冲干扰。

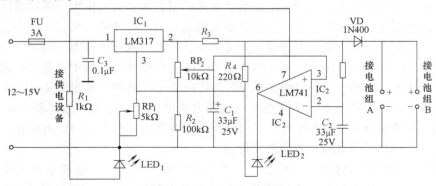

图 7-9 蓄电池自动充电原理图 1

自动停止充电的原理是：充电电流随充电的进行逐渐减小，在 R_3 上的压降也减小。若它小于 RP_2 上的设定值，IC_2 的引脚 2 电平与引脚 3 电平的关系由高于变为低于，则引脚 6 输出高电平跳变为低电平，VD 反偏，充电电流下降为零，此时，由于 R_3 上已无压降，故 IC_2 的引脚 6 保持低电平，LED_2 发光指示电池已充足电。

图 7-10 所示为蓄电池自动充电器原理图 2。220V 市电经变压器 T 降压获得二次电压 U_2，经 $VD_1 \sim VD_4$ 桥式整流输出直流脉动电压。由正极 A 点经过继电器常闭触点 K1-2、R_4、电流表 PA、V_1，通过蓄电池 GB、V_2 至负极 B 点对 GB 进行充电。调节 RP_1 的大小，即调节 V_1、V_2 的基极电位，即可以调节充电电流大小。

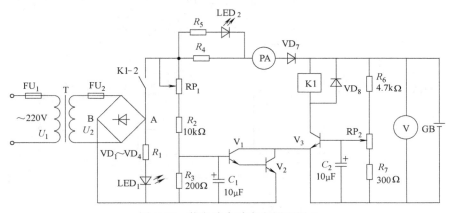

图 7-10　蓄电池自动充电原理图 2

图 7-11 所示为蓄电池自动充电原理图 3。这是一个以晶闸管器件为核心的自动充电器。当充电器接入已放完电的蓄电池时，晶闸管 VT 在每一个正半周开始的时刻导通，对电池进行充电。在正半周的末尾，当充电电压低于蓄电池电压时，晶闸管 VT 关断，随着充电的进行，电池电压增大，晶闸管导通的时刻逐渐推迟。在正半周开始时，VT 处于关断状态，此时充电电压和基准电压进行比较，以决定 VD 是否导通。当电池两端电压达到一定值时，由于 VD_3 的限压作用，V 不再有电流通过，VT 截止，自动停止充电。

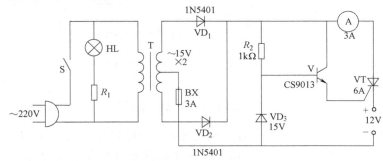

图 7-11　蓄电池自动充电原理图 3

脉冲式充电器电路简单，成本低廉，充电安全快速。电路特点如下：

1）用脉冲电流对蓄电池或干电池进行充电，克服了电池的"记忆效应"。

2）充电电流可调。

3）电路可对充电电压进行检测，当电池电压接近额定电压时，充电速度逐渐放慢。

图 7-12、图 7-13 所示为两个脉冲式自动充电器的原理图。

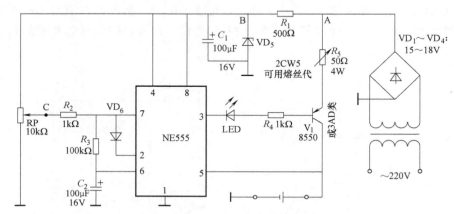

图 7-12　脉冲式自动充电原理图 1

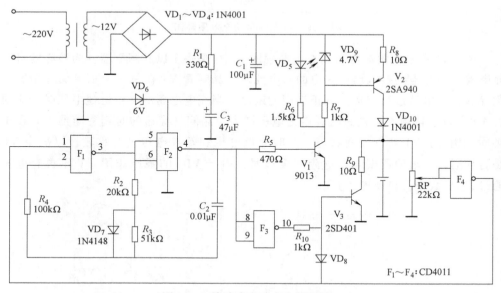

图 7-13　脉冲式自动充电原理图 2

接下来介绍一种可调型汽车蓄电池充电器，充电电压 6~50V 可调，最大充电电流达 20A。适应于 12V、24V、36V 等多种规格的汽车蓄电池充电。工作原理：如图 7-14 所示，接通电源后，交流电通过变压器的一次绕组、R_1、RP 及 R_2 向电

容 C_2 充电，当 C_2 上的电压达到触发双向二极管 VD 导通电压时，C_2 通过 VD 及双向晶闸管 V 放电，并触发 V 导通，使变压器 T 一次侧有电流流过，在交流电过零时，V 关断，C_2 又开始充电，重复上述过程。调节电位器 RP 时，改变了 C_2 充电时间常数，即改变了双向晶闸管的导通角，起到电子调节电压的作用，同时变压器 T 的二次电压也相应变化，改变了充电电压和充电电流。

电路中，L、C_1 用来消除晶闸管产生的脉冲干扰。变压器 T 选用功率约 250W。L 用长 30cm、6mm 的铁氧体磁心，用 0.8mm 的漆包线分三层共绕 100 匝。V 选用 8A/600V 双向晶闸管，配用 2mm×140mm×80mm 的铝质散热板。电流表 A 选用量程为 20A 的 59L1-A 型。电压表 V 选用量程为 50V 的 59C2-V 型。其余元器件型号如图 7-14 所示。

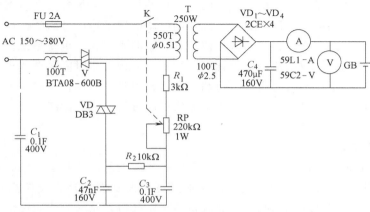

图 7-14　可调型汽车蓄电池充电器

7.2　新能源汽车制动能量回馈系统

所谓新能源汽车的能量再生制动（简称再生制动），是指在车辆减速或制动时，使驱动电动机工作于发电机工况，将车辆的一部分动能转化为电能并回馈至电源的过程。目前电动汽车产业化的最大障碍是电动汽车续驶里程短，而再生制动系统能充分发挥电动汽车的优点，将汽车制动时的部分动能转化为电能回馈到蓄电池，从而有效地利用电池电能，提高电动汽车的续驶里程。美国对电动汽车的实际运行测试结果表明，再生制动给作为储能动力源的蓄电池补充的能量可使电动汽车一次充电后的行驶里程增加 10%～25%，丰田的 Prius 可以回收大约 30% 的能量，使续驶里程得到提高。再生制动是电机的固有特性，可以同时实现节能与电气制动两个目的，因此再生制动在各种电机应用场合得到了广泛的重视和深入的研究。由于再生制动对电动汽车续驶里程的提高具有重要意义，因此针对电动汽车这一应用场合，电机再生制动方法的研究得到了特别的重视。

7.2.1　几种常见的制动能量回收方法

电机在切断电源之后，不可能立即完全停止旋转，总是在其本身及所带负载的惯性作用下旋转一段时间之后才停止。因而，在能源供应紧张的今天，利用电动机制动过程中的剩余能源自然就成了研究开发的一个热点。

电机制动的方法可分为机械制动和电气制动两大类。电气制动中又可分为反接制动、能耗制动和回馈发电制动三种形式。电动汽车的制动方式应考虑机械制动和电气制动两种类型的组合，尽可能多的用回馈发电方式取代机械制动。在电动汽车制动和下坡滑行时，通过控制系统将电机的状态改变为发电状态，将电机发出的电能储存于电池之中，这样既可减少机械制动系统的损耗，又能提高整车能量的使用效率，达到节约能源和提高电动汽车续驶里程的目的，可得到一举多得的效果。

一般而言，回馈发电制动只能起到限制电动机转子速度过高的作用，即不让转子的速度比同步速度高出很多，但无法使其小于同步转速。也就是说，回馈制动系统仅仅能起到稳定运行的作用。因此，回馈制动系统工作时应根据汽车运行状况改变，如在制动、下坡滑行、高速运行和减速运行时等不同场合应采用不同的对策。

根据储能方式，车辆制动能量再生方法可以分为：空气储能、液压储能、飞轮储能和电化学储能。

1. 飞轮储能

飞轮储能是利用高速旋转的飞轮来存储和释放能量，其基本工作原理是：当车辆制动或减速时，先将车辆在制动或减速过程中的动能转换为飞轮高速旋转的动能；当车辆再次起动或加速时，高速旋转的飞轮又将存储的动能通过传动装置转化为车辆行驶的驱动力。其能量转换过程如图7-15所示。

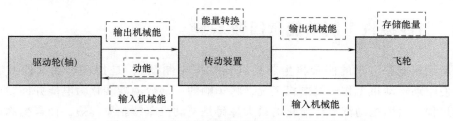

图 7-15　飞轮式储能制动能量再生系统原理图

图7-16所示为一种飞轮储能式制动能量再生系统示意图，飞轮储能制动能量再生系统主要由发动机、高速储能飞轮、增速齿轮、离合器和驱动桥组成。发动机用来提供驱动车辆的主要动力，高速储能飞轮用来回收制动能量以及作为负荷平衡装置，为发动机提供辅助的功率以满足峰值功率要求。由于市区公共车辆具有很大的惯性，在正常行驶时又具有很高的可逆能量—动能，因此可以用高速储能飞轮将其回收。在起步或加速过程中释放出去，既减少了能源的浪费，又提高了车辆的性能。

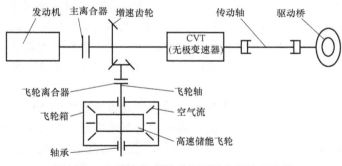

图 7-16　飞轮储能式制动能量再生系统示意图

2. 液压储能

液压储能的工作原理是：先将车辆在制动或减速过程中的动能转换成液压能，并将液压能储藏在液压蓄能器中；当车辆再次起动或加速时，储能系统又将蓄能器中的液压能以机械能的形式反作用于车辆，以增加车辆的驱动力。工作过程如图 7-17 所示。

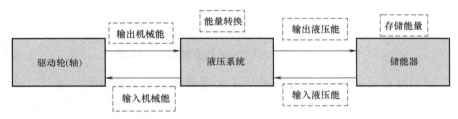

图 7-17　液压储能式制动能量再生系统原理图

图 7-18 所示为利用液压储能原理设计的一种制动能量再生系统。系统由发动机、液压泵/马达、液压蓄能器、变速箱、驱动桥、离合器和液压控制系统组成。

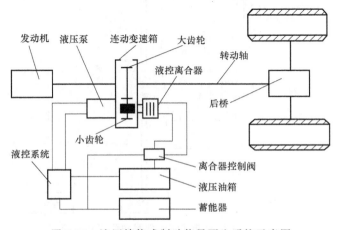

图 7-18　液压储能式制动能量再生系统示意图

起动、加速或爬坡时，液控离合器接合，液压蓄能器与连动变速箱连接，液压蓄能器中的液压能通过泵/马达转化为驱动车辆的动能，用来辅助发动机满足驱动车辆所需要的峰值功率。减速时，电控元件发出信号，使系统处于蓄能状态，将动能转换为压力能储存在液压蓄能器内，这时车辆行驶阻力增大，车速降低直至停车。

3. 电化学储能

电储能的工作原理是：首先将车辆在制动或减速过程中的动能，通过发电机转化为电能并以化学能的形式存储在储能器中；当车辆需要起动或加速时，再将存储器中的化学能通过电动机转化为车辆行驶的动能。储能器可采用蓄电池或超级电容，由发电机/电动机实现机械能和电能之间的转化。系统还包括一个控制单元（EUC），用来控制蓄电池或超级电容的充放电状态，并保证蓄电池的剩余电量在规定的范围内。其工作原理如图 7-19 所示。

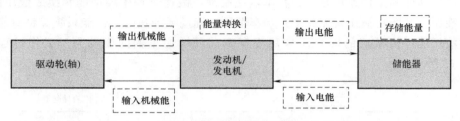

图 7-19　电化学储能式制动能量再生系统原理图

图 7-20 所示为一种用于前轮驱动轿车的电储能式制动能量再生系统。系统工作过程为：当车辆以恒定速度或加速度行驶时，电磁离合器脱开。当车辆制动时，行车制动系统开始工作，车辆减速制动，电磁离合器接合，从而接通驱动轴和变速

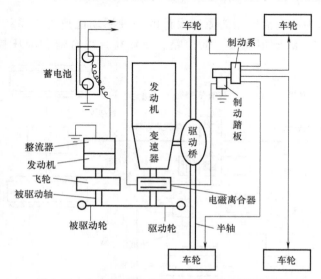

图 7-20　电化学储能式制动能量再生系统示意图

器的输出轴。这样，车辆的动能由输出轴、离合器、驱动轴、驱动轮和从动轮传到发电机和飞轮上。制动时的机械能由电机转换为电能，存入蓄电池。当离合器再分离时，传到飞轮上的制动能，驱动发电机产生电能，存入蓄电池。在发电机和飞轮回收能量的同时产生负载作用，作为前轮驱动的阻力。

7.2.2　电动汽车制动模式与能量回收的约束条件

1. 制动模式

根据制动车速与制动时间的不同，电动汽车制动可分为以下三种模式，对不同情况应采用不同的控制策略。

（1）急制动　急制动对应于制动加速度大于 $2m/s^2$ 的过程。出于安全方面的考虑，急制动应以机械为主，电制动同时作用。在急制动时，可根据初始速度的不同，由车上 ABS 控制提供相应的机械制动力。

（2）中轻度制动　中轻度制动对应于汽车在正常工况下的制动过程，其中又可分为减速过程与停止过程。电制动负责减速过程，停止过程由机械制动完成。两种制动形式的切换点由电机发电特性确定。

（3）下长缓坡时的制动　汽车长下坡的情况一般发生在盘山公路下缓坡时。由于制动力一般不大，可完全由电制动提供，其充电特点表现为回馈电流较小，但充电时间较长。在这一过程中限制因素主要为电池的荷电状态和接收能力。

2. 制动能量回收的约束条件

实用的能量回收系统，要满足以下方面的要求：

1）满足制动的安全要求，符合驾驶时的制动习惯。制动过程中，对安全的要求是第一位的。我们需要找到电制动和机械制动的最佳结合点。在确保安全的前提下，尽可能多地回收能量。应充分考虑电动汽车的驾驶人和乘客的感受，具有能量回收系统的电动汽车的制动过程应尽可能地与传统的制动过程近似，这将保证在实际应用中系统可以为大众所接受。

2）考虑驱动电机的发电工作特性和输出能力。电动汽车中常用的是永磁直流电机和感应异步电机，应针对不同的电机的发电效率特性，采取相应的控制手段。

3）确保电池组在充电过程中的安全，防止过充。电动汽车中常用的电池为镍氢电池、锂电池和铅酸电池。应深入考察不同电池的充放电特性，避免充电电流过大或充电时间过长。

由以上分析能量回收的约束条件包括：

1）根据电池放电深度，即电池的荷电状态的不同，电池可接收的最大充电电流。

2）电池可接收的最大充电时间。

3）能量回收停止时电机转速，及与此相对应的充电电流值。

7.2.3　永磁直流电机再生制动原理

永磁直流电机和永磁交流电机本质统一，永磁交流电机常等效成相应的直流电机进行分析。在 PWM 驱控下，由于 PWM 频率远大于电机换相频率，永磁交流电机的每一相可近似成一台直流电机，因此，以半桥电路驱动、两象限工作的永磁直流电机为模型简化分析和突出概念，进行理论分析和实验研究。

图 7-21 所示为永磁直流电机再生制动原理图，其驱动器为二象限型 DC/DC 变换器，即图中由 VI_1、VI_2 组成的驱动半桥电路。车辆驱动时，VI_2 截止，VI_1 工作于 PWM 模式，实现减压驱动。再生制动过程中，VI_1 截止，VI_2 工作于 PWM 模式。在每个 PWM 周期内，VI_2 导通时回路电流方向如图 7-21a 所示，在此期间电感储能。VI_2 关断后，如图 7-21b 所示，电枢电流 i_m 经 VI_1 的续流二极管 VD_1 向蓄电池充电，实现再生制动。

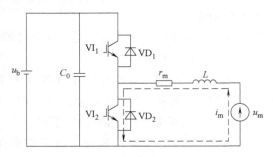

a) VI_2 管导通时的电流方向

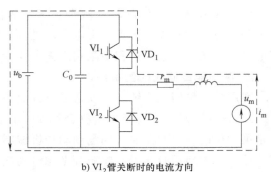

b) VI_2 管关断时的电流方向

图 7-21　永磁直流电机再生制动电路原理图

IGBT 缓冲吸收电路设计：

（1）过电压产生原因　大功率 IGBT 使用的驱动板上一般提供 IGBT 的驱动电路、过电流保护，以及软降栅压和软关断驱动保护电路，这些保护措施是一种逐个脉冲保护。在实际使用过程中，IGBT 在关断时集电极电流 I_C 下降率较大，IGBT 的开关时间一般为 $1\mu s$ 左右。当 IGBT 由通态迅速关断时，尤其在短路和在有故障的情况下会有很大的 $-di/dt$ 产生。该 $-di/dt$ 在主回路的布线电感上引起较大的尖峰电压 $-Ldi/dt$，如图 7-22 所示。这个

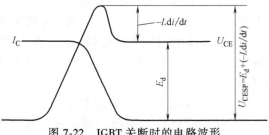

图 7-22　IGBT 关断时的电路波形

尖峰电压与直流电源电压叠加后，加在关断的 IGBT C-E 极之间。如果尖峰电压很大，可能使叠加后的总电压 U_{CESP} 超出 IGBT 的反向安全工作区，或者由于 du/dt

太大而引起误导通，两者都会对 IGBT 造成损害。

（2）缓冲吸收电路工作原理　抑制过电压的有效方法是采用缓冲吸收电路（Snubber Circuit）。IGBT 的关断缓冲吸收电路分为充放电型和放电阻止型两类。充放电型吸收回路由于功耗较大，当运行频率较高时会严重影响装置的运行效率，此处所用的 IGBT 开关频率为 20kHz，故采用放电阻止型吸收电路。

放电阻止型高效缓冲吸收电路有两种类型：C 放电阻止型和 RCD 放电阻止型吸收回路。图 7-23 中，L_1、L_2 为主电路导线的寄生电感与滤波电容 C_0 的寄生电感之和，C_s 为吸收电容，L_s 为 C_s 的寄生电感，R_s 为放电电阻，吸收电容 C_s 应采用无感（低感）专用吸收电容。图 7-23a 所示为 C 型放电阻止型吸收电路，适用于小容量 IGBT 装置（<50A），图 7-23b 所示为高效 RCD 放电阻止型吸收电路，适用于中等容量的装置（<200A）。图 7-23c 中每个 IGBT 单元均有一个 RCD 放电阻止型吸收电路缓冲吸收电路，具有更好的吸收效果，用于大容量的装置中（>200A）。

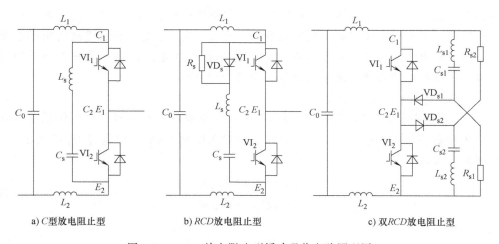

a) C 型放电阻止型　　　b) RCD 放电阻止型　　　c) 双 RCD 放电阻止型

图 7-23　IGBT 放电阻止型缓冲吸收电路原理图

（3）缓冲吸收电路设计要点　首先要合理布置电动汽车蓄电池，尽量减小主电路的布线电感；其次，吸收电容采用无感电容，为了减小吸收电容的寄生电感，它的引线应尽量短，吸收二极管应选用快开通和快恢复二极管。为保证每次关断前吸收电容的过电压放完，R_s 应满足：

$$R_s < \frac{1}{6C_s f} \tag{7-1}$$

式中　f——开关器件的工作频率。

同时，为了防止 C_s 的放电引起震荡，R_s 还应满足：

$$R_s > \frac{1}{2\sqrt{L_s/C_s}} \tag{7-2}$$

7.2.4 电动汽车再生制动控制策略

1. 永磁直流电机再生制动状态空间模型

永磁电机的再生制动原理是升压斩波。图 7-24 所示为永磁直流电机再生制动过程中下管 VI_2 一个 PWM 周期 T_s 内的电枢电流 i_m 波形，D 为 VI_2 的导通占空比，T_s 为 PWM 周期。以 VI_2 开通的瞬间为初始时刻，在电机反电动势 u_m 作用下，电枢电流从 i_1 逐渐增大到 i_2。在 $t = DT_s$ 时刻，VI_2 关断，由于电机电感的作用，电枢电流不能突变，产生较高的电压通过上管的续流二极管 VD_1 向电池供电，电枢电流逐渐降低至 i_1。当电机转速较低，即反电动势较小时，或者蓄电池充电的指令值太小时，电机电枢电流可能出现断续状态，即 $i_1 = 0$。为说明采取控制策略的必要性，需要对再生制动过程中电枢电流 i_m、蓄电池充电电流 i_b 进行分析，下面以图 7-24 所示电枢电流连续情况下的再生制动进行分析。

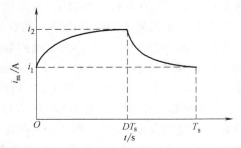

图 7-24　永磁直流电机再生制动中的电枢电流

（1）VI_2 导通（$0 \leqslant t < DT_s$）

VI_2 导通期间，在电枢反电动势作用下，电枢电流持续上升，将车辆动能转化为磁场能量储存在电枢电感 L 中，取状态变量为电枢电流 i_m 和电容 C_0 端电压 u_c，则回路方程如下：

$$\begin{cases} \dot{\boldsymbol{x}} = \boldsymbol{A}_{ON}\boldsymbol{x} + \boldsymbol{B}_{ON}\boldsymbol{w} \\ i_b = \boldsymbol{C}_{ON}\boldsymbol{x} + \boldsymbol{D}_{ON}\boldsymbol{w} \end{cases} \tag{7-3}$$

且

$$\boldsymbol{A}_{ON} = \begin{bmatrix} -\dfrac{r_m + r_s}{L} & 0 \\ 0 & -\dfrac{1}{C_0(r_b + r_c)} \end{bmatrix}, \boldsymbol{B}_{ON} = \begin{bmatrix} \dfrac{1}{L} & 0 \\ 0 & \dfrac{1}{C_0(r_b + r_c)} \end{bmatrix}, \boldsymbol{C}_{ON} = \begin{bmatrix} 0 & \dfrac{1}{r_b + r_c} \end{bmatrix}$$

$$\boldsymbol{D}_{ON} = \begin{bmatrix} 0 & -\dfrac{1}{r_b + r_c} \end{bmatrix}, \boldsymbol{x} = \begin{bmatrix} i_m & u_c \end{bmatrix}^T, \boldsymbol{w} = \begin{bmatrix} v_m & u_b \end{bmatrix}^T$$

式中　r_m、r_s、r_c 和 r_b——电枢绕组、IGBT、主回路滤波电容 C_0 和蓄电池的等效串联电阻；

u_b——蓄电池端电压。

（2）VI_2 截止（$DT_s \leqslant t < T_s$）

VI_2 截止期间，车辆动能及前半周期存储在电枢电感中的磁场能量相加并转换为电能，通过电感的升压作用，向蓄电池回馈能量。与此同时，由于电机电流方向在整个 PWM 周期内都与电动运行时相反，故可获得制动性的电磁转矩，实现电动汽车的再生制动。此阶段的电路方程为

$$\begin{cases} \dot{x} = A_{\mathrm{OFF}} x + B_{\mathrm{OFF}} w \\ i_{\mathrm{b}} = C_{\mathrm{OFF}} x + D_{\mathrm{OFF}} w \end{cases} \tag{7-4}$$

其中

$$A_{\mathrm{OFF}} = \begin{bmatrix} -\dfrac{r_{\mathrm{m}} + r_{\mathrm{s}} + \dfrac{r_{\mathrm{b}} r_{\mathrm{c}}}{r_{\mathrm{b}} + r_{\mathrm{c}}}}{L} & -\dfrac{r_{\mathrm{b}}}{L(r_{\mathrm{b}} + r_{\mathrm{c}})} \\ \dfrac{r_{\mathrm{b}}}{C_0(r_{\mathrm{b}} + r_{\mathrm{c}})} & -\dfrac{1}{C_0(r_{\mathrm{b}} + r_{\mathrm{c}})} \end{bmatrix}, B_{\mathrm{OFF}} = \begin{bmatrix} \dfrac{1}{L} & -\dfrac{r_{\mathrm{c}}}{L(r_{\mathrm{b}} + r_{\mathrm{c}})} \\ 0 & \dfrac{1}{C_0(r_{\mathrm{b}} + r_{\mathrm{c}})} \end{bmatrix}$$

$$C_{\mathrm{OFF}} = \begin{bmatrix} \dfrac{r_{\mathrm{c}}}{r_{\mathrm{b}} + r_{\mathrm{c}}} & \dfrac{1}{r_{\mathrm{b}} + r_{\mathrm{c}}} \end{bmatrix}, D_{\mathrm{OFF}} = \begin{bmatrix} 0 & -\dfrac{1}{r_{\mathrm{b}} + r_{\mathrm{c}}} \end{bmatrix}$$

对于再生制动电路的这两种开关状态，由状态空间平均法可得永磁直流电机再生制动电路的平均状态方程如下：

$$\begin{cases} \begin{aligned} \dot{x} &= \left[A_{\mathrm{ON}} d + A_{\mathrm{OFF}} (1-d) \right] x + \left[B_{\mathrm{ON}} d + B_{\mathrm{OFF}} (1-d) \right] w \\ &= \begin{bmatrix} -\dfrac{(r_{\mathrm{m}} + r_{\mathrm{s}}) d + \left(r_{\mathrm{m}} + r_{\mathrm{d}} + \dfrac{r_{\mathrm{b}} r_{\mathrm{c}}}{r_{\mathrm{b}} + r_{\mathrm{c}}} \right)(1-d)}{L} & -\dfrac{r_{\mathrm{b}}(1-d)}{L(r_{\mathrm{b}} + r_{\mathrm{c}})} \\ \dfrac{r_{\mathrm{b}}(1-d)}{C_0(r_{\mathrm{b}} + r_{\mathrm{c}})} & -\dfrac{1}{C_0(r_{\mathrm{b}} + r_{\mathrm{c}})} \end{bmatrix} x + \begin{bmatrix} \dfrac{1}{L} & -\dfrac{r_{\mathrm{c}}(1-d)}{L(r_{\mathrm{b}} + r_{\mathrm{c}})} \\ 0 & \dfrac{1}{C_0(r_{\mathrm{b}} + r_{\mathrm{c}})} \end{bmatrix} w \\ i_{\mathrm{b}} &= \left[C_{\mathrm{ON}} d + C_{\mathrm{OFF}} (1-d) \right] x + \left[D_{\mathrm{ON}} d + D_{\mathrm{OFF}} (1-d) \right] w \\ &= \begin{bmatrix} \dfrac{r_{\mathrm{c}}(1-d)}{r_{\mathrm{b}} + r_{\mathrm{c}}} & \dfrac{1}{r_{\mathrm{b}} + r_{\mathrm{c}}} \end{bmatrix} x + \begin{bmatrix} 0 & -\dfrac{1}{r_{\mathrm{b}} + r_{\mathrm{c}}} \end{bmatrix} w \end{aligned} \end{cases} \tag{7-5}$$

对上述平均状态方程在稳态工作点施加扰动，令瞬时值为

$$\begin{cases} i_{\mathrm{m}} = I_{\mathrm{m}} + \hat{i}_{\mathrm{m}} \\ u_{\mathrm{c}} = U_{\mathrm{c}} + \hat{u}_{\mathrm{c}} \\ u_{\mathrm{m}} = U_{\mathrm{m}} + \hat{u}_{\mathrm{m}} \\ u_{\mathrm{b}} = U_{\mathrm{b}} + \hat{u}_{\mathrm{b}} \\ d = D + \hat{d} \\ i_{\mathrm{b}} = I_{\mathrm{b}} + \hat{i}_{\mathrm{b}} \end{cases}$$

式中 I_m、U_c、U_m、U_b、D、I_b——各变量在电路稳态工作点的值；

$\hat{i}_m$、$\hat{u}_c$、$\hat{u}_m$、$\hat{u}_b$、$\hat{d}$、$\hat{i}_b$——I_m、U_c、U_m、U_b、D、I_b 的扰动量。

将稳态分量和扰动分量分离为两组方程，可得

稳态方程：

$$\begin{cases} 0 = AX + B_1W \\ I_b = C_2X + D_{21}W \end{cases} \tag{7-6}$$

瞬态方程：

$$\begin{cases} \dfrac{d\hat{x}}{dt} = A\hat{x} + B_1\hat{w} + B_2\hat{d} \\ \hat{i}_b = C_2\hat{x} + D_{21}\hat{w} + D_{22}\hat{d} \end{cases} \tag{7-7}$$

其中，

$$A = \begin{bmatrix} -\dfrac{(r_m+r_s)D + \left(r_m+r_d+\dfrac{r_br_c}{r_b+r_c}\right)(1-D)}{L} & -\dfrac{r_b(1-D)}{L(r_b+r_c)} \\ \dfrac{r_b(1-D)}{C_0(r_b+r_c)} & -\dfrac{1}{C_0(r_b+r_c)} \end{bmatrix}, B_1 = \begin{bmatrix} \dfrac{1}{L} & -\dfrac{r_c(1-D)}{L(r_b+r_c)} \\ 0 & \dfrac{1}{C_0(r_b+r_c)} \end{bmatrix}$$

$$B_2 = \begin{bmatrix} -\dfrac{r_s-r_d-\dfrac{r_br_c}{r_b+r_c}}{L} & \dfrac{r_b}{L(r_b+r_c)} \\ -\dfrac{r_b}{C_0(r_b+r_c)} & 0 \end{bmatrix}X + \begin{bmatrix} 0 & \dfrac{r_c}{L(r_b+r_c)} \\ 0 & 0 \end{bmatrix}W, C_2 = \begin{bmatrix} \dfrac{r_c(1-D)}{r_b+r_c} & \dfrac{1}{r_b+r_c} \end{bmatrix}$$

$$D_{21} = \begin{bmatrix} 0 & -\dfrac{1}{r_b+r_c} \end{bmatrix}, D_{22} = \begin{bmatrix} -\dfrac{r_c}{r_b+r_c} & 0 \end{bmatrix}X$$

稳态方程可以用于计算在某一稳态工作点处的电枢电流和蓄电池充电电流，以及相应的占空比。瞬态方程也称线性小信号模型，用于描述系统在稳态工作点附近的动态过程，利用线性控制方法可以设计再生制动的线性控制器。

2. 电枢电流和回馈电流分析

利用式（7-6）可以计算某一占空比 D 下的电机电枢电流 i_m 和蓄电池充电电流 i_b。为说明再生制动过程中采用控制策略的必要性，下面以西安交大研制的 XJTU-EV-1 型电动汽车为例，分别计算车辆在低速、中速和高速再生制动过程中的 i_m 和 i_b，由于直流电机转速与电机反电动势成正比，故对应于三种车速，电机反电动势分别取为 30V、60V 和 110V。三种车速下的蓄电池充电电流、电机电枢电流对应于不同的占空比时的计算结果如图 7-25~图 7-27 所示。

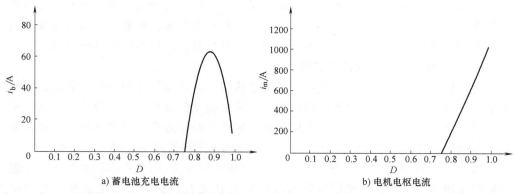

图 7-25　VI₂ 占空比变化时蓄电池充电电流和电机电枢电流（$U_m = 30V$）

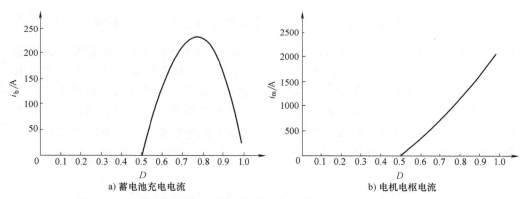

图 7-26　VI₂ 占空比变化时蓄电池充电电流和电机电枢电流（$U_m = 60V$）

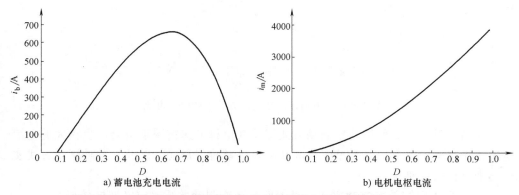

图 7-27　VI₂ 占空比变化时蓄电池充电电流和电机电枢电流（$U_m = 110V$）

　　由计算结果可知，再生制动过程中可以产生很大的电机电枢电流和蓄电池充电
电流。尤其是车速较高的情况下，过大的电流会引发主回路功率器件的过电流保
护，使系统不能正常工作，严重的还会给蓄电池、功率器件、电机带来损害。另一

方面，电流越小则说明回馈给蓄电池的能量越少，再生制动的节能作用不能得到有效发挥。因此，为在不引起部件损害的情况下尽可能提高回收能量，同时还需兼顾再生制动力矩和机械制动力矩的配合，需要对再生制动的控制策略进行研究。

3. 电动汽车再生制动控制策略

前面根据永磁直流电机再生制动的数学模型，对制动过程中的电机电流、电池组平均充电电流，以及回馈到电池的功率和再生制动的效率进行了分析，提出了永磁电动机最大回馈功率制动、最大回馈效率制动及恒定力矩制动等三种再生制动策略。下面以 XJTUEV-1 实际参数进行仿真，指出这三种控制策略的不足之处。

（1）最大回馈功率制动方式　最大回馈功率制动方式以在制动过程中尽可能多地回收能量为目的，其控制对象为电机绕组电流 I_m，而不考虑电池允许充电电流的限制，一般应用于电力机车上，这是因为电力机车直接从电网取电，而回馈电流的大小对电网的影响不是很大[41]。参考文献 [38] 指出，当制动电流 $I_m = \dfrac{U_m}{2r_m}$ 时（r_m 为电枢电阻，U_m 为电机反电动势），电机系统处于最大回馈功率再生制动状态，并将最大功率制动方式应用于电动自行车上。因为电动自行车采用轮式电机，电机功率小且电枢电阻较大，采用这种制动方式不会产生太大的电机电流和蓄电池充电电流。电动汽车采用的电机功率大，对电机效率要求较高，因此电机电阻都比较小，以 XJTUEV-1 电动汽车为例，采用最大回馈功率制动策略时电机反电动势和电枢电流对应关系如图 7-28 所示。

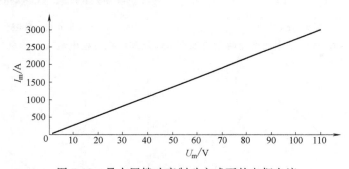

图 7-28　最大回馈功率制动方式下的电枢电流

显而易见，最大回馈功率制动方式即使在电机低速情况下也会产生很大的电枢电流，无论电机本身，还是蓄电池和功率器件都难以承受，因此，这种制动方式实现起来有很大的难度。

（2）最大回馈效率制动方式　最大回馈效率制动方式，定义回馈效率为

$$\eta_p = \frac{V_b i_b}{(T_1 + K_e i_m)\Omega} = \frac{K_e \Omega i_m - i_m^2 r_m}{(T_1 + K_e i_m)\Omega} \tag{7-8}$$

式中　T_1——负载力矩。

由 $\dfrac{\mathrm{d}\eta_{\mathrm{p}}}{\mathrm{d}i}=0$，得最大回馈效率再生制动时的电机电枢电流为

$$i_{\mathrm{m}}=\frac{\sqrt{r_{\mathrm{m}}^{2}T_{1}^{2}+K_{\mathrm{e}}^{2}\varOmega r_{\mathrm{m}}T_{1}}-r_{\mathrm{m}}T_{1}}{K_{\mathrm{e}}r_{\mathrm{m}}} \qquad (7\text{-}9)$$

再生制动过程中，由式（7-9）计算出电枢电流并作为指令值，控制器通过调节下管的占空比使电枢电流跟踪此指令值，即可实现最大回馈效率制动。最大回馈效率制动方式需要实时检测车辆阻力，这在实际应用中存在较大的难度。

（3）恒定力矩制动方式　对于永磁直流电机，恒定力矩制动等效于恒定电枢电流制动，在此控制方式中，控制对象为电机电枢电流，使制动踏板的位移与电枢电流，即制动力矩成正比。图 7-29 所示为电机初始反电动势为 110V、蓄电池端电压为 120V 时，电枢电流 50A 制动过程中的电枢电流 i_{m} 和蓄电池充电电流 i_{b} 的波形。

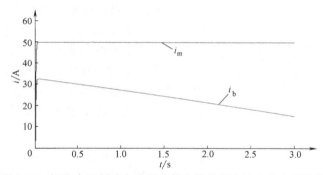

图 7-29　恒定力矩制动方式的电枢电流及蓄电池充电电流波形

在制动力矩（电枢电流）不变的情况下，回馈到电池的电流将随电机反电动势的降低而减小，且其初始值（也是最大值）不应超过电池允许充电电流，在制动过程中能量不能得到有效的回收。

（4）恒定充电电流制动方式　为避免过大的回馈电流对蓄电池造成损害，提出了恒定充电电流制动方式，即以蓄电池充电电流为被控对象，兼顾能量回收与系统保护，这是一种更实用的控制策略。在车辆制动过程中，控制系统维持蓄电池充电电流不变，而随着车速的降低，电机的反电动势也在不断降低，根据电机回馈功率和蓄电池充电功率相等的关系，易知电枢电流在不断上升，如图 7-30 所示为电机初始反电动势为 100V、电池电压为 120V、蓄电池充电电流为 40A 情况下的蓄电池充电电流 i_{b} 和电机电枢电流 i_{m} 的波形。由图 7-30 可知，控制系统在车辆制动过程中维持蓄电池充电电流为 40A，而随着车辆的减速，电机反电动势持续下降，电枢电流持续上升，其峰值达到 130A 左右。

恒定充电电流制动方式适用于采用蓄电池单电源系统的电动汽车，由于蓄电池电压在再生制动过程中不会发生明显的变化，因此电枢电流的上升不会太大。而在

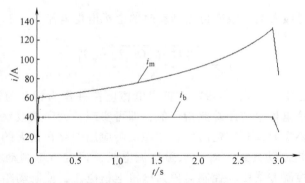

图 7-30　恒定回馈电流制动方式的电枢电流及蓄电池充电电流波形

超级电容-蓄电池复合电源系统中，由于超级电容端电压在单次再生制动过程中就会发生很大的改变，随着制动过程中超级电容端电压的上升和电机反电动势的下降，电枢电流将急剧上升，有可能对功率器件，甚至电机造成损害。

（5）恒定充电功率制动方式　基于上述分析，提出了一种适合于超级电容-蓄电池复合电源系统的再生制动控制策略，即恒定充电功率制动方式，即对再生制动过程中储能部件的充电功率进行控制。在超级电容电压低的时候采用大电流充电，当电容电压上升时，充电电流指令值下降，兼顾能量回收与系统器件保护。图 7-31 为复合电源系统分别采用恒定充电电流和恒定充电功率制动方式下的超级电容充电电流和电枢电流实测结果。

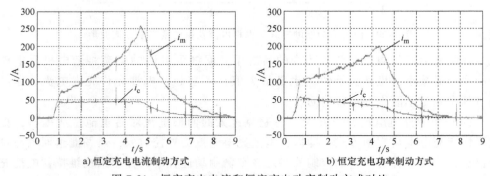

a) 恒定充电电流制动方式　　　　　　　b) 恒定充电功率制动方式

图 7-31　恒定充电电流和恒定充电功率制动方式对比

由实验结果可知，当超级电容充电电流控制在 45A 时，如图 7-31a 所示，在车辆制动末期，电枢电流峰值达到 260A，不但超过电机额定电流 200A 的限制，而且也接近功率器件额定电流 300A 的限制，会对系统造成严重威胁。而采用恒定充电功率情形下，如图 7-31b 所示，充电功率维持在 9.5kW 左右时，制动初始时刻电容充电电流为 60A，而制动末期电容充电电流降至 35A，此时电枢电流峰值约 200A，电机和功率器件都是安全的。因此和恒定充电电流制动方式相比，恒定充电功率制动方式更实用，而且，由于蓄电池端电压变化缓慢，其充电电流恒定等效于充电功率恒定，因此可以说恒定充电电流制动方式是恒定充电功率制动方式在以蓄电池作为电机回馈能量储存器件的系统中的一个特例。

7.3　新能源汽车能量系统的电源变换装置

新能源汽车电子设备常常是一个极为复杂的电子系统。这个复杂的系统包含许多作用不同的功能块，每个功能块对电源的要求不尽相同。各部分所需的功率等级、电压高低、电流大小、安全可靠性、电磁兼容性等指标不同。为了满足上述要求，新能源汽车常使用各种功率变换器。目前使用的功率变换器可分为 AC/DC、DC/DC、DC/AC 三种类型。它们分别适用于各种不同的领域，其中使用最多的是前两种。

7.3.1　DC/DC 功率变换器

1. DC/DC 的功用

在新能源电动汽车的电子系统和设备中，系统中的直流母线不可能满足性能各异、种类繁多的元器件（包括集成组件）对直流电源的电压等级、稳定性等要求，因而必须采用各种 DC/DC 功率变换模块来满足电子系统对直流电源的各种需求。DC/DC 变换模块的直流输入电源可来自系统中的电池，也可来自直流总线。这种电源通常有 48V、24V、5V 或者其他数值，其电压稳定性能差且会有较高的噪声分量。例如，一个 12V 的汽车电池在充电时其电压可高达 15V 以上，起动电动机时电压可低至 6V。要使汽车电子设备正常工作，必须使用一个 DC/DC 功率变换模块，将宽范围变化的直流电压变换成一种稳定性能良好的直流电压。

新能源电动汽车的 DC/DC 变换器的主要功能是给车灯、ECU、小型电器等车辆附属设备供给电力和向附属设备电源充电，其作用与传统内燃机汽车的交流发电机相似。传统汽车依靠发动机带动交流发电机发电供给附属电设备和附属设备的电源。由于纯电动汽车和燃料电池电动汽车无发动机、混合动力汽车的发动机是间断地工作，并且多带有"自动停止息速"设备，因此新能源电动汽车无法使用交流发电机提供的电源，必须靠主电池向附属用电设备及电源供电，因此 DC/DC 变换器成为必备设备。

2. 双向 DC/DC 变换器在电动汽车上的应用

新能源汽车中的电动机是典型的有源负载，电动机根据驾驶人的不同指令既可以工作在电动状态又可以工作在再生发电状态，既可以吸收电池组电能将其转换成机械能输出，也可以将机械能转换成电能反馈给电池组。由于电动汽车中的电动机的转速范围很宽，行驶过程中频繁加速、减速，而且在电动汽车运行过程中蓄电池电压的变化范围也是很大的，在这样的条件下如果用蓄电池组直接驱动电动机运转，会造成电动机驱动性能的恶化，使用 DC/DC 变换器可以将蓄电池组的电压在一定的负载范围内稳定在一个相对较高的电压值，从而可以明显提高电动机的驱动性能。另一方面，DC/DC 变换器又可以将电动机制动时由机械能转化而来的电能回馈给蓄电池组，以可控的方式对蓄电池组进行充电，这对于电池新能源电动汽车有着非常重要的意义，尤其是在新能源电动汽车需要较频繁的起动和制动的城市工况运行条件下，有效地回收制动能量可使新能源电动汽车的行驶里程大大增加。新能源电动汽车采用 DC/DC 变换器可以优化电动机控制，提高新能源电动汽车整车的效率和性能，同时还可以避免出现反向制动无法控制和变换器输出端出现浪涌电压和不利情况。

目前，大多数 DC/DC 变换器是单向工作的，即通过变换器的能量流动的方向只能是单向的。然而，对于需要能量双向流动的场合，例如超级电容器在新能源电动汽车中的应用，如果仍然使用单向 DC/DC 变换器，则需要将两个单向 DC/DC 变换器反方向并联使用，这样的做法虽然可以达到能量双向流动的目的，但是总体电路会变得非常复杂，双向 DC/DC 变换器就是可以完成这种能量的直接变换器。

双向 DC/DC 变换器是指在保持变换器两端的直流电压极性不变的情况下，根据实际需要完成能量双向传输的直流变换器。双向 DC/DC 变换器可以非常方便地实现能量的双向传输，使用的电力电子器件数目少，具有效率高、体积小和成本低等优点。

由于双向 DC/DC 变换器具有以上优点，使其在新能源电动汽车的发展过程中得到了应用。

1）在电动汽车发展的初期，由于直流电机结构简单，技术比较成熟，具有优良的电磁转矩特性，所以直流电机得到了广泛的应用。对于采用直流电动机的新能源电动汽车而言，图 7-32 所示为常见的利用双向 DC/DC 变换器的驱动系统机构图。

图 7-32　采用直流电机的新能源电动汽车驱动系统机构图

2）由于直流电机存在价格高、体积和质量大、维护困难等缺点，目前，电动汽车用电机正在逐渐由直流向交流发展，直流电机基本上已经被交流电机、永磁电机所取代。在这些应用场合，双向 DC/DC 变换器可以调节逆变器的输入电压，并且可以实现再生回馈制动。图 7-33 所示为这种驱动系统的结构图。

电动汽车用电机是一些具有较低输入感抗的交流电机，由于它具有高功率密度、低转动惯量、转动平滑以及低成本等优点，因此得到了越来越多的应用。对于这种交流电机如果仍然采用通常的固定直流母线电压脉宽调制的驱动方式，较低的

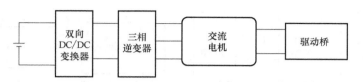

图 7-33　采用交流电机的新能源电动汽车驱动系统结构图

输入感抗必然会导致电机电流波形中出现较大的纹波，同时会造成很大的铁损耗和开关损耗，使用双向 DC/DC 变换器就可以很好解决这个问题。当采用这类电机直接驱动电动汽车车轮时，由于电机电流波形的纹波是加在电机输入端子上电压的瞬间值和电机反电势之间的电压差值成正比的，因此利用双向 DC/DC 变换器可以根据电机的转速来不断调整逆变器的直流侧输入电压，从而减小电机电流波形的纹波。另外，通过控制反向制动电流，双向 DC/DC 变换器可以将机械能回馈到蓄电池组或者是一个附加的超级电容中，从而达到提高整车效率的目的。

3）由于单一的动力电池难以满足新能源电动汽车对于电池提出的各项要求，因此，人们开始探索将几种电池组合使用，以发挥它们各自性能上的优势。铅酸蓄电池由于技术比较成熟、价格比较便宜，长期以来一直作为电动汽车的主要能源，并且改进型的铅酸蓄电池也在不断推出之中。以铅酸蓄电池为主电源的基础上附加高功率密度的超级电容器作为辅助电源的电源结构，由铅酸蓄电池提供电动汽车正常运行过程中所需要的能量，由超级电容器提供和吸收电动汽车加速或者减速过程中的附加能量，这样一方面利用了超级电容器功率密度大的优点，减少了对蓄电池峰值功率的要求；另一方面弥补了超级电容器单一电源能量密度低的缺点，增加了新能源电动汽车的行驶里程，也延长了蓄电池的使用寿命，降低了成本。在这样的电源结构中，由于超级电容器的能量流动是双向的，因此，需要在超级电容器与直流母线间接入双向 DC/DC 变换器。当电容器输出能量时，DC/DC 变换器正向升压工作，将超级电容器的电压升高到较高的直流母线电压；当电容器吸收能量时，DC/DC 变换器反向降压工作，将母线电压降低以恒流的方式给电容器充电。

燃料电池（FC）以其优越的性能和良好的开发前景，被广泛认为是未来电动汽车车载电池的最佳选择，其优点有：

1）在燃料电池发电前通过双向 DC/DC 变换器升高电压，提供较高的总线电压能量，保持电源输出功率的稳定。

2）当汽车加速时，超级电容器通过双向 DC/DC 变换器，可以提供所需的峰值功率。

3）当汽车制动时，逆变器和双向 DC/DC 变换器将再生制动的能量存储到超级电容器中。

通过加入超级电容器和双向 DC/DC 变换器，提高了新能源电动汽车的加速和减速性能。图 7-34 所示为燃料电池电动汽车的驱动系统结构图。

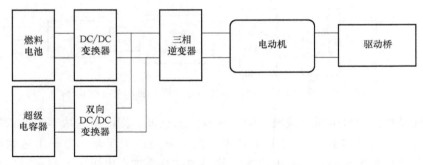

图 7-34　燃料电池电动汽车的驱动系统结构图

7.3.2　DC/DC 变换器的种类与比较

DC/DC 变换器按是否采用高频变压器分为隔离式和非隔离式两类，隔离式 DC/DC 变换器可由非隔离式演变而来，非隔离式 DC/DC 变换器的基本拓扑是降压变换器（Buck 电路）和升压变换器（Boost 电路），这两种基本电路的组合又构成了另外两种基本变换器：降压-升压变换器（Buck-Boost 电路）和升压降压变换器（CuK 电路）。这几种电路都有电感电流连续与断续的工作状态，而对于燃料电池电动汽车用 DC/DC 变换器，则要求电感电流工作在连续的状态。隔离式的变换器由基本的非隔离式变换器和隔离变压器组成，这类功率变换电路包括单端正激、单端反激、推挽式、半桥和全桥等几种。

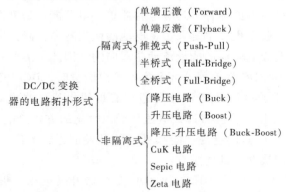

双向 DC/DC 变换器的电路拓扑有很多种，如图 7-35 所示，常见的有电流双象限变换器、全桥变换器、T 形双向升降压变换器、级联式升降压变换器、CuK 双向变换器、Sepic/Zeta 双向变换器以及基于上述拓扑的衍生电路，其功能和特点见表 7-4。

DC/DC 变换器又称斩波器，具有成本低、可靠性高、结构简单等特点，被广泛应用于便携式电子设备、工业仪表、航空航天、通信及电车的无级变速等领域，能够实现上述控制获得加速平稳、快速响应的性能，还能够有效抑制电网侧谐波电

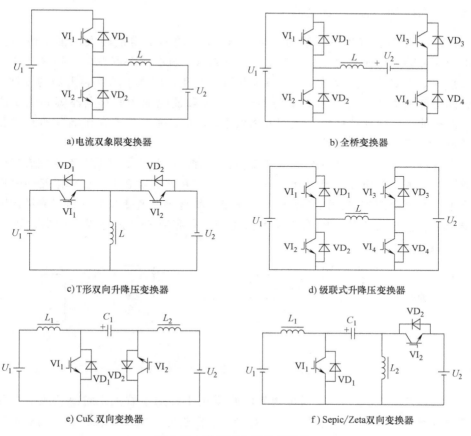

a)电流双象限变换器   b) 全桥变换器

c)T形双向升降压变换器   d) 级联式升降压变换器

e) CuK 双向变换器   f) Sepic/Zeta双向变换器

图 7-35 常见双向变换器结构

流噪声及节约电能。由于 DC/DC 变换器具有最基本和最简单的电路结构，为提高其工作效率而采取的控制措施也可被其他变换电路所采纳，因此对 DC/DC 变换器有关问题的研究也一直是电力电子学术界关注的领域。

表 7-4 常见双向变换器功能及特点对比

变换器	功能	特 点
电流双象限变换器	降压/升压	电流双象限,结构简单,应用成熟,同等功率条件下主开关管电压电流应力小,电感易于优化设计
全桥变换器	降压/升压	四象限运行,应用于中大功率场合,结构复杂,所用器件较多
T 形双向升降压变换器	双向升降压	结构简单,输入输出极性相反,开关管应力大
级连式升降压变换器	双向升降压	开关管应力与电流双象限变换器相似,结构复杂,所用器件多,成本高
CuK 双向变换器	双向升降压	电容的使用降低了可靠性,输入输出极性相反,电路结构稍显复杂
Sepic/Zeta 双向变换器	双向升降压	电容的使用降低了可靠性,电路结构稍显复杂

7.3.3 DC/AC 功率变换器

DC/AC 功率变换器是应用功率半导体器件, 将直流电能转换成恒压恒频交流电能的一种静止变流装置, 供交流负载用电或与交流电网并网发电。随着石油、煤和天然气等主要能源的大量使用, 新能源的开发和利用越来越得到人们的重视。利用新能源的关键技术-逆变技术能将蓄电池、太阳能电池和燃料电池等其他新能源转化的电能变换成交流电能与电网并网发电。因此, 逆变技术在新能源的开发和利用领域有着至关重要的地位。

逆变器可分为有源逆变与无源逆变两种。有源逆变器是指把直流逆变成与交流电源同频率的交流电馈送到电网中去的逆变器。在逆变状态下, 变换电路的交流侧如果不与交流电网连接, 而直接与负载连接, 将直流电逆变成某一频率或可调频率的交流电直接供给负载, 则称之为无源逆变。有源逆变与无源逆变的概念可用图7-36 来表示。

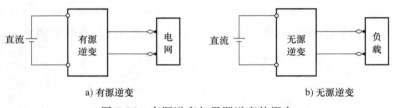

a) 有源逆变   b) 无源逆变

图 7-36   有源逆变与无源逆变的概念

除电动汽车外, DC/AC 无源逆变电路模块主要用于航天、航海、航空以及通信系统等设备, 其特点是体积小、质量轻、稳定性好、噪声低、具有自动稳频稳压性能、谐波失真小、转换效率高、保护功能完善、可靠性好。典型产品有 SWG 系列 DC/AC 电源模块, 这种模块电源也称为铃流源 (一种特殊形式的电源, 在通信交换设备中, 铃流源为用户话机提供振铃信号和工作电源), 在通信系统中获得了广泛的应用。

电动汽车中使用的 DC/AC 多为无源逆变器, 其功用主要是将蓄电池或燃料电池等输出的直流电变换为交流电提供给交流驱动电机等。由于汽车 (包括电动汽车) 的功能不断扩展, 对于兼作流动办公室或野营生活用车等使用的汽车而言, 则需要 220V (或 110V) 的两相交流电, 以满足常用电器设备的用电要求。因此随着人类生活水平的提高, 车用两相 DC/AC 逆变器的应用会逐渐增大。

7.3.4 AC/DC 功率变换器

AC/DC 功率变换器 (模块) 的作用就是将交流电压如 220V、110V 转换成电子设备所需的稳定直流电压, 电动汽车中 AC/DC 的功能主要是将交流发电机发出的交流电转换成直流电提供给用电器或储能设备储存。AC/DC 功率变换模块电路的一般原理如图 7-37 所示，图中，U_{ref} 为参考电压；PWM 为脉冲宽度调制式开关变换器。AC/DC 功率变换模块由输入滤波电路、全波整流和滤波电路、DC/DC 变换电路、过电压和过电流保护电路、控制电路和输出整流电路组成。整流电路的作用是将交流电压变为直流脉冲电压，输入滤波电路的作用是使整流后的电压更加平滑，并将电网中的杂波滤除以免对模块产生干扰，同时，输入滤波器也阻止模块自身产生的干扰影响。DC/DC 变换电路和控制电路是模块的关键环节，由它实现直流电压的转换和稳压。保护电路的作用是在模块输入电压或电流过大的情况下产生动作，使模块关断，从而起到保护作用。目前，越来越多的模块制造厂商还在全波整流电路和 DC/DC 变换电路之间加入功率因数校正电路，有效地解决了整流后谐波畸变所导致的低功率因数问题，使模块效率进一步提高。

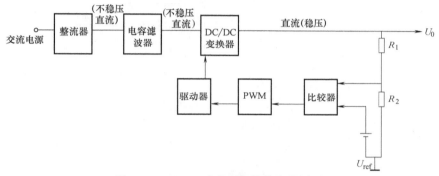

图 7-37　AC/DC 功率变换模块电路原理

常见的 AC/DC 功率变换模块输出功率有 25W、40W、40~50W、50W、50~60W、75W、100W、130W、160~180W、200W、350W、450W、600W、740W、950W、1500W。输出电压可以是+5V、-5V、+12V、-12V、+15V、-15V、+24V、-24V 或者在某一范围内连续可以调节，输出结构可以是单路电压输出或者是双路、三路、四路，甚至是五路。模块外部封装可以是开放式、金属外壳或者其他形式。另外，用户可以根据设备的需要自由选择合适的模块。

7.3.5　电力变换装置在新能源电动汽车中的应用举例

采用 Boost 电路作为最大功率跟踪电路，采用电流双象限变换器作为超级电容与直流母线的连接通道，得到复合能源电动车系统总体硬件原理如图 7-38 所示。图中的能源装置有太阳电池、蓄电池和超级电容（UC）。M 为电动机，U_n（n = mppt，b，c）为电压传感器，I_n（n = mppt，b，c）为电流传感器，VI_n 为电力开关管，VD_n 为二极管，FU 为熔丝。

电路中，VD_1 为防反充二极管，防止当负载电压高于太阳能电池时对其反充电。VD 为防蓄电池反接二极管，当蓄电池接反的时候，二极管 VD 导通，产生大电流迅速熔断熔丝，从而达到保护蓄电池的目的。C_1、C_2 为大容量滤波电容，电力开关管 VI₂（这里采用的是 IGBT）起开关的作用，连接辅助电源与主电池，通过控制其导通/关断实现能量流动方向的控制。Boost 电路用作最大功率跟踪，电流双象限 DC/DC 变换器在电动汽车起动或者加速时工作在降压状态（Buck 电路），为电动汽车提供瞬时大电流，在其他工况下工作于升压状态，由光伏电池向超级电容充电。

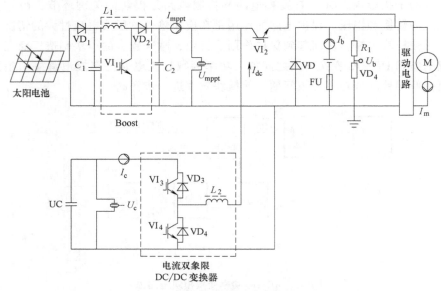

图 7-38　复合能源系统总体硬件电路

7.4　新能源汽车与电网互动技术

电动汽车与电网互动（Vehicle to Grid，V2G）技术是为发展大规模电动汽车和智能电网建设实现共赢而提出的新型电网应用技术。电动汽车不仅作为电力消费体，在其闲置时可作为绿色可再生能源为电网提供电力，实现受控状态下电动汽车的能量与电网之间的双向互动和能量交换。

7.4.1　V2G 技术的意义

受能源和环境等问题的影响，近年来电动汽车的发展突飞猛进，由于电动汽车所需能量由电网提供，电动汽车的大规模普及势必对电网运行产生重大影响。首先，单台电动汽车快速充电的功率可达到数十千瓦，大量电动汽车接入电网充电会使当地电网出现过负荷问题。其次，大量电动汽车充电会导致电能质量下降，不仅会导致电压下降、谐波污染和三相不平衡，缩短变压器的使用寿命。再次，电动汽车规模的扩大要求我国对现有电网进行扩容升级，对电网规划中的配电容量设置、配电线路选型等产生较大影响。

但是，在电网中加入储能环节却能减少电网备用设备的投资，保持电网的稳定，使电网经济、安全和有效地运行。在电网负荷低谷时段存储电网多余的电能，在用电高峰时段释放存储的电能以缓解电网负荷压力，尤其当储能容量足够大时，可有效地起到削峰填谷的作用。虽然我国抽水储能技术比较成熟，但其建设周期长，同时也会受到地理条件的限制。而电动汽车车载电池正好具有分布式移动储能的特点，将电动汽车作为分布式储能单元，利用 V2G 技术将电动汽车充分有序地利用，夜间用电低谷时段对电动汽车充电，而在白天用电高峰时段将富余电能反向送回电网，可有效缓解电网负荷压力，减小电网投资，有效平抑电网峰谷差，实现电网安全有效运行。

V2G 技术利用电动汽车作为储能单元实现电动汽车与电力系统之间能量的可控交换，电动汽车可以与电网进行通信，实现电力系统电能的相互转换（充电或放电）。V2G 技术体现的是能量双向、实时、可控、高速地在车辆与电网之间流动，充放电控制装置既实现与电网的交互，又有与车辆的交互，交互的内容包括能量变换、用户需求信息、电网状态、车辆信息、计量计费数据等。因此，V2G 技术是融合了电力电子变换技术、通信技术、调度控制和计量技术、用户需求管理等多种技术的高端综合应用，这一技术的实现将推动电网技术向更加智能的方向发展。

7.4.2　V2G 系统及互动模式

V2G 服务的控制策略主要依据电网需求来制定，因此系统控制中心需要实时掌握电网状况，然后根据电网状态制定控制策略，发布命令控制电动汽车电池的充放电工作。电网状态主要包括当前系统的用电负荷信息、发电量信息和电能质量信息，还包括电网所需的调峰调频、有功无功补偿和电力容量。

另一方面，V2G 服务控制还需实时掌握参与服务的每辆电动汽车的状态，如蓄电池荷电状态和入网位置等。为吸引更多的电动汽车接入电网参与 V2G 服务，V2G 中心控制平台还可通过移动通信或手机 App 等方式发布实时电价信息、所需服务区域和电网接入点等信息吸引用户参与，同时也可引导用户到就近或充电电价低的区域进行充电。当然，如果电动汽车自带车载信息终端，就可以更方便地接收信息并传送自身的位置和 SOC 信息。

V2G 系统的构成如图 7-39 所示。互动协调控制中心是整个系统的大脑，负责信息交换和信息处理，其后台管理系统采集、统计、计算所管辖范围内各区域所有车辆可充放电的实时容量和受控时间等信息，并实时与电网调度中心对接，再根据电网调度中心的调度指令和各区汇总的可用充放电容量，分配各个区域的充放电容量并对各区域的控制中心下发充放电任务指令。同时，分区域控制中心对所辖范围内双向智能控制装置进行充放电控制管理并反馈相关信息。

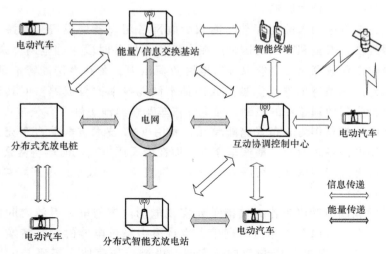

图 7-39 电动汽车与电网互动系统的构成

电动汽车与电网互动需要对众多分散的电动汽车进行协调、调度和控制，建立合理的市场机制激励用户使其参与到电网的充放电控制中，才能实现电网与用户的双赢。从目前的研究来看，主要有三种运营模式：

（1）换电模式 此类 V2G 管理模式以电动汽车动力电池组的更换为基础，通过电池组更换来实现 V2G 的运营。该模式中电动汽车与电网的交互需要电动汽车换电站作为桥梁进行，换电站中储存大量电动汽车车载电池，电池的充电和向电网反向送电由换电站直接管控。近两年来这一模式呼声较高，原因在于它省去了用户等待电动汽车充电的环节，可实现"即换即走"，最大程度为用户提供了便捷。但是，由于不同电动汽车厂商采用的电池型号各异，这一模式对变电站的充放电接口设备有一定要求，并且还需要配套的蓄电池流通管理服务。

（2）自治 V2G 模式 这一模式以电动汽车充放电分散管理为特点，根据电网运行状态，结合电动汽车状态实现 V2G。自治 V2G 模式不受空间限制，电动汽车分散于不同位置，虽然充电时间可一定程度上受 V2G 控制中心的引导，但由于不受统一管理，充放电还是存在较大随机性。

（3）集中 V2G 模式 这一模式以电动汽车集中管理为特点，将电动汽车限定在一定区域内，根据电网需求对电动汽车进行统一管理和调度，并通过指令管控每一台电动汽车的充放电。对电网而言，集中 V2G 模式能很好地服务于电网，但对电动汽车用户却造成了一定程度的不便，这种不便既体现在电动汽车集中点的空间上，也体现在使用电动汽车的时间上。

因此，综合考虑电网端和用户端的特点和需求，基于换电模式的 V2G 更具可行性和前景。

7.4.3　具有 V2G 功能的充电设施规划要求

根据中国电子装备技术开发协会制定的《电动汽车充电站及充电桩设计规范》（T/CAEE 026—2020），对充电站和充电桩电气部分有以下规定：

（1）负荷等级上，按充电站在经济社会中的重要程度分为两类：①在政治上具有重大影响，或中断供电将对社会公共交通产生较大影响，在一定范围内造成社会公共秩序严重混乱、造成企事业单位较大经济损失的充电站属二类电力用户。②不属于二级电力用户的其他充电站为三级电力用户；充电桩为三级电力用户。

（2）供电电源方面：①属于二级电力用户的充电站宜由两回路中压供电电源供电，两回路中供电电源宜引自不同变电站，也可引自同一变电站的不同母线段，每回供电线路应满足 100%用电负荷的供电要求；属于三级电力用户的充电站由单回路中压供电电源供电。②用电设备在 100kW 以上的充电站应采用 10（20）kV 电压等级供电；用电设备的容量在 100kW 及以下的充电站，可采用 380V 电压等级供电。③交流充电桩应采用 380V 或 220V 电压等级供电；直流充电桩应采用 380V 电压等级供电。

7.5　新能源汽车无线充电技术

受电能补充方式以及电能存储方式的影响，目前的电动汽车有线充电方式存在充电不灵活、操作复杂和安全隐患多的问题，并且电能存储依赖于大容量的电池设备，成本高且大幅增加了车辆自重。无线电能传输（Wireless Power Transfer，WPT）技术可以一定程度上解决电动汽车电能补给上的诸多问题，尤其是电动汽车动态无线充电（Electric Vehicle Dynamic Wireless Charging，EV-DWC）技术，由于可以实现对行驶状态的电动汽车进行实时的能量供给，因此可有效降低整车自重和成本，提升电动汽车续航能力。

7.5.1　电动汽车无线充电系统的基本结构

无线电能传输技术是一种从电源到负载无接触的能量转换方式，其奠基人是著名发明家尼古拉·特斯拉。在 19 世纪末的哥伦比亚世博会上，特斯拉首次用无线电能传输的方式将一盏磷光灯点亮。而无线输电技术的早期发展，也充满了特斯拉的梦想与实践，1901 年特斯拉在纽约长岛建立了沃登克里弗塔进行无线输电试验，虽然最终该项目因舆论和资金问题以失败告终，但这一技术的研究却在一个世纪以后迎来了新的契机，现已应用于手机、手表、电动牙刷等电器。

当无线充电技术应用于电动汽车时，它能实现电网与电动汽车之间完全电气隔离的能量传输。这种电气隔离最直接的优点在于避免接插件的磨损，并在雨雪天气中避免漏电，大幅提高了电能传输过程的可靠性和安全性。此外，由于充电设施安装于地下，因此可节省空间，使停车场所更为紧凑。图 7-40 所示为电动汽车无线充电系统的结构示意图，供电单元提供的电能通过敷设的电缆传送至安装于地面的发射装置上，电能通过无线传送（如交变电磁场）隔空传递至车载的接收装置，再通过控制器及电力电子设备将交流电变换为直流电，最后将电能传送至电池并存储。

图 7-40　典型电动汽车无线充电系统的构成

1—供电单元　2—发射线圈　3—交变磁场　4—接收线圈　5—控制单元　6—电池

根据电动汽车无线充电技术运用场景的不同，电动汽车 WPT 技术可分为电动汽车静态无线充电技术和电动汽车动态无线充电技术。图 7-41 所示为多种场景下的电动汽车无线充电技术示意图，由图可见，无线充电技术既可用于停止的车辆，也可用于行驶中的车辆。在固定停车点，电动汽车静态无线充电技术可为停靠中的电动汽车进行电能补充，这种方式使电动汽车摆脱充电电缆的束缚，提高了安全性，一定程度上节省了空间资源。在道路上，电动汽车动态无线充电技术可为行驶中的电动汽车进行电能补充，这种方式由于在道路沿线安装能量发射装置，可实现车辆在公路上的"边充边走"，充能非常方便，可大幅减少储能设备，节约整车空

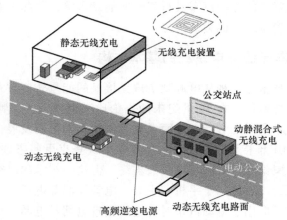

图 7-41　电动汽车与电网互动系统的构成

间并减轻自重。但是，无线充电公路高昂的造价和较低的电能转化率是限制其实际应用的主要原因。

7.5.2　电动汽车无线充电技术的基本原理

无线电力传输主要通过电磁感应、电磁共振、射频、微波和激光等方式实现无接触式的电力传输。根据技术原理的不同，目前应用于电动汽车无线充电的技术主要有电磁感应式、电场耦合式和电磁共振式三种。

1. 电磁感应式无线充电

电磁感应式无线充电技术是目前 WPT 技术中最成熟、应用最广泛的无线充电技术，其利用电磁感应在二次线圈中产生一定的电流，从而将电能转移到接收端。如图 7-42 所示，在供电端和受电端各装有一个线圈，如果在一次线圈 L_1 上通入一定频率的交流电，则会产生一个变化的磁场，附近的二次线圈在变化的磁场作用下会产生一定的感应电动势，从而将发射端的电能转移到接收端，实现对电池等用电设备的充电。

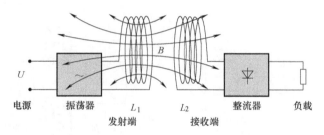

图 7-42　电磁感应式无线充电原理图

在电动汽车无线充电中，发射端从电网获得的电能经整流转换为直流电，然后进入逆变器进行高频逆变，产生的高频交变电流在信号控制电路的控制下经一次侧补偿电路后流入一次线圈，并在临近空间产生高频交变磁通。位于汽车底盘的二次线圈通过感应耦合高频交变磁通获取感应电动势，并在信号控制电路的控制下经过整流滤波和功率调节，为车载电池提供电能。

电磁感应式无线充电技术的结构简单，传输功率较大，短距离传输效率高，这类产品在生产成本上也低于其他技术。目前电磁感应式在电动汽车无线充电领域运用最广泛，已应用于宝马、奔驰、奥迪、日产和比亚迪等厂商的部分车型，图 7-43 所示即为宝马公司的电动汽车无线充电产品。但这一技术也存在明显缺点，一是充电距离短，距离增大会使充电过程中的电能损耗急剧增大；二是充电器线圈和电动车底盘上的线圈需要对齐，否则充电效率会严重下降，而由于线圈位于汽车底盘，精准泊车显得困难和不便。

2. 电场耦合式无线充电

电场耦合式无线充电是目前另一种常用的无线充电模式，这一方式通过收发端

图 7-43 宝马公司的电动汽车无线充电产品

电极间的交变电场传送电能。如图 7-44 所示，发射端从电网获取电能并利用振荡器产生高频振荡电流，并在发射端和接收端的极板间形成交变电场，通过静电感应将电能传送至接收端，最终经过整流后实现对电池等用电设备的充电。

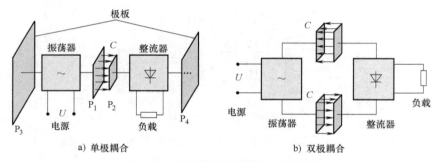

图 7-44 电场耦合式无线充电原理图

与电磁感应式相比，应用于电动汽车的电场耦合式无线充电方式起步较晚且研究热度低。这一方式的优点有三：首先，其位置自由度高，不像电磁感应式那样需要严格的位置限制，并且可实现一台充电设备对多个终端同时充电；其次，对送电电极和受电电极的材料与形状无特定要求，简化了制造过程并降低了成本；其三，电能转换效率高，发热量小。但是，电场耦合式无线充电方式的最大缺点在于充电功率低，这使其更适合于小型用电设备，而电动汽车需要大功率充电，因此，提高充电功率是这一方式需要考虑的首要问题。由于汽车空间有限，采用提升电压的方式增大传输功率是比较可行的方法，但也面临电场辐射及安全性的挑战，且多个极板之间的交叉耦合以及周围环境与极板的耦合也是实际应用需要考虑的问题。

3. 电磁共振式无线充电

电磁共振式无线充电是利用电磁感应现象和共振原理来实现无线电能传输的一种方式，这一方式通过频率共振进行能量转换，可实现一对多充电。如图 7-45 所示，发射端振荡器产生的高频振荡电流在发射线圈周围形成磁场，当接收线圈的固有频率与接收的电磁波频率相同时，接收电路中产生的振荡电流最强，实现磁场向电能的转换，最终经整流滤波后对电池等设备进行充电。

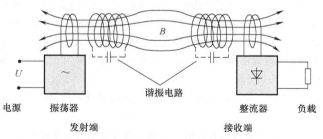

图 7-45 电磁共振式无线充电原理图

虽然电磁共振式无线充电也利用了电磁感应现象，但与电磁感应式无线充电相比，其采用的磁场要弱很多，支持一对多充电，并且传输功率可达几千瓦。此外，电磁共振式无线充电对位置要求较低，不需要像电磁感应式那样将发射端和接收端的线圈严格对齐，一般重合面积达到 80% 即可，其传输距离也可达到 3~4m。但是，电磁共振式无线充电目前的充电功率不高，在传输距离增大后充电效率明显降低，且存在安全与健康问题。要将这一技术大规模应用于电动汽车，还需继续向小型化和高效率化开展研究。

参 考 文 献

［1］ Middlebrook R D, Tan F D. A Unified Model for Current-programmed Converters ［J］. IEEE Trans on Power Electronics，1995，10（4）：397-408.

［2］ 朱鹏程，郭卫农，陈坚. 升压斩波电路 PI 和 PID 调节器的优化设计 ［J］. 电力电子技术，2001，35（4）：28-31.

［3］ 李竞成. 电动汽车驱动控制与再生制动研究 ［D］. 西安：西安交通大学，2003.

［4］ Marian K Kazimierczuk，Robert C Cravens. Application of Super Capacitor for Voltage Regulation in Aircraft Distributed Power Systems ［C］. Record of the IEEE Power Electronics Specialists Conference，1996（1）：835-841.

［5］ Miller J M，Smith R. Ultra-Capacitor Assisted Electric Drives for Transportation ［C］. IEEE International Conference on Electric Machines and rives，2003：670-676.

［6］ 尹忠东，彭军. 超级电容储能的并联电能质量调节器 ［J］. 四川电力技术，2005（1）：12-17.

［7］ Zou Ji Yan，Zhang Li，Song Jin Yan. Development of the 40V Hybrid Super-Capacitor Unit ［J］. IEEE Trans On Magnetics，2005，41（1）：294-298.

［8］ 廖义勇. 超级电容应用—智能水表 ［J］. 今日电子，2003（7）：30，31.

［9］ Andrew C Baisden，Ali Emadi. ADVISOR-Based Model of a Battery and an Ultra-Capacitor Energy Source for Hybrid Electric Vehicles［J］. IEEE Trans on Vehicular Technology, 2004, 53 (1)：199-205.

[10] Miller J M, Everett M. An Assessment of Ultra-capacitors as the Power Cache in Toyota THS-II, GM-Allision AHS-2 and Ford FHS hybrid propulsion systems［C］. IEEE Twentieth Annual Conference and Exposition of Applied Power Electronics, 2005 (1)：481-490.

[11] 马侨. 超级电容电车、快速充电站系统研制［J］. 城市公共交通, 2005 (3)：19-21.

[12] 崔淑梅, 段甫毅. 超级电容电动汽车的研究进展与趋势［J］. 汽车研究与开发, 2005 (6)：31-36.

[13] 张炳力, 赵韩, 张翔, 等. 超级电容在混合动力电动汽车中的应用［J］. 汽车研究与开发, 2003 (5)：48-50.

[14] 肖献法, 王作函. 全国首辆超级电容公交电车目前试运行情况良好［J］. 商用汽车杂志, 2005 (7)：106-107.

[15] 张靖. 超级电容蓄电池复合电源的研究与仿真［D］. 武汉：武汉理工大学, 2005.

[16] 熊奇, 唐冬汉. 超级电容器在混合电动车上的研究进展［J］. 中山大学学报（自然科学版）, 2003, 42 (6)：130-133.

[17] 黄俊, 王兆安. 电力电子变流技术［M］. 北京：机械工业出版社, 1994.

[18] 李爱文, 张承惠. 现代逆变技术及其应用［M］. 北京：科学出版社, 2002.

[19] 陈道炼. DC-AC 逆变技术及其应用［M］. 北京：机械工业出版社, 2003.

[20] 李山, 张立. IGBT 极限电流与通态极限功耗的研究［J］. 中国电机工程学报, 1999, 19 (6)：47-51.

[21] 陈清泉. 现代电动汽车技术［M］. 北京：北京理工大学出版社, 2002.

[22] 于福振, 吴玉广. 智能功率模块及其应用［J］. 微电机, 2003, 36 (1)：52-55.

[23] 吴捷, 雷春林, 陈渊睿, 等. 基于智能功率模块的电动机伺服驱动器［J］. 华南理工大学学报, 2004, 32 (12)：61-65.

[24] 陈国呈. 新型电力电子变换技术［M］. 北京：中国电力出版社, 2004.

[25] 徐晓峰, 连级三, 李风秀. IGBT 逆变器吸收电路的研究［J］. 电力电子技术, 1998, 8 (3)：43-47.

[26] 陈祥富, 李宝军. IGBT 的吸收电路［J］. 石家庄铁路学院学报, 1997, 10 (9)：101-104.

[27] 李宝成. 驱动与吸收电路对 IGBT 失效的影响［J］. 山西科技, 2002 (2)：57-58.

[28] 冯勇, 叶斌. IGBT 逆变器吸收电路的仿真分析与参数选择［J］. 电力机车技术, 1999 (2)：12-14.

[29] 吴忠智, 吴加林. GTR 和 IGBT 吸收电路参数的选择［J］. 电力电子技术, 1994, 11 (4)：41-46.

[30] 刘和平, 王维俊, 江渝, 等. TMS320LF2407x DSP C 语言开发应用［M］. 北京：北京航空航天大学出版社, 2003.

[31] 王晓明, 王玲. 电动机的 DSP 控制—TI 公司 DSP 应用［M］. 北京：北京航空航天大学出版社, 2004.

[32] 杨剑, 黄劭刚, 杨婷, 等. DSP 在电机控制中的应用［J］. 南昌航空工业学院学报,

2002，16（2）：41-44.

[33] 李序保，赵永健．电力电子器件及其应用［M］．北京：机械工业出版社，2000.

[34] 梅生伟．现代鲁棒控制理论与应用［M］．北京：清华大学出版社，2003.

[35] 汤伟．鲁棒控制理论中3种主要方法综述［J］．西北轻工业学院学报，2001（19）：
49-53.

[36] Doyle J C, Gbver K, Hargoneger P K. State-space Solution to Standard H2 and H∞ Control
Problem［J］．IEEE Trans on Automatic Control，1989，34（8）：831-847.

[37] Kuraoka, Ohka H, Ohba N, et al. Application of H∞ Design to Automotive Fuel Control
［J］．IEEE Control Systems Magazine，1990，10（3）：102-106.

[38] Naim W R, Ben-Yaakov G. H∞ Control Applied to Boost Power Converters［J］．IEEE Trans
on Power Electronics，1997，12（4）：677-683.

[39] Vidal-Idiarte, Martinez-Salamero E, Valderrama L, et al. H∞ Control of DC-to-DC Switching
Converters［C］．Proceedings of the 1999 IEEE International Symposium of Circuits and Sys-
tems，1999（5）：238-241.

[40] （日）电气学会，电动汽车驱动系统调查专门委员会．电动汽车最新技术［M］．康龙
云，译．北京：机械工业出版社，2008.

[41] 江泽民．中国能源问题的思考［J］．中国能源，2008，30（4）：5-19.

[42] 徐顺余．太阳能电动车电子电气设备研究及动力性分析［D］．南京：南京理工大
学，2004.

[43] 张浩．光伏发电模拟系统分析与设计［D］．西安：西安交通大学，2007.

[44] 网易汽车综合．太阳能汽车国内外发展历史［OL］．2008.5.7，http：//auto.163.com/
08/0507/18/4BC283JM000816IP.html.

[45] 彭向荣．太阳能汽车驱动与控制系统设计［D］．西安：西安交通大学，2006.

[46] （日）松本廉平．汽车环保新技术［M］．曹秉刚，康龙云，贾要勤，等译．西安：西安
交通大学出版社，2005.

[47] 陈清泉，孙逢春，祝嘉光．现代电动汽车技术［M］．北京：北京理工大学出版
社，2002.

[48] （日）太陽エネルギー学会．エコ電気自動車のしくみと製作［M］．日本：
Ohmsha，2006.

[49] Yan Xinxiang, Dean Patterson, Byron Kennedy. A Multifunctional DC-DC Converter for an EV
Drive System［C］．Beijing，EVS16，1999.

[50] 白志峰．电动汽车超级电容-蓄电池符合电源系统开发及其H∞鲁棒控制研究［D］．西
安：西安交通大学，2006.

[51] Bo Yuwen, Jiang Xinjian, Zhu Dongqi. Structure Optimization of the Fuel Cell Powered Electric
Drive System［C］．PESC'03．IEEE 34th Annual Conference，2003（1）：391-394.

[52] 勾长虹，杜津玲．铅酸蓄电池充电接受能力及充电方式选择［J］．电源技术，1996，20
（6）：243-247.

[53] 于明．电动大巴车辅助电源系统的研究［D］．沈阳：沈阳工业大学，2006.

[54] 黄军．混合储能电动车双向变换系统的研究［D］．哈尔滨：哈尔滨工业大学，2006.

[55]　王兆安，黄俊. 电力电子技术［M］. 4版. 北京：机械工业出版社，2002.

[56]　Amei K, Takayasu Y, Ohji T, et al. A Maximum Power Control of Wind Generator System Using a Permanent Magnet Synchronous Generator and a Boost Chopper Circuit［J］. Power Conversion Conference, 2002：1447-1452.

[57]　吴忠军. 基于DSP的太阳能独立光伏发电系统的研究与设计［D］. 镇江：江苏大学，2007.

[58]　丁道宏. 电力电子技术［M］. 北京：航天工业出版社，1995.

[59]　张炳力，等. 超级电容在混合动力电动汽车中的应用［J］. 汽车实验与研究，2003（05）：48-50.

[60]　Ortuzar M, Dixon J, Moreno J. Design, Construction and Performance of a Buck-boost Converter for an Ultracapacitor-based Auxiliary Energy System for Electric Vehicles［C］. Industrial Electronics Society, 2003. IECON'03. The 29th Annual Conference of the IEEE, 2003：2889-2894.

[61]　崔岩，蔡炳煌，等. 太阳能光伏系统MPPT控制算法的对比研究［J］. 太阳能学报，2006，27（06）：535-538.

[62]　Salas V, Olías E, Lázaro A, et al. New Algorithm Using Only One Variable Measurement Applied to a Maximum Power Point Tracker［J］. Solar Energy Materials & Solar Cells 2005, 87：675-684.

[63]　叶秋香，郑建立. 光伏电池最大功率跟踪器的研究与开发［J］. 东华大学学报，2007，33（1）：78-107.

[64]　Inge Skaale, Dean J. Patterson, Howard Pullen. The Development of a New Maximum Power Point Tracker for a Very High Efficiency, Compound Curve Photovoltaic Array for a Solar Powered Vehicle［J］. Renewable Energy, 2001（22）：295-302.

[65]　Sun Xiaofeng, Wu Weriyang, Li Xin, et al. A Research on Photovoltaic Energy Controlling System with Maximum Power Point Tracking［C］. IEEE, PCC-Osaka, 2002：822-826.

[66]　Xiao Weidong, William G. Dunford. A Modified Adaptive Hill Climbing MPPT Method for Photovoltaic Power Systems［C］. 2004 35th Annual IEEE Power Electronics Specialists Confernce, Aachen, Gemany, 2004：1157-1963.

[67]　邓凡李. 一种基于自适应爬山法的蓄电池充电控制器［J］. 太阳能技术与产品，2007（6）：22-24.

[68]　曹建波. 基于无位置传感器直流无刷电机的复合电源电动车控制系统研究［D］. 西安：西安交通大学，2008.

[69]　南金瑞，王建群，孙逢春. 电动汽车能量管理系统的研究［J］. 北京理工大学学报，2005，25（5）：384-389.

[70]　陈朗. 超级电容在城市轨道交通系统中的应用［J］. 都市快轨交通，2008，21（3）：76-79.

[71]　Bogdan S. Borowy, Ziyad M. Salameh. Methodology for Optimally Sizing the Combination of a Battery Bank and PV Array in a Wind/PV Hybrid System［J］. IEEE Transactions on Energy Conversion, 1996, 11（2）：367-375.

［72］ Ai B, Yang H, Shen H, et al. Computer-aided Design of PV/Wind Hybrid System［J］. Renewable Energy, 2003（28）: 1491-1512.

［73］ Yao Y, Kang L. The Virtual Harmonic Power Droop Strategy to Mitigate the Output Harmonic Voltage of the Inverter［J］. Energies, 2018, 11（9）.

［74］ Yao Y, Kang L, Zhang Z, et al. Two-stage Carrier-based PWM to Mitigate the Neutral Point Potential Oscillation in Three-level Inverters［J］. Electronics Letters, 2017, 53（20）: 1377-1379.

［75］ Yao Y, Kang L, Zhang Z. A Novel Modulation Method for Three-Level Inverter Neutral Point Potential Oscillation Elimination［J］. Journal of Power Electronics, 2018, 18（2）: 445-455.

［76］ Bihua, Kanglongyun, eheng JianCai, et al. Double-step Model Predictive Direct Power Control with Delay Compensation for Three-level Converter［J］. IET Power Electronics, 2019.

［77］ Kang L, Hu B, Linghu J, et al. Integrated Dead-time Compensation and Elimination Approach for Model Predictive Power Control with Fixed Switching Frequency［J］. IET Power Electronics, 2019, 12（5）.

［78］ Hu B, Kang L, Liu J, et al. Model Predictive Direct Power Control With Fixed Switching Frequency and Computational Amount Reduction［J］. IEEE Journal of Emerging and Selected Topics in Power Electronics, 2019, 99: 1.

［79］ Hu B, Kang L, Feng T, et al. Dual-model Predictive Direct Power Control for Grid-connected Three-level Converter Systems［J］. Journal of Power Electronics, 2018, 18（5）: 1448-1457.

［80］ Kang L, Cheng J, Hu B, et al. A Simplified Optimal-Switching-Sequence MPC with Finite-Control-Set Moving Horizon Optimization for Grid-Connected Inverter［J］. Electronics, 2019, 8（4）: 457-465.

［81］ Kang L, Zhang J, Zhou H, et al. Model Predictive Current Control with Fixed Switching Frequency and Dead-Time Compensation for Single-Phase PWM Rectifier［J］. Electronics, 2021, 10（4）: 426.

［82］ 康龙云, 周海兰, 张健彬. 单相 PWM 整流器三矢量定频电流预测控制方法［J］. 电机与控制学报, 2020, 24（11）: 48-54+62.

［83］ 冯腾, 康龙云, 胡毕华, 等. 基于无差拍控制的 T 型三电平逆变器中点电位平衡策略［J］. 电工技术学报, 2018（8）: 1827-1834.

［84］ 胡毕华, 康龙云, 程建材, 等. 基于死区消除与补偿的 T 型三电平逆变器控制策略［J］. 华南理工大学学报（自然科学版）, 2018, 046（005）: 109-116.

［85］ 程建材, 康龙云, 胡毕华, 等. 三电平并网逆变器恒定开关频率的模型预测控制［J］. 电力自动化设备, 2019, 39（301）: 176-182.

［86］ 高赐威, 张亮. 电动汽车充电对电网影响的综述［J］. 电网技术, 2011, 35（2）: 127-131.

［87］ Mwasilu F, Justo J J, Kim E K, et al. Electric Vehicles and Smart Grid Interaction: A Review on Vehicle to Grid and Renewable Energy Sources Integration［J］. Renewable and Sustainable Energy Reviews, 2014（34）: 501-516.

［88］ 薛飞, 雷宪章, 张野飚, 等. 电动汽车与智能电网从 V2G 到 B2G 的全新结合模式［J］.

电网技术, 2012, 036 (002): 29-34.

[89] White C D, Zhang K M. Using vehicle-to-grid technology for frequency regulation and peak-load reduction [J]. Journal of Power Sources, 2011, 196 (8): 3972-3980.

[90] Liu H, Hu Z, Song Y, et al. Decentralized Vehicle-to-Grid Control for Primary Frequency Regulation Considering Charging Demands [J]. IEEE Transactions on Power Systems, 2013, 30 (3): 3110-3119.

[91] Clement-Nyns K, Haesen E, Driesen J. The Impact of Vehicle-to-grid on the Distribution Grid [J]. Electric Power Systems Research, 2011, 81 (1): 185-192.

[92] Pillai J R, Bak-Jensen B. Integration of Vehicle-to-Grid in the Western Danish Power System [J]. Sustainable Energy IEEE Transactions, 2011, 2 (1): 12-19.

[93] Xie S, Zhong W, Kan X, et al. Fair Energy Scheduling for Vehicle-to-Grid Networks Using Adaptive Dynamic Programming [J]. IEEE Transactions on Neural Networks and Learning Systems, 2016, 27 (8): 1-11.

[94] 中国电子装备技术开发协会. T/CAEE 026-2020 电动汽车充电站及充电桩设计规范 [S]. 2020.

[95] 吴理豪, 张波. 电动汽车静态无线充电技术研究综述 (上篇) [J]. 电工技术学报, 2020, 35 (06): 1153-1165.

[96] 吴理豪, 张波. 电动汽车静态无线充电技术研究综述 (下篇) [J]. 电工技术学报, 2020, 35 (08): 1662-1678.

[97] 朱春波, 姜金海, 宋凯, 等. 电动汽车动态无线充电关键技术研究进展 [J]. 电力系统自动化, 2017, 41 (02): 60-65+72.

[98] 胡超. 电动汽车无线供电电磁耦合机构能效特性及优化方法研究 [D]. 重庆: 重庆大学, 2015.

[99] 刘瀚. 电动汽车动态无线充电系统及若干功率稳定控制策略研究 [D]. 南京: 东南大学, 2019.

[100] 郭历谋, 罗博, 麦瑞坤. 基于电场耦合式的电动汽车无线充电技术电压优化方法 [J]. 电工技术学报, 2020, 35 (S1): 19-27.